乌鲁木齐的史前时代

刘学堂 著

2019年·北京

图书在版编目（CIP）数据

乌鲁木齐的史前时代 / 刘学堂著. — 北京：商务印书馆，2019
ISBN 978-7-100-15926-5

Ⅰ.①乌… Ⅱ.①刘… Ⅲ.①乌鲁木齐－地方史－石器时代-汉代 Ⅳ.①K294.51

中国版本图书馆CIP数据核字（2018）第044283号

权利保留，侵权必究。

乌鲁木齐的史前时代
刘学堂 著

商 务 印 书 馆 出 版
（北京王府井大街36号 邮政编码 100710）
商 务 印 书 馆 发 行
北京富诚彩色印刷有限公司印刷
ISBN 978-7-100-15926-5

2019年11月第1版	开本 889×1194 1/32
2019年11月第1次印刷	印张 11 1/8

定价：68.00元

图版 1 天山山前冲积地带与山麓水源地带地貌景观

图版 2　博格达峰

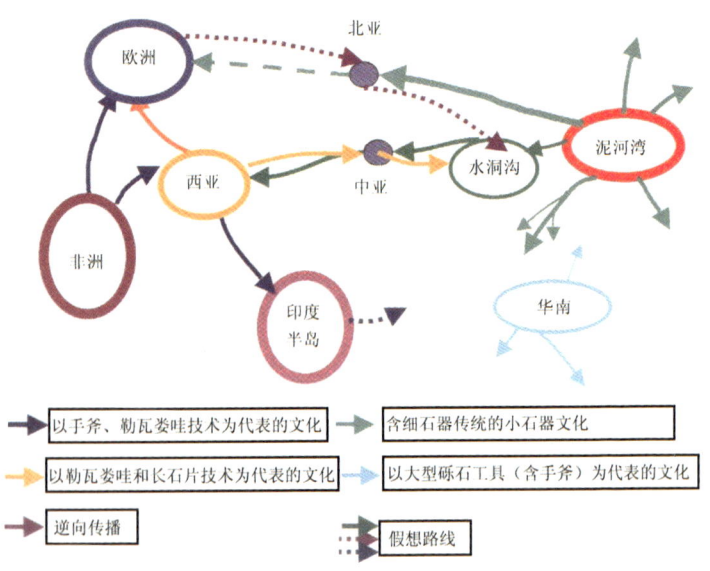

图版 3　史前时期的"石器之路"

图版 4　萨恩萨伊墓群全景

图版 5　萨恩萨伊墓地出土的压印刻划纹陶器

图版 6　萨恩萨伊墓地出土的彩陶

图版 7　萨恩萨伊墓地出土的权杖头

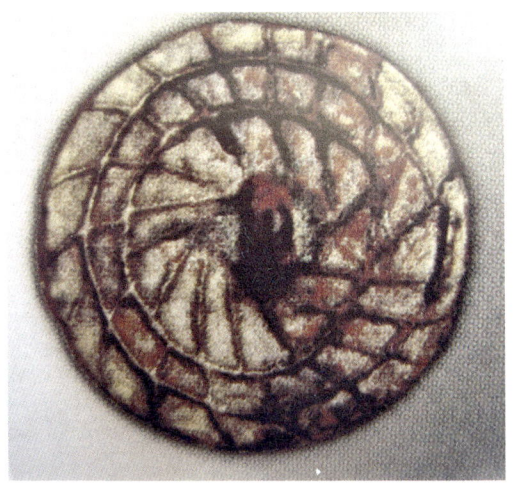

图版 8　萨恩萨伊墓地出土的多圈弦纹铜镜

图版 9　萨恩萨伊墓地出土的鹤嘴锄

图版 10　阿拉沟东口墓地

图版 11　阿拉沟东口墓地出土的彩陶罐

图版 12　阿拉沟东口墓地出土的彩陶壶

图版 13　阿拉沟东口墓地出土的彩陶豆

图版 14　阿拉沟竖穴木椁墓出土的虎纹圆形金牌饰

图版 15　阿拉沟竖穴木椁墓出土的对虎纹金箔饰带

图版 16　阿拉沟竖穴木椁墓出土的鹰虎相搏金牌饰

图版 17　阿拉沟竖穴木椁墓出土的承兽铜盘

图版 18　阿拉沟竖穴木椁墓出土的凤纹刺绣绢

(本书照片摄影　刘玉生)

引　子

　　乌鲁木齐市坐落在天山的北坡，城市南依天山，向北沿着乌鲁木齐河的冲积扇发展起来，是地球上离海洋最远的大都市之一。乌鲁木齐城镇的历史，可追溯至清朝。清乾隆二十年（1755），清政府平定准噶尔贵族叛乱之后，在乌鲁木齐设关，修筑城垒，经过十多年营建，至1766年，乌鲁木齐城开四门，商肆临街，衙门分列，有了城镇的雏形。乾隆帝赐名迪化，取"启迪教化边民"之意。从那时算起，乌鲁木齐建城的历史，已经有250多年了。[1]

　　在乌鲁木齐城区，尚未找到明确属于史前人类活动的遗迹。好在乌鲁木齐市的管辖范围不限于城区，包括有周边的山麓、山沟、乌鲁木齐河流经的中上游区域。第三次全国文物普查，乌鲁木齐市管辖的区域内，发现并标注属于汉代以前的墓地、岩画共有80余处，遗址点7处。[2]这些史前时期的墓葬和遗址，经过发掘的不到10处，且除乌拉泊水库墓地、柴窝堡湖墓群、阿拉沟墓群和萨恩萨伊墓地外，其他都是一些零星的试掘。从目前的考古发现看，从旧石器时代晚期开始，乌鲁木齐市所在的天山山麓、沟谷地带就有人类活动；青铜时代到早期铁器时代，南来北往的人群，更为频繁地在这里迁徙、活动。乌鲁木齐地区经过考古发掘的史前遗存主要是墓葬。墓葬中出土遗物也不丰富，材料缺乏系统的整理与研究。所以仅依赖单薄的考古材料，难以系统梳理、描述乌鲁木齐的史前历史。在这种情况下，只有将乌鲁木齐的考古材料，放到天山山脉、内陆欧亚史前文化大背景里去认识，再结合历史学及其他相关学科的研究成果，乌鲁木齐史前历史的故事才能讲得相对完整。乌鲁木齐史前考古材料和研究基础虽然薄弱，但是，这些遗存之间没有大的时代缺环，且它所涉及的学术问题大多与整个天山山脉、辽阔的内陆欧亚，特别是欧亚草原关系密切，根脉相系，是整个欧亚草原历史的一个章节。将这些历史故事放在内陆欧亚这一大的背景下叙述，探源溯流，俯瞰透视，乌鲁木齐史前时代的一幕幕精彩话剧，才得以浮出历史的水面。

注释

1. 王小东、谢洋：《历史舆图中的乌鲁木齐——清代至今城市建设发展过程梳理》，《建筑学报》2014年第3期。

2. 新疆维吾尔自治区文物局：《乌鲁木齐市克拉玛依市不可移动文物》，内部资料，第370页；新疆维吾尔自治区文物局编：《新疆维吾尔自治区第三次全国文物普查成果集成——乌鲁木齐市卷、克拉玛依市卷》，科学出版社2011年版。

目　录

第一章

石器时代的乌鲁木齐

　　一　乌鲁木齐的自然环境 / 3

　　二　柴窝堡湖畔的石器 / 8

　　三　东西方人类的第一次对话 / 14

　　四　新石器时代问题 / 26

第二章

三角纹的故事

　　一　博格达山岩画 / 35

　　二　康家石门子岩画 / 41

第三章

萨恩萨伊青铜时代的墓葬

　　一　乌鲁木齐萨恩萨伊墓地 / 59

　　二　压印刻划纹陶器系统 / 64

　　三　萨恩萨伊墓地青铜时代重要铜器溯源 / 86

　　四　精美的青铜鹤嘴锄 / 102

　　五　出土的其他铜器 / 112

第四章

青铜时代东西方文化的交流与交融

一　西来青铜文化向天山地区的传播 / 119

二　东西方文化的交流与交融 / 126

第五章

吐火罗语与吐火罗人问题辨析

一　吐火罗语问题的来龙去脉 / 137

二　西方学者论印欧人的起源与迁徙 / 144

三　中国学者论印欧人的起源与迁徙 / 153

四　库尔干理论及其重构 / 171

第六章

"胡人"问题

一　文献中的"胡人" / 195

二　中国西北地区考古发现的早期"胡人"造像 / 200

第七章

乌鲁木齐的彩陶遗存

一　青铜时代的彩陶遗存 / 207

二　早期铁器时代的墓地 / 210

三　乌鲁木齐彩陶源流 / 233

四　游牧的绿洲社会 / 243

第八章
塞人在天山地区的活动
  一　阿拉沟发现竖穴木椁墓 / 251
  二　塞种起源的讨论 / 262
  三　东方视野下的塞人历史 / 269
  四　西方视野下的萨迦历史 / 274
  五　伊犁河流域的塞人遗存 / 283
  六　戴尖帽的萨迦 / 289
  七　胡须墓之谜 / 300
  八　游牧文化联合体的形成 / 310

第九章
乌鲁木齐的史前时代
  一　史前早期的乌鲁木齐居民 / 317
  二　史前晚期的乌鲁木齐居民 / 326
  三　结语 / 332

后　记 / 335

第一章 石器时代的乌鲁木齐

乌鲁木齐市所在的新疆中部天山山脉东段的西缘北麓，是一个开放性地理区域。这里处于准噶尔盆地南缘，沿天山东西延伸，地理构造多样，山前冲积地带，气候干旱，植物稀疏；山麓水源地带，植被茂盛，松林涛涛，风景奇丽（图版1）。乌鲁木齐地区的地貌分为天山前的谷状坳陷、河谷岸边的冲积扇地、乌鲁木齐河冲切宽谷等；它的东部是柴窝堡山间坳陷盆地，盆地内有柴窝堡湖；中天山腹地有纵深100多公里的山涧峡谷阿拉沟。从旧石器时代开始，人类就生息繁衍在这些地区。

一　乌鲁木齐的自然环境

乌鲁木齐河水系

乌鲁木齐河发源于天山支脉天格尔第二峰北坡的1号冰川。其河源区域在天山中部依连哈比尔尕山北坡，南临巴音郭楞蒙古自治州的和静县，东连柴窝堡盆地。乌鲁木齐河的中上游有厚度不同的黄土沉积，自源头向下，不断汇集、接纳小的溪流，如板房沟、水磨沟、小东沟、铁厂沟等，使乌鲁木齐河的河水渐丰。顺河而下，河的终端在米泉，全长约214公里，最后注入位于古尔班通古特沙漠南缘的东道海子，渗匿于准噶尔盆地的南缘流沙。

乌鲁木齐河流域，因处于北冰洋南下湿润气流的迎风坡，故进入四月，常阴云密布，春雨连绵。山雨沿着山坡而下，形成落差，水流湍急，有时还会形成洪灾。乌鲁木齐河谷上游被冰川覆盖，是银白色的世界。河谷下游是形态各异的沉积平原，冰川与平原间是长约63公里的山区河段，峡谷两岸的山坡、森林断续相望，山高树深，松涛阵阵；林外辽阔的向阳坡地，春秋绿草茵茵、盛夏山花烂漫，松鼠攀枝、地鼠穿穴，自然景观雄伟奇丽。[1]

其他水系

水磨河，由东山渗透水在水磨沟、碱泉沟、榆树沟一带的裂隙处流出地面汇集而成，经苇湖梁向北流沿途又汇入八道湾、葛家沟、石人子沟、红沟、芦草沟等泉水溪流，全长50公里，浇灌着七道湾到米泉境内的10多万亩农田。

头屯河，发源于天格尔峰北坡的乌特达坂一带，流经米泉、昌吉后汇入乌鲁木齐河。

白杨河，发源于东天山博格达山主峰南坡冰川，由北向东南流，沿途接纳高崖沟、阿克苏沟和黑沟等沟水，沟水时渗入地下，时溢出地表，汇聚天山北麓隘口，沿白杨河峡谷向东南蜿蜒流出乌鲁木齐，穿托克逊县折而向东流，注入吐鲁番盆地的艾丁湖，全长180公里。

柴窝堡湖

柴窝堡是天山山脉崛起过程中形成的一个坳陷盆地。盆底因接纳博格达峰及周边山峰冰雪融水，积成一个山间湖泊，湖水微咸。柴窝堡湖源之水，有白杨沟、苏拉夏沟、柳河沟等，另外，还有一些不知名的浅沟、小溪。

柴窝堡盆地东起达坂城，西至西山，南依山脊起伏绵延的天山支脉天格尔山，北望白雪皑皑的博格达神峰。盆地东西长约120公里，南北宽约20公里—30公里，盆地中间沉降为柴窝堡湖。柴窝堡湖区东西宽2公里—5公里，南北长20公里，盆地最低洼的地方，水泽积成深碟状，湖面似桃形。从晚春到初秋，周围山峰冰雪渐融，湖水丰盈，水面南北长达 6.37 公里，东西宽 5.75 公里，湖水深 3 米—5 米，湖中心最深的地方达 6 米以上，湖水面积 30 平方公里。无风的日子，柴窝堡湖温润平静，像是一块晶莹的绿玉，水面平如镜面。湖南岸的天格尔山麓，有一片带状分布的松林，周边是绒毯似的高山草甸，草甸上常见甘泉涌出，泉水清冽。俯瞰柴窝堡盆地，北山高耸，云遮雾障，神峰时隐时现；南山巍峨，南麓青山绿草；高山夹湖，山湖对映，景色天成。

博格达峰与天池

天山山脉自西向东延绵，大致以汗腾格里峰及托木尔峰为界，分为西天山和东天山。乌鲁木齐所在的天山属于东天山的西部，东天山的主峰是博格达峰（图版2）。

博格达峰的外形，像是天山向北凸起的孤岛。乌鲁木齐市就在这半岛的西南脚下。博格达峰由古生代的辉长岩和辉绿岩体构成，峰顶并立三座山峰，主峰海拔 5445 米，其余两峰分别是海拔 5287 米的"灵峰"和海拔 5213 米的"圣峰"。

博格达主峰，峰尖山峭，如剑刺青天，但终年积雪，常隐在云雾。天池位于博格达峰北侧的半山腰。地质年代里，博格达山缓慢上升，由于地学上的引力作用，长年的侵蚀切割，形成东天山西段沟壑纵横、群峰林立的神奇地貌。据地质学家的研究，在第四纪古冰川作用下，后经过新的构造运动，博格达山间盆地内水位积高，潴水成湖。乾隆四十八年（1783），乌鲁木齐都统明亮题《灵山天池凿水渠碑记》中称该湖为天池，名传至今。天池湖面海拔 1900 余米，南北长 3000 余米，东西最宽处 1500 余米，旺水时面积近 5 万平方公里，水最深处 105 米。博峰冰雪如银，天池浩渺，静若处子，峰高雪白，潭深水绿，交相辉映。天池所在山脉中部，受大气回流影响，气温相对稳定，四季景色俱佳，且随季节变化和海拔高低的差异，山花叠次绽放，美轮美奂。

博格达峰充满灵性。环博峰下发现的史前时期的岩画表明，远古时代，居住在这里的原始先民信仰原始萨满教，视博格达为神灵居所。据《穆天子传》推演的故事，当年西周王朝对边夷征伐，曾至昆仑之丘，周穆王曾登上天池与西王母有历史之约。此后，博格达峰不断被赋予神性，特别是在东方神话系统里，这里被奉为道教的圣地。历史上，有多少来自中原的游客，沿天山西行，望博格达山而拜，把博格达峰当成了吟唱对象和精神归宿。

天山深处的阿拉沟

吐鲁番盆地西南，托克逊向南，横穿天山峡谷，到天山的南麓、塔里木盆地，自古走的是阿拉沟通道。阿拉沟原是乌鲁木齐市管辖的一个矿区。

阿拉沟东西走向延伸，与天山主脉平行，是一条深藏山间的山沟。沟长约 200 公里，平均宽度 100 米，窄处不到 50 米，最宽的地方 300 米以上；沟的地势西高东低，海拔从 700 米向西升至 3000 米。阿拉沟河水源自喀拉乌成山天格尔峰东南的乌拉斯台奎先达坂，上游位于和静县境，中游穿越乌鲁木齐市南山矿区后东流，下游入托克逊县的伊拉湖。洪水季节，水流冲出山口与白杨河汇流，最后注入艾丁湖。沟内左侧有艾维尔沟，右侧有珠鲁木图沟、乌斯图沟汇入。阿拉沟自源头至河口102公里。天山山脉像是有灵性的生命体，山峰是它的脊梁、骨架，天山间湿润的盆地、绿洲是它的心肺，纵横的山沟水系是它的血管，河谷分叉出的长短不一的支系，是它的毛细血管。

注释

1.《乌鲁木齐河流域志》编纂委员会：《乌鲁木齐河流域志》，新疆人民出版社2000年版，第27—80页。

二　柴窝堡湖畔的石器

柴窝堡湖石器遗址

1928年3月，中瑞西北科学考察团里的瑞方团员、考古学家贝格曼，由乌鲁木齐前往吐鲁番考察，路过柴窝堡湖。他见湖东侧的戈壁上，突兀地竖立着一块石头，上面凿有粗糙的人工痕迹[1]——后来证明他发现的是一尊石人。贝格曼还在湖岸采集到石器。[2]1984年，伊弟利斯·阿不都热苏勒和邢开鼎在柴窝堡湖岸发现两处石器遗址点：一处在湖的东岸，称为柴窝堡湖第一石器地点，他们在1公里左右的范围内，采集到了408件石器；第二石器地点在柴窝堡湖南岸的阶地，这里有一片褐黄色的湖相沉积，他们在此处的阶地和台地上采集了251件石器标本。[3]

柴窝堡湖石器的类型

柴窝堡湖共采集石器600多件。据地质学家观察，这些石器多用硅质岩、碧玉、燧石、玉髓等打制而成，有的石器表面还附着钙膜。柴窝堡湖的石器标本，可分为石核、石叶和成型石器三类。石核是用来打制石片的母体的，从石核上打制、剥离下来的石片可以进一步加工成石器，石片的形状千差万别，其中长形的石片称为石叶。

柴窝堡湖石器遗址采集石核 20 余件，另采集残石核 20 多件。依据石核的外形，又分为船底形、楔形、圆锥形和柱状石核等。

柴窝堡湖石器遗址采集各类石叶 44 件。这些石叶大多是长条形的细石叶，且大都是断头缺尾的残段，一些石叶端头残留使用痕迹，为古人用残后顺手丢弃的；一些细石叶被加工成了工具。采集石片 218 件，其中长形石片居多，石片背面多有片疤，有的还留有自然面。部分石片可以进一步加工成石器。

柴窝堡湖石器遗址发现成型石器 220 件。刮削器一般是将石片的一边或双边加工成刃的工具，数量较多。刮削器的用途很广，可以切割动物皮肉、挖掘或采割植物根茎果实、加工木器等。刮削器形态多样，依石片的形状和第二步加工的不同，分成长身圆头刮削器、短身圆头刮削器、半月形刮削器、圆形刮削器、叶形弧刃刮削器、复刃刮削器、双边刮削器、凹刃刮削器、弧刃刮削器、两端刮削器，等等。尖状器次之，采集到 43 件，分为三棱形尖状器、三角形尖状器、叶形尖状器、矩形尖状器、两端尖状器、双尖尖状器、鸟喙形尖状器，等等。尖状器主要用来挖掘蕨类植物的根茎，砸开坚果的硬壳和动物的骨头，敲骨吸髓。雕刻器 11 件，分为屋脊形雕刻器、凿形雕刻器、鸟喙形雕刻器等。雕刻器可以用来剔取动物骨骼上的肉，也可以加工木件等。另外成型的石器中还包括形体较大的 9 件石器，有双边刮削器、舌形刮削器、圆形砍砸器、尖状器、矩形砍砸器。

柴窝堡湖石器遗址采集了 3 件石镞。石镞用三角形的石片加

调查柴窝堡湖石器地点

工,石片的两侧边缘交互多面加工而成,石镞两翼至尾相交,镞锋锐利,镞底为原来的台面,中部加工较薄,可用以固定箭杆。伊弟利斯观察了这3件石器后提出:"原报告中所讲述的石镞,据类型学来划分只能为尖状器,这类尖状器类似欧洲莫斯特文化中的尖状器,但要比柴窝堡所见尖状器加工精细。柴窝堡细石器中双尖尖状器、半月形刮削器、石核刮削器表现了这个遗址的特色,这类石器在中国其他地区很少见。"[4]

柴窝堡湖石器的年代

学者们对柴窝堡湖石器的年代提出了不同的看法。

邢开鼎认为,柴窝堡湖边的石器遗存点,是以细石器为特征的一类文化遗存,这里的石核、石片和成型的石器,可以与山西朔县峙峪遗址、沁水县下川遗址,河南许昌市灵井遗址,陕西朝邑县大荔遗址和黑龙江海拉尔松山等地出土的同类器物进行对比研究。柴窝堡湖石器的年代，可能比上述遗址的年代要晚一些，但至迟也在中石器时代或新石器时代的初期。遗存中见到一些通体加工的石器，加工技术十分精湛，水平较高，这表明，柴窝堡湖石器遗址的年代，前后延续的时间可能较长，晚至新石器时代中期前后。[5]

伊弟利斯认为，柴窝堡湖采集的船底形石核具有细石器早期的特征，圆锥形、楔形和圆柱形石核，都是细石器文化中的常见因素，石片使用了直接打击法和间接打击法，石片多是宽大于长。采集的不规则石片，均有一小台面，可能用的是直接打击法，显示出技术上的原始性。石器以单面加工为主，个别采用了错向或两面加工的方法。除短身刮削器、长身刮削器、指甲形刮削器等外，石器类型不太固定。从宏观角度分析，不论在细石器工艺还是石器类型上，"柴窝堡的细石器表现了较为原始的形态，细石器工艺技术还不完善。虽然同世界上有些细石器类型略同，但也表现出它本身的特性。这可能与它特定的自然环境有关，据柴窝堡采集的石器观察，当时人们在山前地带的湖边，主要从事狩猎和采集生活，渔猎生活可能也是生活中的一部分"，其"时代我们定为旧石器时代晚期末向中石器时代过渡阶段比较合适，但下限不可能晚到中石器时代以后"。[6]

张川就柴窝堡湖石器点的年代问题，提出了新的观点。他将柴窝堡湖石器遗址的石器与交河沟西的旧石器进行了比较，认为它们属于同一文化系统。他认为柴窝堡湖发现的600多件石器标本，相当一部分是打制石器。这批石器的年代，可以早到旧石器时代晚期，研究者将这批石器称为细石器遗存并不合适，因为这

柴窝堡湖畔发现的石器

批石器的主体仍然是以石叶（大部分被原研究者称为细石叶）和端刃刮削器（原研究者称其为长身圆头刮削器或短身圆头刮削器）为代表的打制石器，而非细石器。将石叶—端刮器工业遗存归入旧石器时代晚期，是目前各国史前考古的普遍做法。[7]

注释

1. 贝格曼：《考古探险手记》，张鸣译，新疆人民出版社2000年版，第30—31页。

2. F. Bergman, Archaeological Research in Sinkiang, Stockholm, 1939；转引自于志勇：《新疆地区细石器研究的回顾与思考》，《新疆文物》1996年第4期。

3. 伊弟利斯·阿不都热苏勒：《新疆地区细石器遗存》，《新疆文物》1993年第4期。

4. 同上。

5. 邢开鼎：《新疆柴窝堡湖边细石器遗存调查报告》，《考古与文物》1989年第2期；邢开鼎：《新疆细石器初探》，《新疆文物》1993年第4期。

6. 伊弟利斯·阿不都热苏勒：《新疆地区细石器遗存》，《新疆文物》1993年第4期。

7. 张川：《1990—1995年新疆境内的旧石器调查工作与收获》，载新疆文物考古研究所、新疆维吾尔自治区博物馆编：《新疆文物考古新收获（续）1990—1996》，新疆美术摄影出版社1997年版，第107页；张川：《论新疆史前文化的发展阶段》，《西域研究》1997年第3期。

三 东西方人类的第一次对话

说清楚乌鲁木齐柴窝堡湖石器遗址发现的意义,要从新疆地区乃至内陆欧亚地区旧石器遗存的发现与研究讲起。

交河沟西旧石器遗址

20世纪90年代以前,学术界对新疆地区是否存在旧石器持怀疑态度。

20世纪80年代,考古工作者曾在新疆天山南北的一些古河道,发现过零星石器,但对其认识还很模糊。1993年和1994年,交河沟西旧石器遗址点的调查与发现,开始改变新疆旧石器文化发现与研究的迟滞状态。交河故城附近有数处被雅尔乃孜沟冲割出来的台地,交河故城沟西台地是面积最大的一处。这一台地在天山脚下,东西大体呈长方形,地表是戈壁沙滩,台地上很早就发现有石器。[1]1995年7—11月间,伊弟利斯·阿不都热苏勒等对沟西台地进行了专题调查,采集石器612件。

交河旧石器地点采集的标本,属于两类不同的石器工业系统:一类是石叶—端刮器工业遗存,另一类是细石器。石叶—

第一章 石器时代的乌鲁木齐 | 15

交河沟西旧石器遗址的石器

端刮器占绝对多数，计有 580 件，包括大量的石片、石叶、碎石片石块，以及石核、刮削器、锯齿状器、尖状器、钻器、雕刻器等。张川在台地西侧的伊什郭勒沟东岸晚更新世地层剖面上采集到一把手镐和一件石片，这两件标本出土的层位，距剖面的顶部约 10 米，这似乎表明交河故城周边，更早的时候就有人类居住。在地表采集的石器标本中，细石器较少，采集标本 32 件。

石叶—端刮器系统的石器，均为打制石器。中国著名旧石器专家张森水认真分析了交河故城沟西石器地点的石器。他认为，这里的石器，无论在石制品的风格还是时代上，都与宁夏境内的水洞沟旧石器时代晚期遗址大致相当。[2] 王炳华在评价交河故城沟西台地石器的发现时认为，将交河石器"判定为是与水洞沟旧石器时代晚期遗址大致相当的文化遗存"，在新疆"旧石器时代晚期文化研究中是一个不小的进步"。[3]

骆驼石的旧石器遗址

2004 年，中国、美国和俄罗斯相关研究单位组成了新疆旧石器考古史上规模最大的考察队，对新疆天山南北麓、天山间的盆地、准噶尔盆地西缘、额尔齐斯河上游和乌伦古河两岸进行了大规模的调查，发现数十处石器遗址点，采集石器标本数百件。其中，最重要的发现是和布克赛尔县和什托洛盖镇骆驼石的旧石器遗址点。

骆驼石旧石器遗址的面积约 20 平方公里，推测是中亚地区一处罕见的超大规模的旧石器制造场。石制品在遗址中分布密集，基本由黑色页岩打制而成，类型有石核、石片和成型的石器。石器以大型和中型居多，类型包括砍砸器、刮削器、薄刃斧和手镐等，多数是单面加工。从石器类型和技术水平判断，年代大体应属于旧石器时代的中晚期。

勒瓦娄哇石器技术

高星指出，新疆骆驼石等旧石器遗址的发现，对"探讨早期人类在新疆生存、演变、迁徙以及人类技术的发展、东西文化交流都有重要意义"[4]。这是因为，在这些旧石器遗址点里，发现了源于西方的石器技术，即勒瓦娄哇预制石核和石叶加工技术。

旧石器时代中期开始，欧洲一些地方的远古人群掌握了预制石器的技术，可以从预制石核上剥取石片，这一技术被称为勒瓦娄哇技术。1883年，法国考古学家莫尔蒂耶给勒瓦娄哇技术下的定义是"背面有多条背脊的长而宽的卵形石片"；20世纪60年代，法国另一位考古学家博尔德给勒瓦娄哇下的定义是"通过在剥片之前对石核进行特别修理来预先决定石片形状的技术"[5]。勒瓦娄哇石核的技术特征是，在从石核上打石片时，事先对石核进行修理，然后选择打击点和方向，打下理想中的石片，这样的石片并不需再做二次加工，就可以装柄做石枪使用。勒瓦娄哇技术石器最早的考古发现，是东非肯尼亚的卡普苏林组，年代在50万—20万年前。20万—10万年以前，勒瓦娄哇在欧洲和北非发展起来，13万—5万年前，勒瓦娄哇技术进入繁荣发展期，非洲、西亚、欧洲、南亚、西伯利亚、中亚和蒙古等广大地区，都有勒瓦娄哇石器的分布。距今5万年以后，旧大陆各地逐渐进入旧石器时代晚期，勒瓦娄哇技术开始衰微。

勒瓦娄哇技术的意义，一百多年来不断被学术界提起，日渐成为一个世界性的话题。1993年，美国宾夕法尼亚大学召开了一次专门讨论勒瓦娄哇技术的国际性学术会议。来自世界不同国家的学者，就勒瓦娄哇技术的出现及其在人类发展史上具有的重要意义，给予了相当高的评价，认为"这种技术代表着更新世中古人类行为与认知发生的演化。勒瓦娄哇技术包括复杂的生产预制技术，而最终制作的成品，是带有可预测性的。此技术对一些目的性石片生产效能上，有着明显的提高，亦即是在认知能力上有所提升。……是人类演化中显著的里程碑"[6]。

勒瓦娄哇技术在中国

中国考古界长期以来对"勒瓦娄哇"这个词十分陌生。1986年邱中郎[7]、1989年林圣龙[8]曾经简单地介绍过勒瓦娄哇技术在西方的发现与研究。近些年来，王幼平、陈淳、侯亚梅、邓聪等学者开始关注西方勒瓦娄哇技术向东方的传播问题。[9]

1928年，国外学者步林、步日耶、桑志华、德日进研究宁夏水洞沟旧石器遗址出土的石器标本时，认为水洞沟的石器"工业好像处在很发达的莫斯特文化和正在成长的奥瑞纳文化之间的半路上，或者这两个文化的混合物"，莫斯特文化的石器就是勒瓦娄哇石器。新中国成立后，水洞沟遗址被连续发掘，取得重大收获。据《水洞沟——1980年发掘报告》，水洞沟遗址的第7层和第6层石制品，都包含了数量可观的典型勒瓦娄哇石核。第6层更有若干典型打制细石叶的石核和细石叶。第4层出土较多石叶石核、石叶和细石叶技术的石制品，但第4层缺乏典型的勒瓦娄哇石核。[10] 也就是说，水洞沟旧石器遗址进入第 4 层文化阶段，勒瓦娄哇技术已衰落消失。据邓聪介绍，水洞沟遗址出土的一件雕刻器是典型的勒瓦娄哇石核；青铜峡鸽子山遗址的采集品中，有一件称为"多台面石核"的石制品，是勒瓦娄哇石核。2003 年施家窑 1 号一地点的第 9 层文化层中发现了一件石核，石核有上下对设的台面，背面一部分保存为自然面，一部分有明显的修理疤，是勒瓦娄哇石核；内蒙古中南部准格尔旗榆树湾发现两件勒瓦娄哇石核。[11] 据高星介绍，黑龙江十八站遗址、山西塔水河遗址也见有勒瓦娄哇石核。[12] 近年来发掘的内蒙古自治区鄂尔多斯市乌兰木伦遗址，是继宁夏水洞沟遗址之后，在中国北方地区发现的最重要的一处旧石器遗址，出土石制品 4000 多件，年代在距今 7 万—3 万年前，其中不乏勒瓦娄哇石核和石片。侯亚梅认为"该遗址以石片石器为特点的石制品类型十分丰富，工具组合具有明显的旧石器中期的特点，且与欧洲的莫斯特文化存在不少相似之处"，"乌兰木伦遗址的发现、试掘与初步研究，为我国北方旧石器中期文化的研究增添了新内涵，同时也为现代人起源和中西方文化交流研究提供了新的线索"。[13] 王志浩认为，"其石制品类型及工业组合与欧洲旧石器时代中期文化近似"，属于旧石器时代中期。[14] 邓聪推测："在中国北部广大的范围内，理应存在过不少勒瓦娄哇技术的石制品，现今有的虽然已被发现，但更多的仍未有被辨识出来。"[15]

新疆处于东西方之间，是研究勒瓦娄哇技术自西向东传播线路的关键区域。邓聪认为，交河故城沟西台地采集石器中的柱状石核，应是勒瓦娄哇石核。[16] 新疆博物馆陈列的从和布克赛尔县和什托洛盖镇骆驼石遗址采集的石器标本中，有一些大型的刮削器，明显是旧石器中期莫斯特文化的典型器物，原料以至风格，都与俄罗斯阿尔泰地区所见旧石器中期石器群有很大的相似性。[17]柴窝堡湖岸采集的石制器物标本里的20多件石核，不少与交河故城和什托洛盖镇骆驼石遗址采集的勒瓦娄哇石核风格一致，属于同一类型。近年来，新疆吉木乃县通天洞有意外的发现：这是一处极其重要的旧石器时代的洞穴遗址，初次发掘，就出土石制品400余件，其中部分石片明显具有勒瓦娄哇技术风格。

环阿尔泰山脉的旧石器

1960年，俄罗斯学者在南西伯利亚、阿尔泰山地发掘一处洞穴遗址，遗址以著名考古学家奥克拉德尼克夫的名字命名。这处洞穴遗址的年代，由旧石器时代中期持续到晚期，其中出土很多打制石叶，不少属于勒瓦娄哇石片。俄罗斯阿尔泰地区Denisova洞穴内的堆积，分为22层，第22层至21层属于旧石器时代中期的早段，此洞穴的最底层，发现有莫斯特的尖状器，也呈现出明显的勒瓦娄哇风格。俄罗斯学者德里夫认为，勒瓦娄哇石器在西西伯利亚和蒙古国境内的阿尔泰地区与戈壁阿尔泰地区多有发现，这些发现对研究现代人类起源与迁徙具有重要的意义。[18]

勒瓦娄哇技术在俄罗斯阿尔泰的初现，已是旧石器时代的中期和晚期，技术已经显得相当成熟。但是，这里并非勒瓦娄哇技术的起源地，而是从欧洲由中亚哈萨克草原区域进入南西伯利亚，继而再进入阿尔泰山脉的森林草原区。阿尔泰山脉跨中国、俄罗斯、哈萨克斯坦、蒙古四国。新疆的阿尔泰山脉是西伯利亚区系植物在中国分布的典型代表地区,同时也是西伯利亚泰加林群南延的极限地区。环阿尔泰山脉不断发现旧石器时代遗存,在中国境内,除前述的骆驼石旧石器遗址外,阿尔泰山洞穴里的彩绘岩画也可能早到旧石器时代的晚期。[19] 这样看来,在旧石器时代晚期,活动在新疆天山地区、掌握着勒瓦娄哇技术的人群,非常可能是由俄罗斯的南西伯利亚、阿尔泰山北坡南下迁徙到了天山地区。

东亚现代人类的起源问题

由南西伯利亚平原到阿尔泰山脉,由阿尔泰山脉到天山山脉,环阿尔泰—天山到中国北方地区,勒瓦娄哇石器工业技术在内陆欧亚东部的分布,连成了线路,这条线路被称为史前的"石器之路"(图版3)。[20] 石器之路的研究,正在引起更多学者关注,它的背后关涉着东亚现代人类的起源这样一个重大的学术问题。

长时期内,世界考古学界最为关注的问题:一是人类起源的地点和时间;二是农畜生产经济的形成;三是文明及城市兴起等。近年来,"现代人"的起源成为国际学术界新的研究焦点。什么是"现代人"?"现代人"指的是人种学意义上的"智人",是人类演化史上唯一幸存的一支。

考古学家们曾较为普遍地认为,晚期智人最早出现在非洲,他们离开非洲后,通过南线进入亚洲。他们最先抵达大西洋的南部,然后进入亚洲和欧洲。在中国,关于这段历史发生的时间和地点,人们一直聚焦于中原或者是长江流域。中亚地区勒瓦娄哇技术的发现,正在改变这一传统的观点。2008年,在俄罗斯西伯利亚的西部沿额尔齐斯河岸一个名为Ust'-Ishim的地方,发现了一块从河岸凸露出来的几近完整的人类股骨,经碳十四测年,距今约有 4.5 万年,是迄今为止非洲和中亚以外有直接测年的最早的现代人。据古 DNA 技术测定,它代表的群体是欧亚大陆共同的祖先。该人类遗骸的发现表明,现代人走出非洲,并非只有南部大洋洲的路线,他们迁徙的路线比人类学家原来的设想更为复杂。[21] 新疆阿尔泰山脉、天山山脉,内蒙古以至宁夏旧石器晚期石器的发现表明,这些地区也是旧石器时代晚期人类智力革命的最早策源地之一。也就是说,现代智人由此经中国北方地区逐渐南下,渗透到了中国华北和东北平原。

东谷坨技术的西传

侯亚梅认为,旧石器时代中晚期,一方面是源于西方的勒瓦娄哇技术自西向东传播,另一方面还存在着以华北泥河湾盆地的东谷坨石核技术为代表的东方传统自东向西传播,即学术界提出的史前的"石器之路",反映的是东西方石器技术的相向传播与汇流情况。侯亚梅发现,水洞沟出土的石器标本,不仅有西方的勒瓦娄哇石核存在,更有代表东方石器文化传统的东谷坨石核的存在。如果说西方旧石器中期的勒瓦娄哇技术跋涉 8000 多公里传播到了东方,那么,以华北早期文化为代表的东方文化亦西向传播,它们"与西来的文化在西亚和中亚、北亚的某处交汇,甚至在更北方的欧洲某结合部位发生过交相辉映、比翼双飞的迹象"[22]。

数万年前欧亚旧石器时代中晚期的考古发现,告诉我们这样的历史:由西方传入的勒瓦娄哇预制技术,传播到中国北方的上述地点甚至更宽广的区域后,与东方传播过来的东谷坨石核技术相遇融合。很可能在这一过程中,孕育和产生了中国北方的细石器文化,继而对中国北方早期文化的形成产生了不可估量的影响,这一影响又波及新疆和中国西北的其他地区。

至少从旧石器时代晚期开始,东西方人群就在北方的草原地区交错杂居,互通婚姻,扩大了种群之间的基因交流,形成新的人群。这支新的人群,则与东亚现代人类的起源有着内在联系。所以,包括乌鲁木齐柴窝堡湖石器地点在内的整个新疆天山地区,也是研究东亚现代人类起源的重要区域。

注释

1. 吴震:《新疆东部的几处细石器时代遗址》,《考古》1964年第7期。

2. 张川:《1990—1995年新疆境内的旧石器调查工作与收获》,《新疆文物》1996年第4期。

3. 王炳华:《略说二十世纪九十年代新疆考古》,载王炳华、杜根成主编:《新疆考古新收获(续)》,新疆美术摄影出版社1997年版,第3—10页。

4. 高星、裴树文:《新疆旧石器地点》,载中国考古学会编:《中国考古学年鉴2005》,文物出版社2006年版,第376—377页。

5. 王幼平:《石器研究——旧石器时代考古方法初探》,北京大学出版社2006年版。

6. 邓聪:《追寻东方的勒瓦娄哇技术——宁夏水洞沟遗址的世界性意义》,《中国文物报》2012年1月6日第7版。

7. 邱中郎:《勒瓦娄哇文化》,载《中国大百科全书(考古卷)》,中国大百科全书出版社1986年版,第268—269页。

8. 林圣龙:《西方旧石器文化中的勒瓦娄哇技术》,《人类学学报》1989年第8卷第1期。

9. 王幼平:《石器研究——旧石器时代考古方法初探》;陈淳:《旧石器类型学的理论与实践》,载氏著:《考古学的理论与研究》,学林出版社2003年版,第293—307页;侯亚梅:《水洞沟:东西方文化交流的风向标?——兼论华北小石器文化和"石器之路"的假说》,《第四纪研究》2005年第6期。

10. 宁夏文物考古研究所编著:《水洞沟——1980年发掘报告》,科学出版社2003年版,第205页。

11. 张森水:《内蒙中南部和山西西北部新发现的旧石器》,《古脊椎动物与古人类》1959年第1卷第1期,第33页图2;1960年第2卷第2期,第134页图9d。

12. 高星:《悠古神奇水洞沟》,《中国文化遗产》2008年第4期。

13. 侯亚梅等:《内蒙古鄂尔多斯乌兰木伦遗址2010年1期试掘及其意义》,《第四纪研究》2012年第2期。

14. 王志浩等:《内蒙古鄂尔多斯乌兰木伦旧石器时代中期遗址》,《考古》2012年第7期。

15. 邓聪:《西方勒瓦娄哇技术对中国的波及》,《中国文物报》2012年5月25日第6版。

16. 新疆文物考古研究所:《交河故城:1993、1994年度考古发掘报告》，东方出版社1995年版，第3页图四之3；第11页图九之5。

17. 邓聪：《西方勒瓦娄哇技术对中国的波及》，《中国文物报》2012年5月25日第6版。

18. A. P. 德里夫·安诃：《中亚和北亚地区的考古新发现以及早期人类迁徙问题》，张川译，《新疆文物》1994年第4期。

19. 王博、郑颉：《阿尔泰山敦德布拉克的旧石器时代晚期岩棚画》，《吐鲁番研究》2005年第1期。

20. 刘学堂：《石器时代东西方文化交流初步研究》，《新疆师范大学学报》2012年第4期。

21. 《破译世界最古老的现代人基因组》，《大众考古》2014年第12期。

22. 侯亚梅：《水洞沟：东西方文化交流的风向标？——兼论华北小石器文化和"石器之路"的假说》，《第四纪研究》2005年第6期。

四　新石器时代问题

新石器革命的浪潮

距今一万年前开始，欧亚东西方文明起源的中心地带，出现了更为先进的石器加工技术——人们开始制作细石器。

细石器一般指的是用间接打击方法制成的细小石器，因石器形体较小，称为细石器，常见的有细小石核、细石叶等。细石叶多用来进行第二步加工，有的装上骨柄或木柄，制成复合工具，或制成形态不同的石镞。细石镞的广泛发现，说明当时人类在狩猎采集过程中，普遍使用弓箭。弓箭是这个时期最重要的发明。考古人类学家认为，细石器的出现很可能与更新世末期的全球气候变动有关。细石器大大改变了传统的采集和狩猎的经济方式，旧石器时代流动的狩猎采集人群规模不断扩大，氏族组织逐渐完善，游群有了相对固定的活动区域。原始农业和畜牧业开始萌芽，为新石器革命的出现奠定了基础。

距今一万年以前，生活在东西方文明最早起源中心区域的远古居民，首先学会了种植农作物和畜养动物，人类社会发展到新石器时代。相对于旧石器时代人们单纯依赖狩猎和采集来获取食物,长期处于单纯地向大自然攫取的经济发展阶段,新石器时代的居民的食物来源主要依赖农业和畜牧业的稳定发展,生产方式由单纯的自然经济向生产经济过渡。

新石器时代初期,植物的栽培和动物的驯养只是对传统的狩猎采集生活的补充;随着新石器革命的快速推进,农业和畜牧业成为主导的经济产业,狩猎和采集成为经济的补充。在东西方文明的起源中心,最早的农业和畜牧业几乎同步出现,只是种植的庄稼和饲养的家畜种类不同。西亚两河流域,包括近东地区(即所谓新月沃地)的远古居民,首先培育出以麦子为代表的农作物,驯养了以牛、羊为代表的牲畜;黄河和长江流域的远古居民,则培育出了以粟黍和水稻为代表的农作物,驯养了以猪、狗和鸡为代表的家畜。学会种植庄稼和畜养牲畜后,原来那些四处流动的人群开始守候着庄稼和幼兽定居,并支上遮风避雨的草庐。草庐围绕着一个中心布列,便有了原始的自然村落,后来村落里的居民越来越多,讲究布局,便有了社会性聚落。部落和氏族的组织模式日趋复杂和完善,部落内部家族的势力不断壮大,社会由旧石器时代聚散无常、自然分化的小规模狩猎采集的游群,向部落、氏族和家族的三层社会组织过渡。新石器时代的人们很早就学会了制陶、编织、纺织,以及木器和制皮等手工业,原始艺术走向繁荣,原始宗教逐渐系统化,对社会生产、生活和文化发展的影响日益深刻。特别是陶器造型和装饰、木雕、石雕以及岩画等艺术体裁的出现,充分展示了当时人类的信仰和情感、抽象思维能力,艺术表达能力达到了前所未有的高度。东西方的彩陶图案,是原始艺术最杰出的代表。旧石器时代以来至新石器革命前的数百万年间，人类主要依赖自身体质的进化适应自然；新石器革命以后，人们开始更多地用文化发展来适应自然。

天山地区的中石器时代

柴窝堡湖旧石器地点、交河沟西旧石器地点采集的大部分石器，具旧石器时代晚期石器技术的特征，大多属于石叶—端刮器工业类型，另外的一小部分是细石器。关于细石器，多年以来，新疆地区发现的遗址点有40多处，其中天山地区的细石器材料最为丰富，但对这些细石器关注和讨论的学者不多，只是概而统之地将它们归入中石器时代，也有学者认为它们反映的是新疆地区新石器时代特殊的文化内涵。

什么是中石器时代？《大英百科全书》"中石器"条指出，中石器时代的狩猎者比旧石器时代更富效率，能更大范围地利用动植物资源。在欧洲，一些学者还习惯于把中石器时代称为"续旧石器时代"。总的看来，中石器时代的含义大体包括以下几个方面：1.年代上是连接新、旧石器时代的桥梁。中石器时代是最后一次冰期过后开始的，年代属全新世，但它的下限在不同地区并不相同。2.经济上属于渔猎和采集的食物获取方式。中石器时代后期，在某些气候适宜的地区，经济上开始向农业过渡。3.技术上，旧石器时代晚期兴起的细石器技术持续到中石器时代，并占据主导地位。4.生活用品方面尚无陶器出现，纺织技术也没有产生，人们仍以兽皮裹体。从世界学术研究的角度看，中石器时代的标志是采集和狩猎经济，只是人们制作石器的技术达到了一个新的阶段，石器更加细小并有了复合工具。在欧亚文明起源中

第一章 石器时代的乌鲁木齐 | 29

柴窝堡湖湖畔的细石器

心区域，农业和畜牧业开始萌芽。

新疆地区的细石器遗存的年代，一般被定在距今 7000 年到 4000 年间，下接青铜时代。这一阶段，新疆地区的居民延续着旧石器时代采集和狩猎的经济生活，文化内涵上依旧属于中石器时代。

天山地区新石器文化问题

新疆地区史前文化的发展，并没有像欧亚东西方文明起源中心那样，经历了由旧石器时代晚期，经过短暂的中石器时代，过渡到新石器时代的过程。距今一万年以后新疆地区的远古居民，一直延续着中石器时代的文化。到了公元前 3 千纪内，新疆地区不同区域的居民先后掌握了青铜冶铸技术，步入青铜时代。到目前为止，新疆地区未发现典型的新石器文化遗存。

新疆地区缺少新石器文化发展环节或阶段，具体可做如下说明：

第一，新疆地区史前文化遗存的发现与研究，从 20 世纪初开始到现在已经有 100 多年的历史。1949 年以前，考古发现与发掘的史前遗存比较零星，对其认识非常模糊。1949 年以后，尤其是新世纪以来，新疆地区史前考古资料的不断积累，对这些资料的认识不断深入，区系文化结构和文化的发展脉络，以及渊源关系的认识逐渐系统化。据不完全统计，天山地区已经发掘的属于史前时期的墓葬超过 5000 座，发掘了多处遗址。这些墓葬和遗址，除上述的旧石器和中石器时代遗址点外，都属于青铜时代到早期铁器时代的遗存。也就是说，如果新疆地区存在典型的新石器文化，它的面貌即使不清楚，也应该显其基本轮廓。然而目前却尚未发现明确的有关新石器文化的线索。

第二，在欧亚文明起源中心区，发展成熟的新石器文化内涵无比丰富，特别是以发达的彩陶和定居的农业聚落生产工具为标志的文化系统，地方性特征明显。对于天山地区而言，这里的彩陶主要出现在青铜时代到早期铁器时代，原始农业、畜牧业以及原始聚落，最早也形成于这一时期，即进入新石器时代的两个重要标志，在新疆地区都出现在青铜时代，一直延续到早期铁器时代。目前，新疆地区未发现时代上更早、超出青铜时代的彩陶文化和聚落遗存。

因此，从天山地区史前考古发现的总的情况与研究看，在数万年前的旧石器时代的晚期，人类的足迹已经踏入雄奇的天山山麓。距今一万年前，天山盆地及山麓地带的古代居民广泛使用细石器，依旧过着狩猎采集生活，长期处于旧石器时代向新石器时代过渡的中石器时代。直到公元前3千纪内，来自东西方的一些农业、畜牧业文化因素，几乎同时进入新疆地区，带来了陶器和铜器制作技术，从而揭开了天山地区文明社会的序幕。

第二章 三角纹的故事

在博格达山麓,发现一处有动物图案的岩画。在这些岩画里,动物形体结构呈三角状,从而带出了一则关于三角纹的故事。

一　博格达山岩画

2008年，在乌鲁木齐博格达山麓发现一处岩画。

博格达山岩画

岩画位于博格达主峰的正北坡，岩画所在地海拔3569米，位于第四纪冰川侵蚀而成的羊背状山体的南侧岩壁。刻有岩画的山正对着宏伟的博格达雪峰。博格达山的山脚下就是柴窝堡湖和乌鲁木齐市。

岩画所在处，地势高寒，山沟狭窄崎岖，怪石丛生，植被极少，山脚乱石间，偶见有苔藓、地衣、雪莲和低矮的草本植物。南侧有羊肠小道，十分难行。小道南侧用铁丝围栏圈出的岩画保护区域里，散落多处刻有岩画的岩石。这些岩画，表面有黑色或黑褐色的沙漠漆，上面或用点凿磨刻的技法构成线描图案，或用平面凹磨技法表现剪影式图案。

博格达岩画从表现风格上看，大体可分两类。一类用点凿磨刻的技法，表现持弓箭人物、持箭对练人物和骑马者。持箭人物多弓步前趋，风格一致，人物和动物体形大小均匀，是早期铁

博格达山岩画

器时代游牧人群留下的遗存。另一类是用平面凹磨的技法，刻磨出静态的羊，羊身体的表现风格特殊。据郭物介绍，博格达岩画遗址群有80余处，共计800余幅个体。主题有野山羊、牛、鹿、驾车、马、人物等，动物形象很有特点，身体部分为前后两个三角形相对构成，有的尾巴上翘，有的尾巴下垂，尾部末端呈一个三角形或者球状。鹿角分为两叉，向上生长，鹿角枝杈分别在鹿角主干上向外生长。有的羊角向上翘曲，角尖相对，大致呈一个圆形。发现者认为,岩画时代可能早到公元前2千纪,可能与青铜时代活动于天山一带的牧人祭祀博格达峰有关。[1]

塞伊玛里塔什岩画群

郭物发现,博格达山岩画中所刻的三角纹风格的动物形象,在吉尔吉斯斯坦著名的塞伊玛里塔什岩画中也有发现。塞伊玛里塔什位于西部天山的费尔干纳盆地,是一处有名的岩画遗址点,岩画突出的特征是用磨绘的手法,用对顶三角构图风格,表现羊的形象。塞伊玛里塔什岩画醒目的对顶三角羊纹图案,已经成为吉尔吉斯斯坦共和国古代文化的重要标志符号之一,并被广泛地应用到现代各种文化装饰艺术中,该国还发行过印有对顶三角羊纹图案的金属纪念币。

塞伊玛里塔什岩画群发现于西部天山费尔干纳盆地一个半封闭的大山谷里。岩画群的规模很大,刻有岩画的石头有1000多块,所刻动物形象有野山羊、盘羊、牛、鹿、马、骆驼、狗、狼。还有很多表现性爱的场面,有的在交媾人物中间刻画蛇和野山羊,属于生殖崇拜的仪式。有学者将塞伊玛里塔什岩画的动物和人物依其表现风格分为四组。最早的一组为几何风格,动物和人物的身体呈两个三角形或者四方形,此外还有很多拉车的主题,时代在公元前3千纪初,属于铜石并用时代到青铜时代。第二组岩画中的动物、人物造型的几何形构图减弱,主要是人的形象、太阳的符号、崇拜仪式、单个的动物形象。这两组是塞伊玛里塔什岩画所表现的最主要内容,时代上相距不远。第三组岩画,为公元前1千纪,几何纹风格的动物形象已经消失,动物多

塞伊玛里塔什岩画三角构图风格的动物和人物

为马、鹿等,主要表现狩猎场面。第四组岩画动物纹样表现为所谓的线形风格,刻画粗放,年代晚到公元1000年,动物纹样中最多的是野山羊。[2]

西、东部天山间的文化沟通

相距数千公里,风格完全一致的对顶动物纹样形象的岩画在西、东天山山谷均有发现,并非偶然。有学者推测,一些在天山西段山谷间生活的牧人,很有可能沿着山间谷地向东、东北方向迁徙。[3] 郭物认为在塞伊玛里塔什和博格达冰川发现的独特的、相似的岩画表明,在公元前3千纪到公元前2千纪早期,中亚曾有一支人群沿着天山一直向东迁徙,到达今乌鲁木齐一带。这些人有可能把中亚及其周围地区先进的文明因素传入新疆。[4]

创作了塞伊玛里塔什岩画的人群是什么人呢?郭物认为,这群人是山区牧人,主要牧牛,他们用牛拉车,生活在费尔干纳盆地东部山区。而这些牧牛人又是从哪里迁徙过来的呢?有学者推测其与留下了伊朗锡亚克遗址的早期文化人群的扩散有关。

费尔干纳盆地的西部与纳马兹加文化、巴克特利亚—马尔吉亚纳文化分布区相邻。青铜时代的纳马兹加文化、巴克特利亚—马尔吉亚纳文化人群向东迁徙,将这些文化因素带入新疆的核心地区——今乌鲁木齐一带,随后继续东进,成为新疆乃至甘青地区青铜文化的重要来源之一。[5]

关于三角形动物身体的构图风格,最早可以追溯至欧亚大陆西部世界文明起源中心的美索不达米亚平原和伊朗高原。在美索不达米亚平原和伊朗高原交界地区著名的苏萨遗址,出土过一件筒形彩陶杯,杯的上部是一排抽象的长颈鹿,其下是奔跑的犬,器腹的主体纹样是一只静立着的大角盘羊,羊的身体绘成对顶三角。[6] 从整个天山地区的考古发现看,这个不起眼的三角形符号,后来竟成为破解内陆欧亚之间文化联系与文明互动的钥匙之一。

注释

1. 郭物:《通过天山的沟通——从岩画看吉尔吉斯斯坦和中国新疆在早期青铜时代的文化联系》,《西域研究》2011 年第 3 期。

2. 同上。

3. Frachetti, M. D., Lecture of Society for American Archaeology (SAA) Annual Meeting in 2009: Atlanta. Paper Title: Early Bronze Age Pastoralism and the Inner Asian Mountain Corridor.

4. 郭物:《通过天山的沟通——从岩画看吉尔吉斯斯坦和中国

新疆在早期青铜时代的文化联系》,《西域研究》2011年第3期。

5. 同上。

6. 王兴运:《古代伊朗文明探源》,商务印书馆2008年版,第63页图7。

二　康家石门子岩画

对于破解三角纹符号这一历史谜案，呼图壁县康家石门子岩画的发现与研究十分关键。

康家石门子岩画

博格达山向西，沿天山山前绿洲谷地，从呼图壁县城的西南进入天山峡谷。这一带深谷两岸，是崎岖错落、巍峨俏丽的赤色群山，称为丹霞地貌，景色神奇。在康家石门子山谷，有壁立如高耸大厦的雄奇山体，山体下部岩面平坦，岩面上刻绘满了舞蹈的人群，这就是著名的呼图壁县康家石门子岩画。

康家石门子岩画，所在的岩面平整，画面东西长约14米，高约9米，面积120多平方米。画上满布大小不等、形态各异的人物，所刻人物形体大者超过真人，小者仅10厘米，刻像有男有女，或站或卧，或衣或裸。王炳华分九组来描述它。

第一组，居于岩壁最上方，有一列裸体女性成排而舞，她们的侧下方刻绘有一个斜卧的男性。成排的群舞裸体女性有9人，体态由右向左逐渐缩小。间隙里有两组对马图形，一为雌对马，

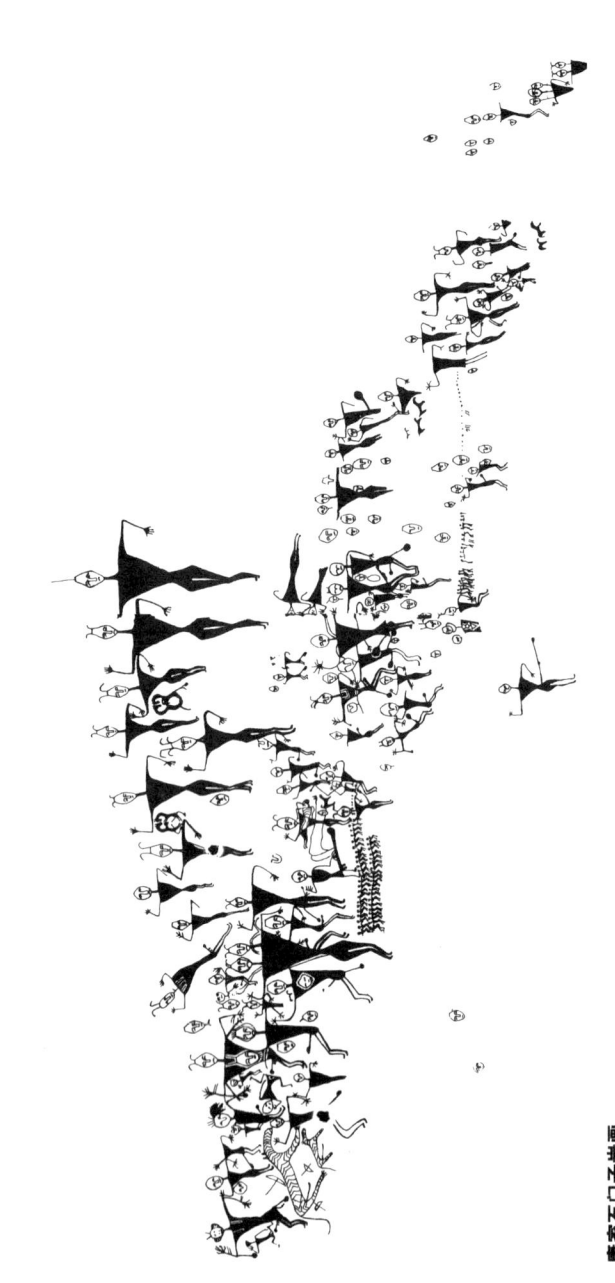

康家石门子岩画

一为雄对马。那作斜卧状的男性，裸体，通体涂朱，勃起的生殖器指向9位排列舞蹈的女性图像。第二组，位于第一组的左下方，最突出的是一个高大如同真人的双头同体人像，在双头同体人像的周围，布列着一些裸体男性的形象。第三组居第二组的左侧，四五个裸体的男性图像，环绕着躺卧、屈腿、处于交合状态中的一对男女图像。女性蛙状仰卧，双腿叉开，右手上举，左手下垂指向阴部，用浮雕手法表现其隆起的乳房。与其交合的男性则显得高大魁梧，腹部有一人头。岩画创作者的意图，透过男性图像腹中的人头像，昭然若揭，旨在表现男性在孕育子嗣、创造新生命过程中的决定性作用。第四组居第三组的左上方，画面的主体部分是双虎及猴面人的交媾图像。猴面人下是两只雄虎，一大一小，头均向右方，通体刻画条斑纹，虎鞭勃起。虎的周围，有三张弓箭，满弓蓄势。第五组在双头同体人像的右下方，包括明显有隐喻性交媾动作的男女，还有一群欢跳的小人。其右侧显示的是两男一女的交合动作，此外，还有一些显示阳具的男子形象：在双头同体人右方，站立一男子，左手持勃起的生殖器指向对面一个亭亭玉立的女性，并做热烈而整齐的舞蹈动作。第六组位于第五组的右侧，这组画面的一些人物形象已不清楚，突出的是画面的中心部分，站立着一个穿长裙的女性。第七组位于第六组下方，主体刻画的是一列做整齐舞蹈动作的小人，排成一排，舞蹈小人的两侧各有一个较大的男性个体，都清楚地显示其阳具。这列舞蹈小人的左右上部，还隐约可以看见有七八个头像。第八组位于第七组的右方，东西延展10米，画面中心部位，可以见到一个身姿造型相当标准的女性形象，女性旁有一些男性，男根勃起，与第七组相连的还有一列小人。第九组，画面中只有一位形体高大的男性，伸出一特别长的生殖器，指向前方。

康家石门子岩画整幅画面，呈现多体交媾与欢快的舞蹈、奔放恣意的忘情场面，是原始狂欢节的真实再现；围绕着体验男女之乐为核心的原始信仰，被艺术化地夸张了，刺激感官的原始艺术、快意表达的情欲宣泄，无不透过岩画人物、动作，无遮无掩、酣畅淋漓地呈现出来。

岩画作者塞人说

王炳华对呼图壁岩画进行了长期的思考和系统的研究，为呼图壁岩画的进一步深入探索奠定了基础。1988年，他发表了《呼图壁康家石门子生殖崇拜岩雕刻画》一文[1]，谈到岩画的作者和创作时代，说岩画表现的人物面型、帽饰与古文献中记述的塞人相似，因此岩画刻绘者是公元前3世纪以前在新疆北部地区活动的与塞人有关的一支居民。同年，王炳华又对这幅岩画进一步论述[2]，他说从岩画所反映的原始宗教信仰、生殖器崇拜、对男性特别尊崇等特点来看，可推测其创作年代当在呼图壁地区还处于原始社会阶段的父系氏族社会时期，或脱离这一时期不远的历史阶段，并进一步推测其完成于公元前3世纪以前。考虑到这种岩刻画经历过相当长久的时间，因此，它的上限可能在公元前1千纪的前半期。后来王炳华将呼图壁岩画的文化内涵与新疆木垒四道沟遗址出土的石祖所反映的生殖崇拜、印度史诗《罗摩衍那·童年篇》中关于十车国王进行马祠以求子的传说对比；将呼图岩画中的对马、岩画人物头上装饰羽纹与伊朗卢里斯坦遗址铜牌饰中的对马、伊朗派拉瓦德青铜人上的"树枝状"装饰对比，认为它们存在着文化上的联系，而断定这一岩画的年代在公元前1千纪的前半期，但不会早到距今3000年以前。[3]1990年，王炳华完善了康家石门子岩画作者塞人说，并进一步认为与岩刻人物深目、高鼻、狭面的塞人形象并存的，还有相当部分面型宽圆、颧骨相当高，显得特别粗犷的男性人物形象，具有蒙古人种特征。其帽饰与翎毛有异，为两支尖角。这些与前一类人物形象、服饰有明显差异。而这种差异也是有意识精细雕琢表现的结果。这支蒙古种系居民，与前匈奴的关系，应该是比较密切的。[4]2010年，王炳华重申了康家石门子岩画的主人、年代，应是公元前1000年活动在这片土地上的塞人。2014年，王炳华出版专著《原始思维化石》一书，仍坚持认为岩画刻于公元前1000年前期，维持着这个大概的推定，理由不变。[5]

岩画作者和年代之争

王炳华关于康家石门子岩画的观点，被历史考古、宗教艺术、舞蹈体育领域的多数学者认可并引用。同时，也有学者提出过不同的看法。

1992年，谭逢江撰文认为："无论从历史学、民俗学、民族学、考古学材料论证，岩画所反映的服饰和宗教信仰都与旧石器时代晚期的生产力和生产关系相适应，因此，我们完全有理由认为，岩画是创作于母系氏族时期，距今2万年左右。"[6]1998年，胡邦铸撰文提出呼图壁一带元代时"生活着一种尚处于原始状态的人群。因此，他们有可能创作出自己的岩画艺术"。他认为康家石门子岩画中人物所戴的圆口平顶帽子，不同于文献和考古资料中塞人所戴的头帽，也不同于在天山南北岩画中常见的戴尖帽的塞人图像。[7] 2013年，李树辉撰文指出康家石门子岩画的主人是月氏人，他认为"月氏人栖居河西走廊及东部天山地区的时间在公元前201年至公元前176年的20多年间"，康家石门子岩画是月氏人迁居天山后刻在这里的，所以，"呼图壁岩画创作于公元前201年至公元前176年之间或更晚"。[8] 2016年，钱伯泉撰文说康家石门子岩画是"嚈哒人长留在天山石壁上的巨大而又宝贵的艺术品遗迹"，其年代晚到了公元5世纪。[9] 2017年8月，巫新华等学者讨论了康家石门子岩画与西王母传说间的关系，为破解康家石门子岩画之谜另辟蹊径。[10]

欧亚山地岩画风格的时代变化

岩画是人类描绘或刻绘在岩石上的有意义的图案。人类在自然岩面上刻画或绘画的历史相当久远。数万年前的旧石器时代晚期，欧洲的原始艺术家们就开始在他们居住的洞穴岩壁上用红彩构画图案，创作出弥漫着浓郁原始宗教气息的人类最早的艺术品。新石器时代开始，原始艺术家在彩陶器表的方寸之间，通过描绘不同的图案，倾诉信仰和情感，创造了精美的彩陶艺术。新石器时代开始，特别是到了青铜时代，生活在山地的畜牧农耕人群，依山傍水生活，当时的原始艺术家们，采用不同的技法，开始在岩石上作画，出现了最初的岩刻艺术。从整个欧亚北部森林草原岩画发现的情况看，最初在岩石上刻绘图案的原始艺术家们，多用平面凹磨的方法，创作出一批体态丰满、形象而生动的动物和人物画面，年代推测在公元前 3 千纪到公元前 2 千纪内。

公元前 1000 年以后，欧亚草原游牧经济兴起，进入了游牧时代。游牧时代的人们骑马放牧，逐水草而迁徙；公元前 2 千纪后半期开始，铁器技术逐渐从西方传入中亚东部，公元前 1 千纪后，铁器普遍使用。早期铁器时代，北方草原岩画的风格发生了变化，岩画创作的目的也与此前大相径庭。

天山南北地区，是中国境内最早进入早期铁器时代的区域。游牧的人群，赶着牛群、羊群等，沿着山麓地带迁徙盘旋，他们在山麓草坡裸露的石头上刻绘以动物为主体的纹样，形成游牧风格的岩画艺术。游牧风格的岩画艺术，突出的特点是线条刻绘的动物图案，其中最常见的题材是羊，其次是牛、马、骆驼等，此外，常见的还有野生动物，如北山羊、鹿、狼、虎等。原始艺术家们常在动物群落间夹绘持弓箭的人物，这些持弓箭的人物，一般被研究者描述为猎人。以羊的形象为主题的岩画，遍布整个欧亚山麓地带，羊大多突出地表现为双角，双角卷曲成半圆形，角多向背后弯曲。漫山遍野的半圆角北山羊和持弓箭的猎人，风格基本一致，呈现出模式化趋势。线描风格相似的动物岩画始于游牧经济兴起，并随着游牧经济的繁荣，布满欧亚北方游牧区域的山麓草原。这些符号化的动物岩画，特别是配以"猎人"的画面，常被解释为表现狩猎的场面，实际上大多是以象征的艺术手法，表现的仍是生殖崇拜的内容。[11] 在乌鲁木齐南山山麓地带，此类岩画也很常见。

康家石门子发现的双性石人

双性石人的发现

在呼图壁康家石门子岩画附近的遗址里，出土一尊石人，发现者张凤祝将其命名为"双性石人"。

"双性石人"由一略呈扁方形的柱状石雕凿而成，柱石青灰色，偏上部分已断开，对合后基本完整。"双性石人"高61.5厘米，宽18.7厘米，整体用敲凿、雕磨等方法在柱状石的四面表现出女阴、男根、人面，立体地表现半蹲状的下体。男根和女阴是"双性石人"要表现的突出主题，它们被对称地刻在柱石相对的两个宽面上。人面和女阴位于柱石的同一侧，人面刻于上端，雕刻简约，五官紧凑，面部下凹，额头较高，小而深的圆涡状双眼间距很小，下颌略为弧三角形，小嘴，两侧刻出小的圆形耳廓；下面通体刻磨出女阴，女阴主体刻成簸箕状，向上伸出长的凸起的"脊",两者相连使女阴整体形状呈船桨形,簸箕状女阴和与之相连的"脊",寓示女性生殖系统,簸箕状女阴的上侧圆弧,四周起凸缘,中间为凹平面,中间偏下有小的圆形凹坑,周围平面上有敲凿均匀的麻点。柱石的背面,上侧刻出男根,与人面相对的面部刻磨出男根的首部,呈圆鼓球状,顶部则为弧圆,顶面刻出浅沟槽,下部中间亦起凸"脊"。男根的下部,与正面的女阴相对,用浅浮雕的手法表现人的臀部,臀部略隆起,中间刻出很浅的股沟槽。石柱的另外两个侧面,均采用浅浮雕的手法刻出纤细、象征性的双腿,腿呈半蹲状,左右大体对称,它与柱体背面下方的臀部、正面的女阴合在一起,整体表现的是一半蹲状、寓示生产的女性下躯。

康家石门子岩画与小河墓地

岩画研究是一门世界性的学问。岩画研究中的最大问题,是它的年代,尤其是史前岩画的年代问题,长期制约岩画学的发展。岩画是一种特殊形式的遗存,这类遗存绝大多数缺少考古学上的地层关系,缺少共存器物的旁证,所以,即便是类似康家石门子这样艺术风格突出、文化内涵明确、内容因素丰富的巨幅岩画,研判它的具体年代也极为困难。然而新疆著名的青铜时代遗存小河墓地的全面发掘,为我们最终破解康家石门子岩画的时代之谜,找到了一条重要线索。

首先,是康家石门子岩画人物的体势。康家石门子岩画中所有的人物,身体部分都被磨刻成了凹面三角形,三角形的上身和略圆的臀部,构成了岩画人物身体的基本造型风格。而在属于小河文化的孔雀河古墓沟墓地，出土有木雕人像和石雕人像，它们的身体部分也被雕成类似的三角状。其二，小河墓地常见有木雕人面像，人面像的鼻子突出夸张，鼻子占人面的2/3，其他面部器官只是点缀。康家石门子岩画人物的面部也突出表现鼻子，长而弓凸的鼻梁占据了人面的2/3。其三，康家石门子岩画遗址的"双性石人"，面部所刻深眼小嘴也与岩画人物面部风格接近。女阴刻绘特征突出，四周起凸缘，中间凹平，上端连接凸棱，整体似桨形。而小河墓地所有的男性死者棺前都有女阴立木，大小不同，形态似桨，与"双性石人"表现的女阴结构形状接近。其四，康家石门子人物面部及身体，一部分涂成红色，一部分涂成白色。历经数千年风雨，一些人物的身体和脸部的红色和白色痕迹依然明显，可见，这幅岩画原本是一幅艳丽的彩色绘画，狂欢场面的热烈与神秘由此可以想象。小河墓地许多干尸保存完好，墓地一至三层墓葬中的死者面部、身体普遍涂有乳白色的浆状物质，白色浆状层下再涂一层红色；四、五层和北区死者的面部则多涂红，有的可见涂划出的红色线条，墓地出土的木雕人面像面部也涂成红色。其五，王炳华认为康家石门子岩画人物戴的帽子是塞人的高尖帽，并以此作为判断岩画作者为塞人的关键证据。现在看来，康家石门子岩画人物所戴的并不是塞人的高尖帽，而是一类圆平顶的筒形高帽，与小河人普遍戴的毡制的筒形高帽形态一致。其六，康家石门子岩画人物头戴的帽子上的帽饰，一般由帽顶向上绘出平行的细线，上端向外弯曲，用数条细线表示帽饰，这无疑表现的是鸟的翎羽。小河人戴的高顶毡帽均插翎羽，且因性别不同

第二章　三角纹的故事 | 51

康家石门子岩画	小河墓地
	（孔雀河古墓沟）

康家石门子岩画与小河墓地文化因素对比

所插翎羽的根数也不一样,男性毡帽上插排状羽饰,女性毡帽上插单杆羽饰。李树辉因为将岩画人物帽子上的曲线条误断为牛角,从而推导出岩画为月氏人所刻绘的错误结论。[12]

文化共源与人群同根

通过小河墓地与康家石门子岩画的对比,可见二者存在相同的原始信仰。两种不同形式的遗存,都通过对男女生殖器官形象、具体、夸张地表现,赋予三角形符号以特殊的神力,并进行反复表述,表现出浓郁炽热的以性色为基调的生殖崇拜信仰和文化。康家石门子岩画还利用平面画的便利,赤裸裸地描绘男女交欢的场面,并以其夸张的手法,重复再现。小河文化的年代,据碳十四测定,是在公元前2千纪初到公元前2千纪中叶。因此,康家石门子岩画刻绘的时代并不在公元前1千纪的前半叶,岩画的作者也不是生活在天山山间沟谷里的塞人;它刻绘的时代,当与小河墓地年代相同,最早可以推到公元前2千纪初,甚至更早。

将康家石门子岩画的年代确定下来后,乌鲁木齐天山谷地博格达山岩画的年代大体上就明确了。博格达山岩画与康家石门子岩画一样,至迟都是公元前2千纪前半叶青铜时代的作品,这与苏联学者对塞伊玛里塔什岩画的年代判断基本一致。

三角象征符号的无限流行

博格达山岩画画面中那几只静态安详的羊,身体表现为神秘的对顶三角纹样,这三角纹样把乌鲁木齐早期历史与整个内陆欧亚的历史，传奇般地联结了起来。

小河文化人群，喜欢用小的三角纹样装饰各种神秘的器物。墓地中发现大量的木制弓箭，这些弓箭，不是实用的，而是一种明器。在这些弓箭以及其他神秘的祭祀木器上，多密刻成排成组的三角纹，小三角多染成红色，神秘鲜艳。1934年，瑞典考古学家贝格曼就注意到了被染成红色的小三角与生殖崇拜文化之间存在关系的可能性。[13] 公元前2千纪末到公元前1千纪初，吐鲁番盆地的洋海人，对三角纹更是情有独钟。洋海人在举行庄严肃穆的丧葬礼仪时，在平常实用和习见的木桶、陶器、纺织品上，在一切需要进行装饰的地方，都想方设法地表现三角图案。特别是发现了两件木桶，木桶的口沿下，阴刻有一周三角，凹三角里粘白果籽草的种子，显然与丰产巫术有关。

青铜时代天山地区的居民，利用各种器物器表的平面空间，烘托和营造出一个前所未有的充斥着三角纹样的象征世界。原始的艺术家们绝非是毫无目的、简单机械地堆垒这些枯燥的三角形，也不是他们对三角形有什么根深蒂固的特殊癖好。若将小河文化、洋海文化和乌鲁木齐博格达山岩画、康家石门子岩画，一直到费尔干纳西天山山麓的塞伊玛里塔什岩画联系起来分析，以三角形为骨架的构图，当有深刻的寓意。

三角形的象征之谜

三角形纹样深邃寓意的发生，可以追溯到数万年前的旧石器时代晚期。欧洲旧石器时代晚期的人们，就在一些洞穴岩画中用抽象的三角形表示雌性；欧洲旧石器时代晚期发现的一些孕妇雕像，在表示性别的位置，也常刻小三角形。后来，在西方，用三角形表示女阴的例证不断地被发现。在公元前1400年的古埃及绘画中，表示女性性别的部位，大都画上一个倒三角形，成为一时的艺术风尚。特洛伊古城出土过一件铅制的丰产女神像，在她身上表示性别的位置，绘了一个巨大的三角形，三角形内还填绘着"卐"字符号。[14]中国西北，一件马家窑文化彩陶壶上的女性裸体浮雕的阴部，用夸张的三角形来表示。

以上的考古证据表明，脱离人体而单独出现在陶器、木器和其他场合里的三角形纹样，不能都简单地将它们理解成普通的几何纹样，而多是女阴的符号化表示。当然，三角形纹样在特定文化中所扮演的象征角色，不能一概而论，其作为女阴象征符号，一定与具体和整体的社会文化氛围、与特定文化背景下的生殖崇拜密切相关。

原始宗教气氛极为浓郁的史前时期，三角形最初被用来表示女阴，随后渐渐地演化为具有女性生殖神力的象征图形，进而成为广泛意义上的丰产符号。罗布泊的小河人、吐鲁番盆地的洋海人，通过刻绘、纺织等方法，在陶器、木器和毛布上，反复地表现三角形纹样。三角形纹的象征神力在这一过程中，被延伸和弘扬。洋海居民在木桶壁上用植物的种子做成三角形，日常广泛使用的陶器等实用器的口沿内外，几乎均用一排三角形装饰。这一表象的背后，无不蕴含着祈求丰产、希冀富足的寓意。

注释

1. 王炳华：《呼图壁康家石门子生殖崇拜岩雕刻画》，《新疆文物》1988年第2期。

2. 王炳华引注《昌吉风貌》、《呼图壁县地名图志》说："曾有同志认为，这一岩刻的时代，可能相当于公元5至6世纪的南北朝时期。笔者认为，这个判断不准确，缺少根据。"可见这幅岩画很早就著录在昌吉地区相关文史资料里。王炳华：《呼图壁县康家石门子生殖崇拜岩雕刻画》，《新疆文物》1988年第2期。

3. 同上文。

4. 王炳华：《新疆天山生殖崇拜岩画》，文物出版社1990年版，第35页。

5. 王炳华：《原始思维化石》，商务印书馆2014年版，第134—141页。

6. 谭逢江：《关于新疆呼图壁县大型"生殖崇拜"岩画的时代问题》，《六盘水师专学报》1992年第2期。

7. 胡邦铸：《康家石门子岩画试探》，《新疆艺术》1998年第6期。

8. 李树辉：《康家石门子岩画的创作者和创作年代》，《西北民族大学学报》2013年第4期。

9. 钱伯泉：《呼图壁县康家石门子岩画的年代和族属问题新探》，《新疆文物》2016年第1期。

10. 王瑟、秦伟利：《天山康家石门子岩画成为中国西王母文化起源地》，《光明日报》2017年8月9日。

11. 刘学堂：《新疆史前宗教研究》，民族出版社2009年版，第352—367页。

12. 李树辉：《康家石门子岩画的创作者和创作年代》，《西北民族大学学报》2013年第4期。

13. 贝格曼：《新疆考古记》，王安洪译，新疆人民出版社1997年版，第93—94页。

14. 参见芮传明、余太山：《中西纹饰比较研究》，上海古籍出版社1995年版，第76页图Ⅱ-60。

第三章 萨恩萨伊青铜时代的墓葬

公元前2千纪上半叶开始，有一支人群活动在乌鲁木齐一带的天山山麓，在萨恩萨伊河谷沟旁留下了他们的墓葬。经过对这些墓葬进行的考古发掘与研究，青铜时代乌鲁木齐地区人们的社会生活、文化面貌以及与周边文化的关系等，渐渐从历史迷雾中露出端倪。

一 乌鲁木齐萨恩萨伊墓地

萨恩萨伊古墓群

溯乌鲁木齐河向南，距乌鲁木齐市 75 公里，就是后峡盆地。后峡盆地是东西向的山间断陷盆地，盆地西起塔斯特萨依，东至梯匈沟，南起哈熊沟，北至萨恩萨伊沟。萨恩萨伊沟是乌鲁木齐河上游的小支系河沟。这一区域，除萨恩萨伊沟外，乌鲁木齐河上游流域还有 15 条小河沟，这些小河沟出山口后陆续汇流并注入乌拉泊。河沟长短不一，河谷时宽时窄，沟水时深时浅，水流依山势沟形，或急或缓。萨恩萨伊沟的两岸青草茵茵，山坡松林涛涛，野花散布，曾经是野兽出没之地。过了后峡矿区，天山山势渐渐高耸，山巅常见冰川雪线。穿峡谷，有通往天山南麓的山间涧沟曲径。过了乌鲁木齐河的源头是胜利达坂，再向南是梯级下降的峡谷，过了宽阔的巴仑台沟，进入天山南麓的开都河水系，再向南就是辽阔的焉耆盆地绿洲了。

乌鲁木齐河谷是联系南北的重要交通线路。沿途峡窄谷深，壁直径险，但对于游牧时代的古人来说，寻草逐水，骑马驱羊，皆是路径。乌鲁木齐河的上游天山山麓地带，河沟两岸有水沟冲积形成的坡地、梁地和台地，风调雨顺的年景，沟谷地带草深没膝，水洼断续。这些坡地、梁地和台地上分布着或零散或成排成片的古代墓葬，少者有数座，多者数十座。墓葬地表一般都用卵石或砾石围砌成方形或圆形石圈作为标志，有的则堆成石堆。在乌鲁木齐河谷，经过调查的墓群有乌拉斯台墓群、雪莲台子墓群、西白杨沟墓群和干沟墓群等。[1]

1988—1989 年，第二次全国文物普查中发现了萨恩萨伊墓地。《乌鲁木齐市文物普查资料》对这一墓地做了简要介绍：墓地地处天山山区萨恩萨伊沟口南侧台地及山坡上。在长宽各约 700 米的范围内，共发现 150 座墓葬。封堆垒石，墓顶中部有不同程度的塌陷，不少大的封堆直径 7 米—20 米，高 0.5 米—1.2 米，一些较大封堆的西侧有单石圈遗存，一般有 2—3 个。[2] 墓地的文化性质和年代不明，列入县级文物保护单位。

萨恩萨伊沟旁的坡地、山梁上散布的墓葬被统称为萨恩萨伊墓群（图版4），其行政区划属于乌鲁木齐县板房沟乡，在板房沟村西南 21 公里处。2006 年，为配合乌鲁木齐河大西沟水库枢纽工程建设，考古工作者在大西沟河流域进行考古调查，了解沿河流域墓葬分布情况。2006 年 11 月，开始对这里的墓葬进行试掘。2008 年，阮秋荣领队对这里的墓葬进行了较大规模的发掘，经三年间数次发掘，计发掘墓葬 182 座。

青铜时代墓葬的分期

萨恩萨伊墓群中有青铜时代的墓葬、早期铁器时代的墓葬和历史时期的墓葬。《新疆萨恩萨伊墓地》考古报告中，把墓地中青铜时代的墓葬分为三段。

第一段即第一组墓葬，共29座。第一组墓葬集中分布在墓地中、西部。墓葬地表没有明显隆起的封堆，大多有圆形窄石圈的地表标志，少量墓葬的地表为零星石块堆积。墓室为圆形或圆角长方形的竖穴土坑，少量墓葬墓室内有石棺葬具，个别用石块沿墓室壁围砌成石室。墓室的底部往往在中部，留有东西向的生土隔梁将墓室分为两部分，或留"十"字形隔梁，将墓室隔成四个小坑。墓室内人骨多零散，没有一座墓葬的骨架是完整的。骨骼大部分散乱在隔梁，或散见于墓坑填土。墓葬均为单人葬，随葬品一般放置在墓室底部四角的凹坑里。随葬品有陶、铜、石、骨器等，陶器大部分夹砂灰褐陶，陶质粗糙，以平口、深腹的缸形器为主，个别口沿处见有戳印纹三角形。铜器有素面无钮铜镜（或牌饰）、权杖头、铜碗和铜饰，除此之外还有一件石臼。

第二段即第二组墓葬，共6座。地表不太明显的仅见有凌乱的石块。墓葬大体东西并列，墓室为南北向圆角长方形竖穴土坑。墓口地表的北部发现有圆形锅底状的小坑，内填小的卵石，个别有明显的烧烤痕迹。骨架散乱不全，个别骨骼仍在生理位置，从保存相对完好的人体骨骼看，死者入葬时为仰身直肢，头北脚南。随葬品以陶器为主，有一件砺石。陶器为夹砂红陶，手制，平沿、圆唇、束颈、鼓腹、圜底，陶器大部分素面，个别陶器的颈部刻划一周菱格纹，腹部饰一周倒三角形的刻划纹或肩部饰小乳钉。

第三段即第三组墓葬，共56座。这一组墓葬分布在墓地的东、中、南部，大致呈东西向三列链状排列于台地稍隆起的山梁上。墓葬地表有明显标志，多用河卵石堆成石堆和石圈。这一组墓葬，规模大小差别明显，规模比较大的墓葬分布在墓地东部，墓主人生前当有着较高的社会地位。在两座墓葬墓底的四角发现四个用小石片砌的圆形柱洞，推测墓室口可能存在墓棚架。墓室有圆角长方形竖穴土坑墓和石室墓两种类型，墓壁用砾石砌成。墓室内骨架大多被扰乱过，少数骨架保存完整，葬式为仰身直肢，头西脚东。有单人葬也有双人或多人合葬。墓主人一般头枕片石，随葬品多放在头侧，有的置于身体各处，足部放有马头及其蹄骨，个别马嘴中还衔有青铜马衔和马镳。随葬羊头和马头，是这一组墓葬的显著特征，最多的一座墓中随葬 11 个羊头和 4 个马头。随葬品比较丰富，有陶器、铜器、石器、骨器等。陶器的质地基本为夹砂红陶，陶质细腻，火候较高，器型较小，以鼓腹圜底器为主，少量为带单耳陶器，器类多为敞口、直壁、深腹、平底的陶罐。大部分为彩陶，器表施以红色陶衣，图案纹样以网格纹、菱格纹、垂带纹为主。铜器有铜刀、铜镜、铜锥、铜镞、铜马具等。[3]

刘子信对萨恩萨伊墓地史前时期的墓葬做了重新分期。他将这一墓地史前时期的墓葬分为前后两期，第一期为青铜时代，第二期为早期铁器时代。

第一期墓葬又分为两个阶段：第一阶段约为公元前 13—前 10 世纪，第二阶段为公元前 9—前 8 世纪；第二期墓葬也分为两个阶段：第一阶段为公元前 7—前 6 世纪，第二阶段为公元前 5—前 3 世纪。从其所反映的文化特征来看，第一期墓葬总体属于安德罗诺沃文化范畴，有数座墓葬。安德罗诺沃文化类型的陶器为通体饰刻划纹或素面直壁的平底陶器。第二期的第二阶段，则以"田"字形结构的墓葬为代表。这一阶段，除特殊的墓葬结构外，一些陶器的造型也比较特殊，有倒三角纹装饰的敛口平底陶罐、卷沿敛口平底筒形陶罐，还有一件饰戳刺纹平底陶器的器底。刘子信不同意发掘者将这类遗存与阿尔泰山地切木尔切克文化进行比较，同时认为它们与奥库涅夫文化也无关，它们之间缺乏可比性，年代也不像发掘者推测的那样，早到公元前1800—前1500年。他认为这类遗存的年代在公元前9—前8世纪。这一阶段的出土物，除彩陶以外，还包括一组有明显特征的铜器，铜器包括有尖塔状装饰的臂钏、铜鹤嘴锄、三孔棒状铜马镳、两翼有銎的铜镞、铜刀、手镯、一端头铸成半球状的饰件等[4]，另外还有背面铸出叶脉纹的铜镜。

注释

1. 新疆维吾尔自治区文物普查办公室、乌鲁木齐文物普查队：《乌鲁木齐市文物普查资料》，《新疆文物》1991年第1期。

2. 同上。

3. 新疆文物考古研究所编著：《新疆萨恩萨伊墓地》，文物出版社2013年版，第162—173页。

4. 刘子信：《公元前一千年前后中亚民族的迁徙》，载余太山、李锦绣主编：《欧亚学刊》新4辑，商务印书馆2016年版，第178—184页。

二　压印刻划纹陶器系统

萨恩萨伊墓地青铜时代墓葬中出土的陶器，分为压印刻划纹陶器（图版5）和彩陶（图版6）两大系统。这两个陶器系统的文化源流截然不同。

萨恩萨伊青铜时代第一阶段的墓葬，是安德罗诺沃文化联合体的人群向天山地区扩张过程中留下的遗存。编号为M55、M56的两座墓，所出土陶器具有明显的安德罗诺沃文化特征。[1] M55地表无封堆，只留有一石圈，石圈直径2.4米，石圈中掘有一浅坑，一个浅坑中铺一圈石块，为浅的墓室。墓室东西向，竖穴石框，长1.5米，宽0.7米，深0.4米。墓内骨骼残乱，只有部分椎骨连在一起，出土一件平底筒形陶罐。M56与M55南北为邻，为方形平底墓。地表亦不见封堆，石圈为不规整的椭圆形单石圈，直径6米。石圈中为墓室，墓室为方形，边长1.9米，深0.4米，四壁砌有卵石。墓室内双人合葬，东西排列，头向西，骨骼残朽，左侧个体骨架较为完整，可判断为侧身屈肢，右侧个体只残有上躯和部分脚骨。随葬品有两端呈尖塔状装饰的臂钏、串珠和铜片饰。M55出土的陶罐，明确属于安德罗诺沃式，器体较小，较矮，平唇、腹微鼓，器底边缘外突，器底加厚，与安德罗诺沃文化的七河类型陶器形态相近，类似的陶器在塔什库尔干下坂地墓地的安德罗诺沃文化墓葬中亦常见，年代可断在公元前2千纪末。M56出土的那件两端呈尖塔状装饰的臂钏，造型别致。据库兹米娜的研究，这类臂钏的锥状突由短向长发展，萨恩萨伊的这件，锥突适中，年代当不超过公元前13世纪。墓地其他墓葬填土中出土有安德罗诺沃文化的陶片，也可与安德罗诺沃文化的七河类型和下坂地类型同类器物相比较。M80和M128，为竖穴土坑墓，墓室葬单人，一次葬，葬式为屈肢葬。M80随葬有石串珠的手链，这种手链也常见于安德罗诺沃文化的遗存。M37出土一件陶罐的器底，装饰压印的指甲纹，发掘者将其与叶尼塞河中游米努辛斯克盆地的奥库涅夫文化陶器进行比较[2]，但由于是一件残的器底，又是孤例，难以确证。类似的陶器也可以在安德罗诺沃文化费德罗沃阶段的晚期见到，年代也不超过公元前13世纪。萨恩萨伊墓地安德罗诺沃时期的墓葬极少，年代范围框定在公元前13—前10世纪前后比较合适。[3]

"田"字形墓的来源

萨恩萨伊墓地有数座墓葬，地表有不规则状圆形封堆，直径5米—8米，深1.5米—2.2米。这类墓葬的底部四角各有一个土坑，坑中未见木柱痕迹，所以不可能是柱洞，有的坑中还放置了遗物，墓室结构呈"田"字形。墓室内的骨架多经过扰乱，骨骼散乱于东西隔梁，只有M45骨架保存基本完整，死者为仰身直肢，头东脚西。

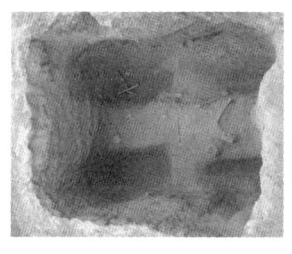

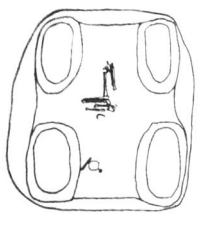

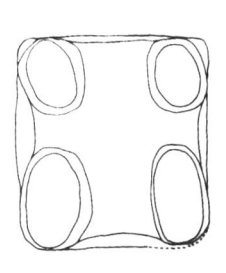

萨恩萨伊墓地的"田"字形墓

这种结构独特的"田"字形墓，在新疆史前考古中还是首次发现。"田"字形墓中出土一组特征突出的随葬品：敛口平底陶罐，陶罐口沿内折敛，口沿下饰一周倒三角纹，倒三角内填戳刺纹。类似风格的纹饰，广泛见于鄂毕河流域，流行于安德罗诺沃文化费多罗沃类型晚期，年代在公元前13世纪或更晚。通体戳刺纹平底陶器的器底，年代可能不会早于公元前13世纪。两端呈尖塔状装饰的臂钏，是安德罗诺沃文化中常见的青铜器类型。

刘子信介绍了他对咸海东岸维加里克墓地的认识，并与萨恩萨伊墓地进行了对比分析，就"田"字形墓的来源提出了新看法。维加里克墓地位于哈萨克斯坦克孜勒奥尔达州境内，咸海的东岸，锡尔河古河道下游入海处。墓地沿因卡河（Inkar Darya）的北岸分布，发掘墓葬80座，其中"田"字形结构的墓室较为常见。"田"字墓主要分布在墓地的中区，数量占总数的一半以上。[4]"田"字形结构墓室的墓圹，均为方形或近方形，墓室边长一般在2米—4米，墓底四角各有一个土坑，坑中不见木柱痕迹，但见有陶器和马具等。刘子信对维加里克墓地进行分期，"田"字形结构的墓出现在这一墓地的第二期，绝对年代推定在公元前10—前8世纪。第三期的墓葬中也有"田"字形结构的墓，绝对年代在公元前7—前6世纪。刘子信最后得出结论：萨恩萨伊墓地"田"字形墓年代在公元前9—前8世纪，与维加里克同类型墓同时而稍晚，这里的"田"字形墓，直接来源于咸海东岸的维加里克墓地；与"田"字形墓一起进入天山中部地区的还有地上起木椁的墓和早期的铁器。公元前15—前10世纪，安德罗诺沃人开辟了哈萨克斯坦中部经伊犁河谷到天山中部的通道，"田"字形墓及早期铁器就是沿着这条通道进入天山中部地区的。[5]

压印刻划纹陶器系统及其源流

萨恩萨伊墓地青铜时代的墓葬中出土的陶器，一部分属于压印刻划纹陶器系统。压印刻划纹陶器的传统，最早出现在里海以东科佩特山脉南麓的中亚南部，后来传播到欧亚草原地区，形成了西起黑海里海北岸、欧洲多瑙河，东到长城地带、大兴安岭草原，东西一万多公里，主要流行于青铜时代的以使用压印刻划纹陶器为主的文化带。[6]

在欧亚草原地带，南西伯利亚的米努辛斯克盆地是压印刻划纹陶器的重要分布区。这里的考古工作开展得较早，研究基础较好，很早就建构起较为完善的考古学文化体系。[7]这里青铜时代早期的文化为阿凡纳谢沃文化，年代大约为公元前3200—前2600年。阿凡纳谢沃墓地出土的陶器，一半以上都是橄榄形器（或称蛋形器），通体满布齿形模拍印出来的细密几何纹样，器表一般划有短道、篦纹、杉针纹等，另外还有少量的平底器和陶灯，器身饰同样的纹样。继阿凡纳谢沃文化之后，兴起了奥库涅夫文化，年代为公元前2600—前1800年，主要陶器有筒形陶罐，装饰有押捺的成排密布的点窝纹、杉针纹和纵列的篦纹，多通体纹饰。另一种是鼓腹陶罐，陶罐器表富于装饰，有棋盘格纹、波浪纹、弦纹等，另外还有香炉形器、多棱形器和圈足器。继奥库涅夫文化之后的安德罗诺沃文化，年代大约为公元前1800—前1400年。安德罗诺沃文化的陶器，以大口平底折肩的缸形器为主，少量圜底器，纹饰多为压印和刻划纹，以横向排列的几何纹为主，包括三角纹、锯齿纹、折线纹、曲折回纹、卐字纹等。纹样多施于器物的上腹。继安德罗诺沃文化之后的卡拉苏克文化，年代大约为公元前1400—前900年。卡拉苏克文化的陶器主要是圜底鼓腹、带短颈沿的大口罐，个别平底和尖圆底。纹饰施在器物的口沿下和肩颈部，纹饰以压印和刻划出三角、折线、成组的短线纹等为主。继卡拉苏克文化之后是塔加尔文化，塔加尔文化开始，中亚草原地区的历史进入到早期铁器时代。

阿凡纳谢沃文化的南向扩张

从目前的考古发现看，公元前3千纪内，压印刻划纹陶器就已出现在新疆阿尔泰山南麓。20世纪60年代开始，考古工作者在阿勒泰市、布尔津县、裕民县、奇台县等地，陆续发现夹砂的灰褐陶或者类黑陶的橄榄形圜底陶罐、陶豆等，陶器表面施以压印或刻划的平行点线纹、折线纹等。

阿勒泰市克尔木齐墓地是最早发掘的新疆阿勒泰地区包括有青铜时代墓葬的遗存。[8] 克尔木齐墓地的墓葬比较复杂，以其青铜时代的墓葬为代表的文化，曾被称为克尔木齐文化，后又称为切木尔切克文化。[9] 对于切木尔切克文化的组成因素和文化的来源，学术界长期争论不休，并提出过不同推测。切木尔切克文化明显受到阿凡纳谢沃文化的影响。切木尔切克文化居民使用压印刻划纹陶器。近年来，阿尔泰山南麓的重要发现，对进一步认识阿凡纳谢沃文化从叶尼塞河流域的南下扩张，提供了新的资料。

2014 年 7 月，哈巴河县阿依托汗一号墓群发掘了两座石棺墓，其中编号为 M22 的石棺墓位于墓地中南部。M22 的地表有土石混合的封堆，圆形，直径 12.3 米、高 1 米。封堆下周缘用片石栽立有石圈，石圈西侧缺失，西北侧有一方形石棺围成的"凸钮"突出石圈。石棺在封堆中部下，被多次使用，后期埋葬时将前期修建的石棺移动，形成内外两层棺板，石棺上层有一节残碎的指骨，可能是下层个体骨殖被扰上来。墓室内葬有两个个体，一男一女，分上、下两层，其中成年男性骨骼保存较好，仰身直肢，头西脚东。头骨左侧随葬一件穿孔砺石，右侧前端置 4 枚铜坏。成年女性在男性下方，两者骨殖间有 10 厘米左右的黄土分隔。女性骨骼周侧撒满红色颜料，头骨扰动至石棺东南角，其余骨骼保持正常解剖位置。仰身直肢，头西足东，上半部分骨殖朽蚀严重，下肢下压一件陶豆，在头骨旁边出土一件有圜底的陶罐。身侧出土的铜环，环由扁平铜条弯曲而成，呈不规则状，环径长 1.5 厘米—2.5 厘米。出土的陶豆陶质为夹砂红陶，手制。侈口、平沿，底部有五个管状足，侧面捏制成錾状横短柄，柄上穿有小孔。孔壁刻划波折纹，口沿戳印圆圈纹，豆内有烟炱痕迹，口径 15 厘米、高 7 厘米。出土的圜底罐为夹砂红陶，手制。器形为侈口，平沿，溜肩，弧腹。颈部戳压印短线纹，肩部至腹部刻划有 4 组水波纹，每组水波纹之间刻划短线纹，戳印圆点纹。近底部刻划 6 圈弦纹，弦纹与水波纹间刻划有一组垂帐纹。陶罐通高 25.5 厘米、口径 14.3 厘米。M21 地表封堆下有三个石棺墓坑，中间的石棺中仅见零星的人肢骨。石棺内西南出土一件尖底橄榄形的陶罐，略残，陶质为夹砂红陶，手制；敛口，平沿，束颈，溜肩，弧腹，尖底；外壁剔刻密集成排的"V"字纹；通高 20.6 厘米、口径 13 厘米。墓葬随葬的是一组典型的阿凡纳谢沃文化陶器。[10] 2017 年 6 月，伊犁巩乃斯河北岸发现一座竖穴土坑墓，地表有圆形石圈标志，墓内死者为屈肢葬，随葬一件典型的阿凡纳谢沃橄榄形陶罐，通体压印纹样，墓坑中还发现有小的铜片。

阿凡纳谢沃文化的陶器

上述发现表明，公元前 2500 年前后开始，阿凡纳谢沃文化人群进入阿尔泰山地区，并南下迁徙到伊犁河谷。随着北方草原人群的南下，压印刻划纹陶器在阿尔泰山南麓、天山以北地区普及起来。[11]

安德罗诺沃文化共同体

安德罗诺沃文化的概念，最早是由苏联学者 C. A. 普劳霍夫在 1929 年提出的。普劳霍夫根据 1914 年米努辛斯克盆地阿钦斯克州附近的安德罗诺沃村旁发掘的墓地，归纳了安德罗诺沃文化的基本特征。此后，安德罗诺沃文化的遗存被不断发现，分布范围不断扩大，考古学家才逐渐发现，这一文化最初的发现地米努辛斯克盆地，只是安德罗诺沃文化分布区的东北边缘。进而有一些学者提出了安德罗诺沃文化联合体，或者共同体的概念。[12] 据目前的研究看，安德罗诺沃文化共同体的分布范围以哈萨克草原为中心，西起南乌拉尔地区，东抵叶尼塞河中游和天山地区，向南一直延伸到土库曼斯坦共和国的南部，其北部的界限还比较模糊，可能到达了森林地带。安德罗诺沃文化共同体的人群最初大体上自西向东、自北向南迁徙活动，他们的势力范围，很快扩展到新疆的博尔塔拉河谷、伊犁河谷、帕米尔高原，以及塔里木盆地的一些地区，且地方特征十分明显。[13]

欧亚草原地带的安德罗诺沃文化，可以分为三个阶段。第一阶段，以彼德罗夫卡（Petrovka，位于哈萨克斯坦北部、伊希姆河中游）类型为代表，年代在公元前 17—前 16 世纪，分布区域主要在南乌拉尔、哈萨克斯坦北部和中部地带；第二阶段，以阿拉库尔（Alakul，位于乌拉尔地区）类型为代表，年代在公元前15—前13世纪，分布范围比较广，涵盖南乌拉尔、米努辛斯克盆地、哈萨克草原、七河—天山地区及帕米尔地区；第三阶段，以阿列克谢耶夫卡（Alekseevka，位于乌拉尔地区）类型为代表，年代当在公元前12—前9世纪。[14]库兹米娜发现，安德罗诺沃文化在中哈萨克斯坦草原形成以后，公元前2000年开始，就从乌拉尔地区向中亚传播。公元前1600年开始，阿拉库尔类型、费德罗沃类型等人群扩散到东哈萨克草原、鄂毕河流域，东至南西伯利亚的米努辛斯克盆地。公元前1300年开始，安德罗诺沃文化联合体的成员，分布到了伊犁河下游、巴尔喀什湖东岸的谢米列契（七河）地区，以及天山南北。

新疆发现的安德罗诺沃文化遗存

到目前为止，新疆地区发掘的属于安德罗诺沃文化性质的遗址和墓葬共有二十余处。除乌鲁木齐萨恩萨伊墓地外，调查与发掘的遗址主要还有塔城卫校遗址[15]、塔城市下喀浪古尔村遗址[16]、尼勒克穷科克遗址[17]、温泉阿敦乔鲁石建构遗址[18]、尼勒克喀拉苏遗址[19]、新源阿尤赛沟口遗址[20]、尼勒克恰勒格尔遗址[21]、尼勒克萨尔布拉克沟口遗址[22]，以及塔里木盆地南缘尼雅河[23]和克里雅河尾闾区域的零星发现[24]。调查发掘的墓葬主要有托里县萨孜村[25]、伊犁霍城县大西沟[26]、塔什库尔干下坂地[27]、额敏霍吉尔特[28]、裕民阿勒腾也木勒水库[29]、沙湾宁家河水库[30]、温泉阿敦乔鲁[31]、尼勒克汤巴勒萨伊[32]、尼勒克乌吐兰[33]、特克斯阔克苏西2号[34]、石河子总场[35]、乌鲁木齐柴窝堡湖墓地M20[36]、呼图壁县石门子墓地[37]等。新疆发现的安德罗诺沃式的陶器，多为平底的缸形器，常带有小的假圈足，器物有大有小，整体偏小，陶质或坚硬细密或疏松粗糙，大多素面，个别器物和陶片的口沿下施以压印的三角纹。新疆地区发现的这些以缸形陶器为主体的遗存，可以理解为安德罗诺沃文化共同体的地方变形。

新疆阿尔泰山脉额尔齐斯河流域，除采集的个别铜器外，目前尚未发现明确属于安德罗诺沃文化的遗存。从目前的考古发掘看，安德罗诺沃文化遗存主要分布在塔尔巴哈台山麓、博尔塔拉河谷、伊犁河谷、塔什库尔干地区、塔里木河支流的尾闾区域，自北向南有早晚之别。博尔塔拉河谷的温泉县阿敦乔鲁遗址，居

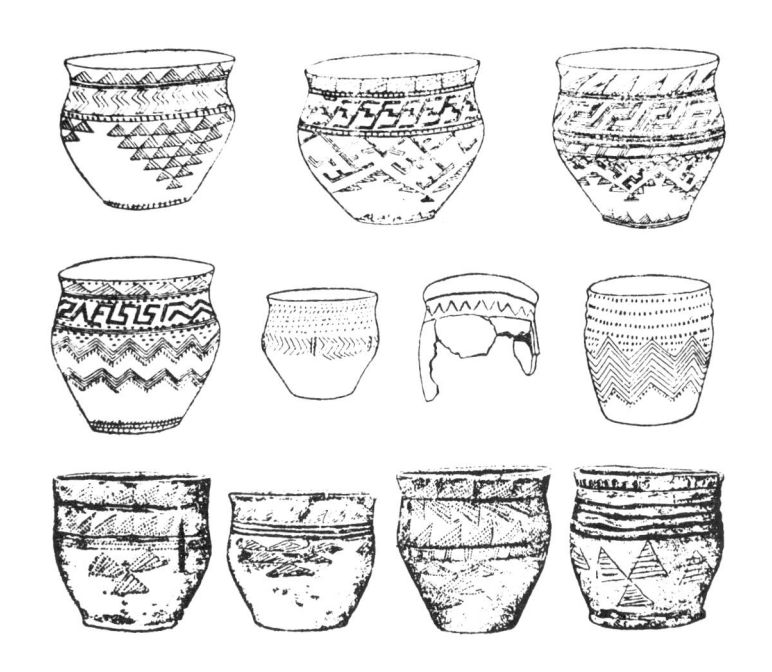

安德罗诺沃文化的陶器

址与遗址区的墓地的建筑形式和所用的石材高度相似,居址和墓葬中出土的夹砂灰陶器、青铜锥等的质地、形制都有较多相似点,印证了两类遗存的共时性的判断。目前看,以阿敦乔鲁 M4 为代表的墓葬,从墓葬结构到出土的缸形陶罐、包金的喇叭状耳环,明显属于安德罗诺沃文化范畴。阿敦乔鲁墓地的年代,据所测的 6 个碳十四数据,集中在公元前 19 世纪到公元前 17 世纪,是目前新疆境内发现的最早的安德罗诺沃文化遗存[38],属于安德罗诺沃文化的繁荣期[39]。托里县萨孜村墓葬也属于安德罗诺沃文化繁荣期的遗存;尼勒克县穷科克遗址和小喀拉苏遗址、新源县阿尤赛沟口遗址、霍城县大西沟墓地、尼勒克县汤巴勒萨伊墓地、特克斯县库克苏河西 2 号墓群均属于安德罗诺沃文化共同体的晚期遗存,与七河类型接近;帕米尔下坂地墓地接近七河类型晚期,是新疆发现的最晚的安德罗诺沃文化共同体遗存,年代在公元前 13 至公元前 10 世纪。

博尔塔拉河谷和伊犁河谷的新发现

近年来,博尔塔拉河谷和伊犁河谷发现的两处青铜时代聚落遗址,为研究安德罗诺沃文化人群在新疆地区的扩张和活动提拱了重要的新材料。

博尔塔拉河谷的温泉县西北阿敦乔鲁一带,发现有密集连续分布的石棺墓群和石构建筑,最近几年的发掘,证明它们属于安德罗诺沃文化繁盛期的遗存。[40] 近年来,温泉东北阿拉套山脚下,又发现规模更为庞大的青铜时代遗址 —— 温泉县呼斯塔遗址。呼斯塔遗址由三部分组成:北部阿拉套山一小山头上发现的结构呈"田"字形的居址，山坡上的石围居址，山前的大型居住遗址。山前的居住遗址由长方形建筑、前室、西侧室、院墙、院落组成，面积达5000多平方米，是目前已知的天山地区面积最大的建筑组合。在小山头居址地面，发现两个马头。[41] 遗址中有大型石棺墓，正方形石棺的边长9米，遗址区内有大大小小、形状各异的石构遗迹。居址中有一单体规模较大的建筑，该建筑西南角的祭祀坑中，出土一件角柄青铜短剑和一件角柄青铜锥。呼斯塔遗址规模之大，建筑结构之复杂[42]，反映了当时聚落组织结构的严密和社会分层的复杂化程度。

伊犁河上游支流尼勒克县喀什河北岸的吉仁台沟口，发掘过一处较大规模的安德罗诺沃文化人群的居住遗址。安德罗诺沃时期的居址分为大型公共用房和小型居住用房。大型公共用房的营建方式为依山体坡度掏挖出簸箕状半地穴式房基，四壁垒石，石墙内侧再栽立长条石，二者之间竖排木柱构成木墙。房址中央用两排木柱支撑屋顶，墙外有一周回廊式石垒护墙，门朝南。居址中部为长方形石砌火塘。大型公共用房的面积在100—400平方米间。其中的F6，南北长21米、东西宽17.6米，是罕见的大型公共用房。F6石砌门道长2.3米、宽1.8米，房中是用薄石片栽埋的长方形火塘，火塘较大，长2.8米、宽1.6米，火塘周围有柱洞。火塘北部见有堆煤迹象，这是中国境内目前发现的最早的用煤遗存。另一间编号为F2的房间，面积180平方米，也是一间公共用房，房内发现原煤堆放点。另外，这一房间内出土了2件陶范，是用来铸造铜镜和铜锥等的合范。小型房址一般20—60平方米，个别面积不足10平方米，最小的一

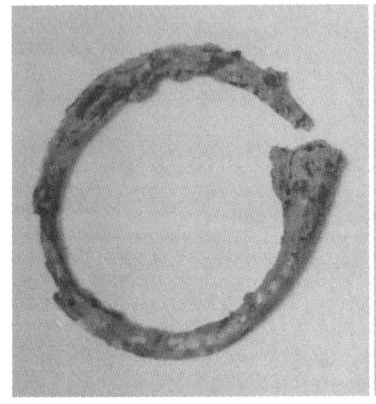

博尔塔拉河流域出土的安德罗诺沃文化的铜耳环和缸形器

间约5平方米,是普通的房间。房间平面为圆形和长方形,有半地穴建筑,也有地面建筑。房间中部有小的圆形石灶或泥灶,门朝东。房址内出土了3件铁器,呈块状,器形难辨。吉仁台沟口遗址发现了中国较早的铸青铜器物的陶范,还有冶炼用的陶风管及坩埚的残块、冶铜遗留的铜渣、铸造用的小块石范等,这些都说明该遗址与冶铸青铜有关。更重要的发现是,遗址中出土的3件铁器残件,是目前为止中国境内发现的最早的铁器。[43]

冶铁术最初由新疆传入中原

约公元前6千纪至公元前4千纪,西亚两河流域、地中海沿岸和古埃及的居民开始使用陨铁制造出铜铁的复合器。[44]目前世界上最早的铁器发现于西亚的两河流域北部和小亚细亚地区,年代为公元前2500年。[45]安纳托里亚高原上的赫梯人是最早掌握比较成熟的冶铁技术的人群。赫梯人的墓葬中，出土有铜柄铁刃匕首，经检测为人工冶炼制品。公元前 1500 年以后，安纳托里亚高原的古代居民，已经较为广泛地使用铁器，另外美索不达米亚和埃及出土的铁制品数量逐渐增加。公元前 1500 年至公元前 1000 年间，冶铁技术通过欧洲、亚洲和北非的部分地区向外传播。R. F. Tylecote 指出，冶铁技术自公元前 800 年至公元前 500 年，或更早的时候，由伊朗传播到印度和中国。近年来的考古发现与研究表明，恒河平原中部的居民，早在公元前第 2 千纪内已经掌握了冶炼、制作和使用铁器的技术。也有学者认为，印度冶铁技术可能是独立起源的。[46]

中国境内的早期铁器主要发现于北方地区。河北藁城台西村[47]、平谷刘家河[48]、河南三门峡虢国墓地[49]和浚县辛村[50]出土了 7 件商周时期（前 14—前 9 世纪）铜和陨铁的复合器。西周晚期到春秋早期中原地区人工冶铁技术初现。河南三门峡虢国墓地出土 3 件陨铁制品和 3 件块炼铁制品，年代在西周晚期至春秋早期[51]；山西天马—曲村遗址出土了春秋早期偏晚不成器型的 2 件生铁残片及春秋中期的条形铁片[52]；陕西韩城梁带村 M27 出土铁援铜戈和铁刃铜刀 2 件铁器，年代定为春秋早期偏晚[53]。

在中国境内，新疆地区是早期铁器发现的比较集中的区域。陈戈认为新疆地区公元前 1000 年左右进入早期铁器时代。[54] 唐际根认为中国境内人工冶铁最初始于新疆地区，时间约在公元前 1000 年以前，亦即中原地区的商末周初。约当公元前 8—前 6 世纪，亦即中原地区的春秋时期，新疆地区铁器的使用已经较为普遍。[55] 韩建业在对新疆青铜时代和早期铁器时代文化遗址进行分期

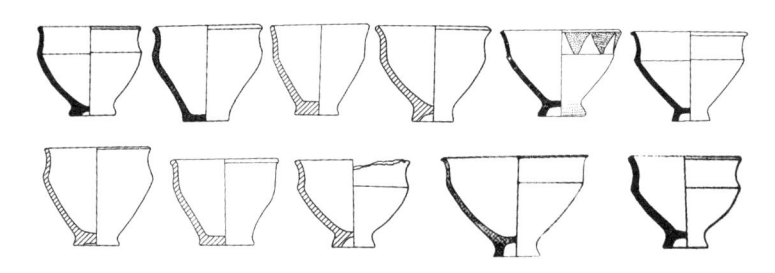

伊犁河流域发现的安德罗诺沃文化的缸形器

和文化谱系研究的基础上，提出公元前 2 千纪末期新疆进入早期铁器时代的偏早阶段，公元前 1 千纪中期进入早期铁器时代的偏晚阶段。[56] 郭物认为新疆出土最早的铁器，年代约为公元前 9 世纪，并且认为这些早期铁器可能来自伊朗的西北部地区。[57]

从早期铁器在中国境内发现的情况看，中原地区铁器出现得相对较晚，较早的铁器发现集中在包括新疆在内的中国西北地区[58]，学术界普遍认为中原地区的冶铁技术是由新疆经河西走廊和黄河谷地传入的[59]。2009 年，甘肃临潭磨沟遗址的 M444 和 M633 分别出土一件铁条和一件铁的锈块，铁条是由块炼渗碳钢锻打而成，系人工冶铁制品。M633 与铁器共存的陶器中有一件寺洼文化的灰陶罐，年代早于 M444，属于齐家文化向寺洼文化的过渡阶段。据碳十四测年，M444 的年代为公元前 1430—前 1260 年。M633 用人骨测的碳十四年代为公元前 1510—前 1310 年。两座墓葬均属于寺洼文化的早期，所出铁器的时代大体可判定在公元前 14 世纪。磨沟遗址的这 2 件铁器，被当成中国境内出土的年代最早的人工冶铁证据。陈建立认为："如果陈旗磨沟的器物是本土制作的，那么应该具备相应的技术条件，而根据墓地出土铜器的检测分析来看，冶铁技术的出现亦有可能"，"种种迹象表明，中原地区的块炼技术源自中亚和西亚地区的可能性是存在的，而新疆和甘青地区可能是一通道"。[60]前述的尼勒克吉仁台沟口遗址，发现大量的煤块、煤堆、煤渣、未燃尽的原煤和煤的堆放点等，证实当时已经用煤作为燃料来冶炼金属器。遗址中出土的陶器为夹砂灰陶，少量夹砂红陶，陶器均手制，胎质较坚硬，烧制火候较高，器壁厚薄不一。器型有缸形罐、鼓腹罐、折肩罐、小陶杯等，有带管流和鋬耳的圜底罐。以素面陶为主，鼓腹罐口颈部多附加泥条，泥条上饰指甲纹或压印纹，形成花边口沿。遗址反映的整体文化内涵，仍属于安德罗诺沃文化。根据北京大学和美国 Beta 放射性实验室所测的碳十四年代数据，经树轮校正后，年代上限在公元前 16 世纪左右。所以，遗址中所出 3 件铁块[61]，是目前中国境内有准确层位关系和科学测年的最早标本。结合新疆天山地区和河西走廊冶铁技术传播的最新研究成果表明，公元前 16 世纪前后，冶铁技术就出现在新疆西部天山地区，很快传到中国西北的黄河谷地，并在西周初期传播到中原。

注释

1. 阮秋荣：《新疆新发现的安德罗诺沃文化遗存研究》，载西北大学丝绸之路文化遗产保护与考古学研究中心等编：《西部考古》第 7 辑，三秦出版社 2014 年版　第 141 页。

2. 新疆文物考古研究所编著：《新疆萨恩萨伊墓地》，文物出版社2013年版,第164页。

3. 刘子信:《公元前一千年前后中亚民族的迁徙》,载余太山、李锦绣主编:《欧亚学刊》新4辑,商务印书馆2016年版,第14—20页。

4. 藤川繁彦主编:《中央亚细亚考古学》,同成社1999年版,第178—184页。

5. 刘子信:《公元前一千年前后中亚民族的迁徙》,载《欧亚学刊》新4辑,第16—38页。

6. 林沄:《两个现象,一个假说》,载《林沄学术文集》,中国大百科全书出版社1998年版,第246—250页。

7. C. B. 吉谢列夫:《南西伯利亚古代史》,王博译,新疆人民出版社2014年版,第1—133页。

8. 新疆社会科学院考古研究所:《新疆克尔木齐古墓群发掘报告》,《文物》1981年第1期。

9. 王博:《切木尔切克文化初探》,载西北大学文博学院编:《考古文物研究——纪念西北大学考古专业成立四十周年文集（1956—1996）》,三秦出版社1996年版,第274—285页。

10. 新疆文物考古研究所:《哈巴河县阿依托汗一号墓群考古发掘报告》,《新疆文物》2017年第2期。

11. 新疆文物考古研究所:《哈巴河县阿依托汗一号墓群考古发掘报告》,《新疆文物》2017年第2期。伊犁河谷的情况,是依据笔者在现场观摩的新发现的陶器。

12. 杨建华等:《欧亚草原东部的金属之路——丝绸之路与匈奴联盟的孕育过程》,上海古籍出版社2017年版,第49页。

13. 陈戈：《新疆伊犁河流域文化初论》，载余太山主编：《欧亚学刊》第 2 辑，中华书局 2000 年版，第 14—15 页；邵会秋：《新疆地区安德罗诺沃文化相关遗存探析》，载吉林大学边疆考古研究中心编：《边疆考古研究》第 8 辑，科学出版社 2009 年版，第 81—97 页；阮秋荣：《新疆新发现的安德罗诺沃文化遗存研究》，载西北大学丝绸之路文化遗产保护与考古学研究中心等编：《西部考古》第 7 辑，第 141 页。

14. 邵会秋：《新疆地区安德罗诺沃文化相关遗存探析》，载吉林大学边疆考古研究中心编：《边疆考古研究》第 8 辑，第 81—97 页。

15. 李肖：《新疆塔城市考古新发现》，《西域研究》1991 年第 1 期。

16. 于志勇：《塔城市二宫乡下喀浪古尔村古遗址调查》，《新疆文物》1998 年第 2 期。

17. 刘学堂、关巴：《新疆伊犁河谷史前考古的重要收获》，《西域研究》2002 年第 4 期。

18. 中国社会科学院考古研究所等：《新疆温泉县阿敦乔鲁遗址与墓地》，《考古》2013 年第 7 期。

19. 新疆文物考古研究所等：《尼勒克县喀拉苏遗址考古发掘简报》，《新疆文物》2008 年第 3—4 期。

20. 新疆文物考古研究所等：《新源县阿尤赛沟口遗址发掘简报》，《新疆文物》2013 年第 3—4 期。

21. 新疆文物考古研究所等：《新源县恰勒格尔遗址发掘简报》，《新疆文物》2014 年第 1 期。

22. 阮秋荣：《尼勒克县吉林台遗存发掘的意义》，《新疆文物》2004年第1期。

23. 新疆文物普查办公室、伊犁地区文物普查队：《伊犁地区文物普查报告·大西沟墓葬》，《新疆文物》1990年第2期。

24. 于志勇：《民丰县北石油物探中发现的文物》，《新疆文物》1998年第3期；新疆文物考古研究所：《新疆民丰尼雅遗址以北地区考古调查》，《新疆文物》1996年第1期；岳峰、于志勇：《新疆民丰县尼雅遗址以北地区1996年考古调查》，《考古》1999年第4期。

25. 新疆文物考古研究所、塔城地区文管所：《托里县萨孜村古墓葬》，《新疆文物》1996年第2期。

26. 新疆文物普查办公室、伊犁地区文物普查队：《伊犁地区文物普查报告·大西沟墓葬》，《新疆文物》1990年第2期。

27. 新疆文物考古研究所编著：《新疆下坂地墓地》，文物出版社2012年版。

28. 2011年为配合克塔高速公路建设，由新疆文物考古研究所发掘。简况参考阮秋荣：《新疆发现的安德罗诺沃文化遗存研究》，载西北大学丝绸之路文化遗产保护与考古学研究中心等编：《西北考古》第7辑，第125—154页。

29. 新疆文物考古研究所：《裕民县阿勒腾也木勒水库墓地考古发掘报告》，《新疆文物》2012年第3—4期。

30. 阮秋荣：《新疆发现的安德罗诺沃文化遗存研究》，载西北大学丝绸之路文化遗产保护与考古学研究中心等编：《西北考古》第7辑，第125—154页。

31. 中国社会科学院考古研究所等：《新疆温泉县阿敦乔鲁遗址与墓地》，《考古》2013年第7期。

32. 新疆文物考古研究所：《新疆伊犁尼勒克汤巴勒萨伊墓地发掘简报》，《文物》2012年第5期。

33. 新疆文物考古研究所：《尼勒克县乌吐兰墓地发掘报告》，《新疆文物》2014年第1期。

34. 新疆文物考古研究所：《新疆特克斯县阔克苏西2号墓群的发掘》，《考古》2012年第5期。

35. 新疆文物考古研究所等：《石河子市古墓》，《新疆文物》1994年第4期。

36. 新疆文物考古研究所、西北大学文博学院八九级考古班：《乌鲁木齐柴窝堡古墓葬发掘报告》，《新疆文物》1998年第1期。

37. 新疆文物考古研究所等：《石河子市古墓》，《新疆文物》1994年第4期。

38. 中国社会科学院考古研究所等：《新疆温泉县阿敦乔鲁遗址与墓地》，《考古》2013年第7期。

39. 杨建华等：《欧亚草原东部的金属之路——丝绸之路与匈奴联盟的孕育过程》，第103页。

40. 中国社会科学院考古研究所等：《新疆温泉县阿敦乔鲁遗址与墓地》，《考古》2013年第7期。

41. 王瑟：《新疆呼斯塔遗址被证明是青铜早期的遗址》，《光明日报》2017年8月20日。

42. 贾笑冰等：《新疆温泉发现一处规模庞大的青铜时代早期遗址》，《中国文物报》2016年12月2日第8版。

43. 阮秋荣、王永强、关巴:《新疆伊犁首次发现青铜时代大型聚落遗址》,《中国文物报》2016年12月30日第8版。

44. Tylecote, R. F., *A History of Metallurgy* (2nd Edition), London: The Metals Society, 1992.

45. 孔令平、冯国正:《铁器的起源问题》,《考古》1988年第6期。

46. 陈建立等:《甘肃临潭磨沟寺洼文化墓葬出土铁器与中国冶铁技术起源》,《文物》2012年第8期。

47. 李众:《关于藁城商代铜钺铁刃的分析》,《考古学报》1976年第2期。

48. 张先得、张先禄:《北京平谷刘家河商代铜钺铁刃的分析鉴定》,《文物》1990年第7期。

49. 韩汝玢等:《虢国墓出土铁刃铜器的鉴定与研究》,载河南省文物考古研究所等:《三门峡虢国墓》,文物出版社1999年版,第559—573页。

50. Gettens, R. J., Clarke, R. S. and Chase, W. T., Two Early Chinese Bronze Weapons with Meteoritic Iron Blade, Occasional Papers, Vol. 4, No. 1, Freer Gallery of Art, Washington, D. C., 1971.

51. 韩汝玢等:《虢国墓出土铁刃铜器的鉴定与研究》,载河南省文物考古研究所等:《三门峡虢国墓》,第559—573页。

52. 韩汝玢:《天马—曲村遗址出土铁器的鉴定》,载北京大学考古系商周组等编著:《天马—曲村1980—1989》,科学出版社2000年版,第1178—1180页。

53. 陕西省考古研究院等:《陕西韩城梁带村遗址M27发掘

简报》,《考古与文物》2007年第6期。

54. 陈戈:《新疆察吾乎沟口文化略论》,《考古与文物》1993年第5期。

55. 唐际根:《中国冶铁术的起源》,《考古》1993年第6期。

56. 韩建业:《新疆的青铜时代和早期铁器时代文化》,文物出版社2007年版。

57. Guo Wu, From Western Asia to the Tianshan Mountains on the Early Iron Artefacts Found in Xinjiang, in Jianjun Mei and Thilo Rehren eds. *Metallurgy and Civilisation. Eurasia and Beyond. Proceedings of the Sixth International Conference on the Beginnings of the Use of Metals and Alloys (BUMA VI)*, London: Archetype Publications, 2009, pp.107-115.

58. 赵化成:《公元前5世纪中叶以前中国人工铁器的发现及其相关问题》,载西北大学文博学院编:《考古文物研究——纪念西北大学考古专业成立四十周年文集(1956—1996)》,第289—300页。

59. 刘学堂:《中国冶铁术的起源》,《中国文物报》2004年4月2日。

60. 陈建立等:《甘肃临潭磨沟寺洼文化墓葬出土铁器与中国冶铁技术起源》,《文物》2012年第8期。

61. 阮秋荣、王永强、关巴等:《新疆伊犁首次发现青铜时代大型聚落遗址》,《中国文物报》2017年1月8日。

三 萨恩萨伊墓地青铜时代重要铜器溯源

尖塔状首装饰的青铜手镯

萨恩萨伊墓地南部台地边缘的 M56，属于第一期遗存，为青铜时代的墓葬。这座墓葬的地表随意用卵石围成不明显的椭圆形石圈，石圈中间下挖矩形墓室，墓壁用卵石围砌，墓坑深 40 厘米。墓内有属于两个个体的残乱骨架，一男一女，成人，男左女右。其中男性的骨骼保存相对好一些，侧身屈肢；女性骨骼散堆在男性骨骼一旁。女性手臂处有一铜手镯，墓底还发现铜片和石珠。手镯用一扁长的铜条弯打锤制而成，弯成椭圆状，手镯的两端形状特殊，呈尖塔状装饰。这类器物在新疆地区首次发现。

端首为锥形塔状的手镯，是塞伊玛—图尔宾诺文化和安德罗诺沃文化较常见的铜装饰品。克罗托沃类型的遗存发现于额尔齐斯河中游流域的巴巴拉草原，属塞伊玛—图尔宾诺文化，年代在公元前 18 世纪到公元前 15 世纪之间，或者更早一些。属于这一类型的墓葬有 230 座，在五分之一的墓葬中发现赭石，出土有大量的双翼带杆的骨镞，铜器中铜剑较多，有铸剑的石范，另外还有匕首、铜斧、夹子、吊饰和手镯。其中的一件铜手镯，端头有

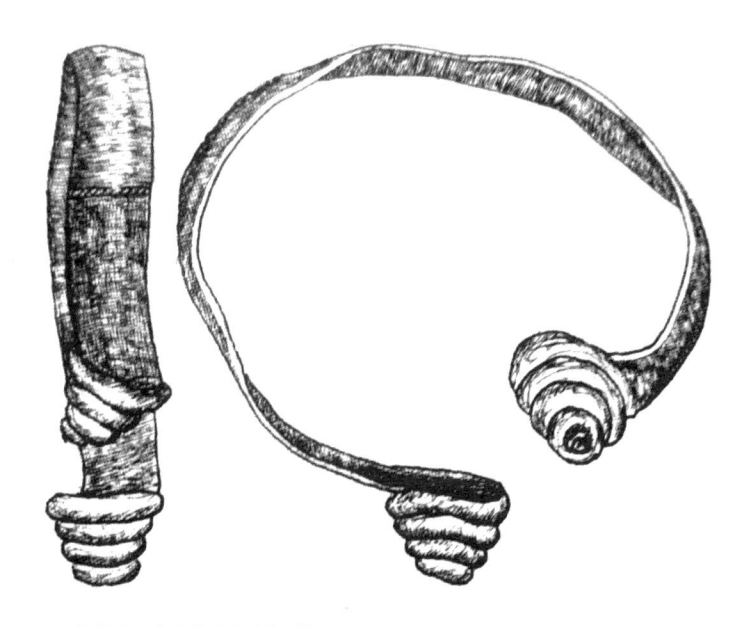

第三章　萨恩萨伊青铜时代的墓葬 | 87

萨恩萨伊墓地的尖塔状首的青铜手镯

尖塔状装饰，年代推断在早期青铜时代的末期，公元前15世纪前后。[1] 南乌拉尔地区安德罗诺沃文化的铜器系统，包括管銎斧、矛、镰、锛、匕首等武器或工具；还有一组青铜装饰品，包括连珠状饰、十字形饰、手镯和耳环。其中的手镯是尖塔状首的圆手镯。哈萨克斯坦中北部地区安德罗诺沃文化的铜器系统，包括锛、凿、镰、锥等武器或工具，另外是装饰品，装饰品中常见塔状首的铜手镯。[2] 安德罗诺沃文化阿拉库尔类型的墓葬中多随葬喇叭状口的铜耳环、掌状复叶坠饰和尖塔状首的铜手镯。[3] 首端铸尖塔状装饰的铜手镯，在塞伊玛—图尔宾诺文化和安德罗诺沃文化中非常流行，哈萨克斯坦中亚草原和西伯利亚叶尼塞河流域

中亚安德罗诺沃文化中的尖塔状首的青铜手镯

的多处遗址中都有发现。安德罗诺沃文化中，尖塔状首铜手镯与喇叭状口的铜耳环同时流行。

2016年，温泉县阿敦乔鲁墓地的一座墓葬中出土两件尖塔状首装饰的铜手镯。阿敦乔鲁墓地的年代在公元前2千纪上半叶，是安德罗诺沃文化繁盛期的遗存，墓葬中曾出土过器表包金的喇叭状口金耳环。结合哈萨克斯坦中亚草原等地区的考古发现推测，尖塔状首装饰的铜手镯与喇叭状口的铜耳环一起，由哈萨克斯坦草原地区传入中国新疆博尔塔拉河流域，继而传到天山中部，为乌鲁木齐萨恩萨伊河谷青铜时代的居民所佩戴。

铜权杖头的传播之路

萨恩萨伊墓地M45出土一件平底陶罐，放在墓室东南角的小坑里，这个小坑里还有一块残陶片和一件铜质权杖头（图版7）。这件权杖头，顶呈蘑菇状，略尖，下为短銎管，中空，铸造。孔径3.2厘米，高4.5厘米。

权杖头是西方文化的传统因素，李水城首先注意到中国西北地区考古发现的权杖头，指出这是由西方传到东方的文化因素。[4] 据李水城介绍，距今 5000 年前在北非的埃及，前王朝的法老们手里执有一把权杖，表示法老拥有的宗教权和世俗权。埃及宫廷使用的权杖还雕刻出缠绕的花纹，器表铸出乳钉装饰，繁缛华丽。图坦卡蒙法老的墓内，随葬两件真人大小的鎏金塑像，塑像人物手持金色权杖。西亚两河流域发现许多权杖头，权杖头制作得华丽精美，为统治者仪仗所用。西亚早期的权杖，主要有圆形和梨形两种形态，还有其他形状。权杖头的质地除石质外，还有玉髓、玻璃，更多的是用青铜制成。乌尔第三王朝的显贵所用的一件权杖，其头部刻有楔形文字，大意是把这个权杖献给女神。死海以东的纳哈尔·米什马尔的一个洞穴里，窖藏有 400 余件金属制品，多为砷青铜制成，据说其年代在距今 5500 年前，其中

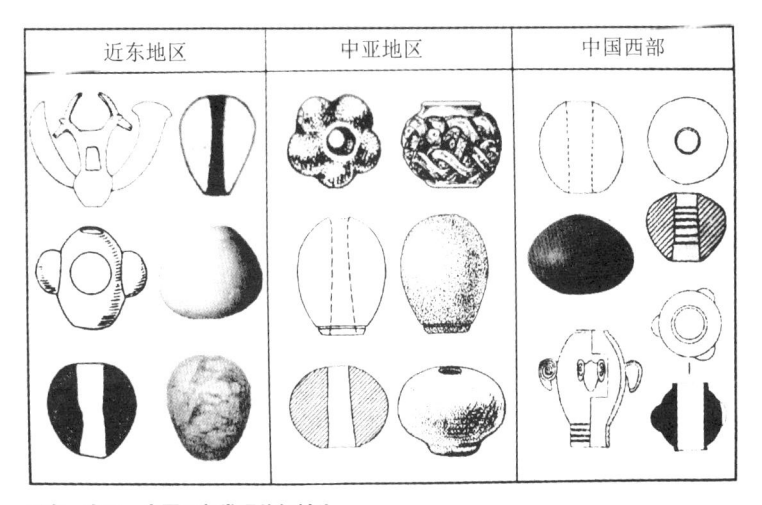

近东、中亚、中国西部发现的权杖头

不少都是权杖头。权杖是代表西亚早期文明特质的器物，这类器物由西亚近东开始向四周传播，最初到达黑海、里海的周边、高加索和乌拉尔一带。公元前2千纪，中亚地区安德罗诺沃文化共同体社会群体中的权贵们，也用权杖显示其特殊的身份地位。

权杖源于西亚文明中心，并从这里向周边传播。其向北传入中亚北部草原区，随后转而向南，传入天山地区，继而向东传入甘青地区和黄河中上游地带。河西四坝文化发现的四羊权杖头，需要多范合铸，反映出当时高超的青铜冶铸技术。在新疆天山南北，各种质地的权杖头层出不穷。其中的两件，形体与四坝文化的权杖头基本一致，一件出自天山南麓开都河流域，另一件即出自乌鲁木齐萨恩萨伊墓地。两件权杖头与玉门火烧沟的青铜权杖头相比，只是未加装饰而已。另外，在天山地区出土青铜权杖头的墓葬中，同时出土有压印刻划纹陶器。由此可见，权杖是与压印刻划纹陶器系统一起，从中亚草原北部向天山南北传播的。罗布泊的小河墓地有一座特殊的地表盖有双间木房的墓葬，墓主人社会地位之显赫，可见一斑。在整个墓地中，这座墓的随葬品是唯一且特殊的，有铜镜、金环、铜镞等，其中就有一件用白色大理石制成的权杖，权杖的銎孔中还残有木柄。[5]

多圈弦纹铜镜

萨恩萨伊墓地M 113出土一面圆形直板铜镜，镜背面铸出多圈弦纹（图版8），弦纹间填以平行斜线，组成同心圆的叶脉纹样。

多圈同心圆的叶脉纹铜镜，最早发现于新疆东部天山的哈密盆地。在哈密市火车站南的天山北路墓地，曾发掘700余座墓葬。据研究，这一墓地的年代在公元前2千纪初到公元前2千纪中叶。铜器是天山北路墓地最常见的随葬品，据统计这一墓地出土铜器总数超过3000件[6]，是中国境内同时代遗存中发现青铜器最多的一处。天山北路墓地出土的铜器有生活用具和装饰品。装饰品中除衣服上的饰件外，还有一部分是原始萨满衣服上的挂饰，是原始巫师进行巫术活动时用的神器。[7]巫术活动时用作巫具的铜器中，较常见的是各种牌饰，包括圆形牌饰、方形牌饰、蝶形牌饰等，有的牌饰平面有孔眼，有的则锤压出窝点装饰，还有镂孔牌饰。有一件轮形牌饰，外形像是车轮，轮圈外还铸有放射状短线装饰，短线长短不一，似乎用来表示太阳的光芒，显然与太阳崇拜的祭祀活动有关。萨满巫具中，铜镜最为常见。天山北路墓地铜镜或镜形饰件数以百计，背部具钮的圆板铜镜有十多面，铸几何纹样的铜镜数面。在几何纹样中，多圈同心圆的图案引人注目，多层圆圈间填以短线，有的呈叶脉状。[8]与墓地所见的轮形铜饰功能一样，这些铜镜都是巫具，都与以太阳献祭为中心的巫术崇拜活动有关。

背部铸出多圈同心圆的铜镜，1976年发掘的安阳殷墟妇好墓出土过一件。妇好墓的年代在殷墟文化晚期偏早阶段。妇好墓随葬有四件带纹饰的铜镜，一件背部铸多圈同心圆，三件背部铸叶脉纹，均属西北铜镜装饰风格。妇好墓中的多圈同心圆镜，镜面近平，镜体轻薄，镜背以拱形桥钮为中心饰七圈阳弦纹，阳弦纹间饰细密规整的短线。此后，中原地区发现的十多面西周早期铜镜中，再未见纹饰镜，都是一些圆版素面镜。[9]然而，与多圈弦纹镜、叶脉纹镜风格近似的几何纹镜,在中国北方和西北地区常有发现。内蒙古鄂尔多斯地区采集过两件铜镜,拱形钮,钮外有两周弦纹,弦纹间饰密集的斜短线纹。[10]宋新潮[11]、刘一曼等[12]认为这两件铜镜的年代为商周时期。20世纪初,安特生在河北省北部的张北县(有的说是内蒙古)征集一件,镜面较平,镜背以拱桥钮为中心饰五周阳弦纹,弦纹间填短斜线。[13]青海湟中县共和乡前营村发现一件,铜镜铸作粗糙,镜面微鼓,镜背中央有小桥钮,钮外饰锯齿纹,主区饰两周双阳线弦纹,中间饰短斜线纹,这件铜镜被认为是卡约文化的遗物。[14]甘肃平凉市征集一件铜镜,镜面平,比较规整,形体厚重,镜背中央有桥形小钮,镜面微微凸起,镜背以钮为中心铸四周阳弦纹,弦纹间填饰两圈短斜线。[15]和静县莫呼查汗墓地出土一件,面平,桥钮,绕桥钮铸两圈阳弦纹,阳弦纹间填18道平行短线。[16]2015年,高西省在瑞典远东古物博物馆见到一件多圈短斜纹铜镜,标明1930年4月购于内蒙古,镜缘很不规整,体轻薄,小桥钮,面平直,背以钮为中心

天山其他地区发现的多圈弦纹铜镜

饰五圈阳弦纹，中间饰纤细繁密的短斜线。[17]

有些学者认为，圆形铜镜最早起源于西亚，里海东部土库曼斯坦的纳马兹加文化第二期遗存。这一期虽属于铜石并用时代，但遗址中出土的铜器类型已经较为丰富，有很多尖头的双刃刀、锥、别针，边刃器增多，有铜镰和斧，年代在公元前4千纪。铜器中包括凹面的圆形铜饰，外形似中国发现的西周时期的阳燧，弧面甚至比阳燧还要凸鼓，虽被称为铜镜，但并不排除是铜阳燧的最早标本。同样的器物还发现于公元前3千纪内锡亚尔克文化第三期和伊朗东北部希萨尔文化第三期遗存。希萨尔文化第三期青铜器，包括成组的武器和容器，其中有带柄的实心短剑、矛、管銎战斧，装饰品中有顶部铸出立兽的别针，容器中有碗、盆、杯、单把罐、高领罐和瓶，发现带短柄的铜镜。[18]西亚绿洲地区最早出现的被当为铜镜，实际上很可能是阳燧的器物，似乎并未被欧亚北方草原青铜时代的居民所接受。辛塔什塔文化、安德罗诺沃文化、塞伊玛—图尔宾诺文化青铜器群以武器和工具为主，装饰品中特征突出的主要是各类耳环、手镯、铜珠组成的链状饰、铜牌饰和钩形器等，极少见到这类器物的出土。公元前2千纪末，在畜牧农耕文化向游牧文化转变时期，带柄铜镜才在欧亚北方草原地区突然流行起来，后来成为整个游牧民族主要的萨满巫具。[19]从目前的考古发现与研究看，圆板具钮的铜镜最初兴起于东部天山山谷和山麓地带，值得注意的是，这类被称为铜镜的器物，在很短的时间内流行起来，成为中国西北地区最重要的萨满用具；或者说，这一类器物是从作为原始巫师装身具的各种圆形牌饰中分化出来的特殊类型，后来才分化为专门照面饰容的铜镜。[20] 铜镜背面的纹样，即同心阳纹圆圈间配以短线和叶脉纹、七星纹，明显都属于北方草原青铜时代文化中的传统装饰风格。多圈同心圆叶脉纹和其他几何纹的铜镜在中国东天山地区、西北甘青地区流行起来，并传入中国北方地区和中原内地，从而开启了东方铜镜文化的历史。[21]

折沿圆形铜镜

萨恩萨伊 M106 出土了一件折沿铜镜。铜镜背有桥形钮，折沿较高，尖唇。该墓还出土一件球形腹的彩陶罐，罐肩部有横的圆形桥钮，通体绘网格纹；一件铜马衔，双连直棍式，衔的端头长方形环内套圆形小环；一件直柄铜刀，首端折；另外还有骨扣和石串珠等。墓葬的年代在公元前 9—前 8 世纪。M89 出土一件残的折沿圆形铜镜，背有圆形桥钮，折沿尖唇，同出的有铜簪、环首直柄铜刀、骨纺轮、石串珠、砺石等。墓葬的年代在公元前 7—前 6 世纪。

折沿铜镜在南西伯利亚塔加尔文化中比较流行。中国境内的折沿铜镜，均出自新疆地区。新疆地区发现的最早的一件折

萨恩萨伊墓地出土的折沿铜镜

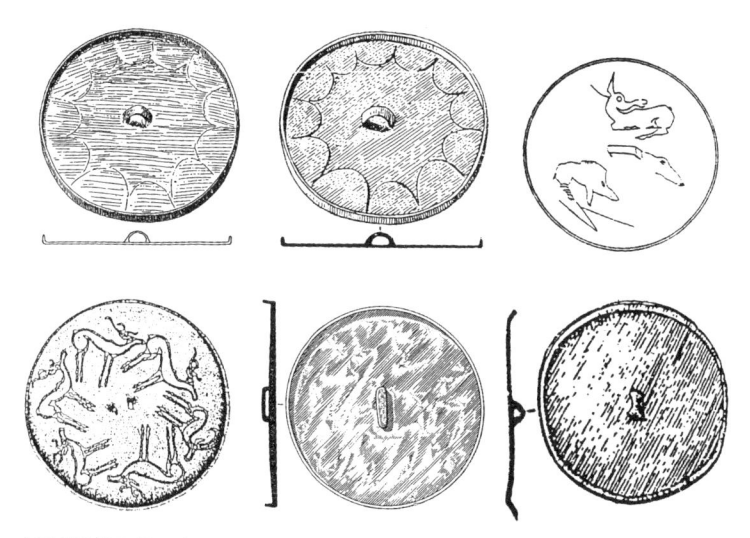

中亚其他地区发现的折沿铜镜

沿铜镜，出自阿尔泰克尔木齐墓地的 M22，折沿略卷，直径 6 厘米。[22] 后来，在阿尔泰哈巴河县哈拜汗墓地 HM23 出土一件，圆形、素面、折沿，桥形钮，直径 9 厘米、高 1.5 厘米。[23] 新疆天山地区已经发现多件折沿铜镜。轮台县群巴克墓地 M40 出土一件，沿内折，直径 7.1 厘米。拜城县克孜尔水库墓地 M30 出土一件，直径 12.5 厘米。[24] 哈密市焉不拉克墓地 M64 出土一件，直径 9.4 厘米。[25] 托里县庙尔沟墓地采集一件，直径 13 厘米。[26] 折沿铜镜的源流，尚未有人专门讨论。从目前的发现来看，不能排除这类铜镜始源于天山地区，是天山地区早期铜镜文化繁荣发展的产物，它由天山地区向周围传播。萨恩萨伊人使用的折沿铜镜，是天山地区所见的此类铜镜中年代比较早的一件。

青铜马衔

马衔,俗称"马嚼子",是马笼头上勒入马口的控马具。马衔的最早形态,可能是木棍、皮条或者角质类的条状物,这类器物很难保存下来。一些学者观察了出自哈萨克斯坦波泰遗址的马骨,发现有些马的牙齿异常磨损,因而怀疑公元前2500年前就有马衔。金属马衔出现后,木质或角质的形制简单的马衔依然存在。在吐鲁番洋海墓地发现了木质和角质的马衔。[27] 两端带环的单节直棍式青铜马衔,早在公元前1600—前1400年的美索不达米亚、埃及就有发现。两节棍式青铜马衔,公元前1500年前后出现在美索不达米亚平原。根据目前的考古材料,尚未在中亚草原地区发现早于公元前1000年的青铜马衔。安阳殷墟晚期的一座墓葬中出土过一件铜马衔,是外形呈长"8"字状的两节棍式,年代为公元前13—前12世纪[28],这是中国境内目前所知年代最早的铜马衔。目前在整个欧亚草原地区都未见到过这么早的青铜马衔,然而,从整个欧亚草原骑马历史考察,殷墟晚期的那件铜马衔并非来自当地,当来自中亚北方草原地区。中国北方草原地区铜马衔多为两节直棍式,中间两环相套型。考古学家根据直棍内和外端环的样子及衔杆的情况,将中国北方草原地区青铜马衔分成不同的类型,以探索马衔的演化以及源流。[29] 新疆地区发现的青铜马衔,属于斯基泰式马衔传统。斯基泰式马衔分布广泛,塔加尔文化、塞文化、塔斯莫拉文化发现的马衔,均属于斯基泰式马衔传统。乌鲁木齐萨恩萨伊墓地发现的铜马衔和整个天山地区青铜马衔别无二致,也属于这个系统。

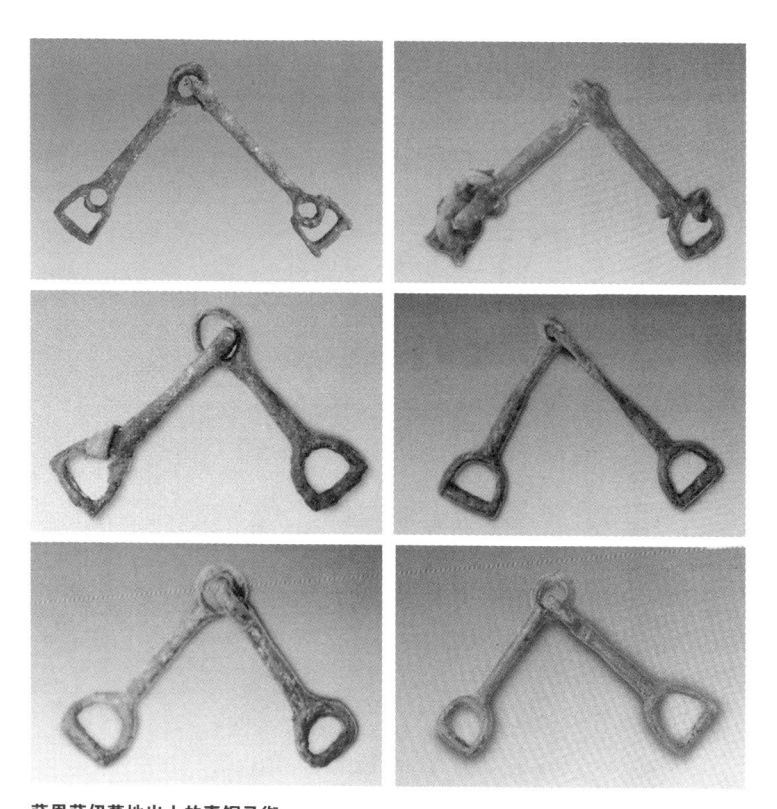

萨恩萨伊墓地出土的青铜马衔

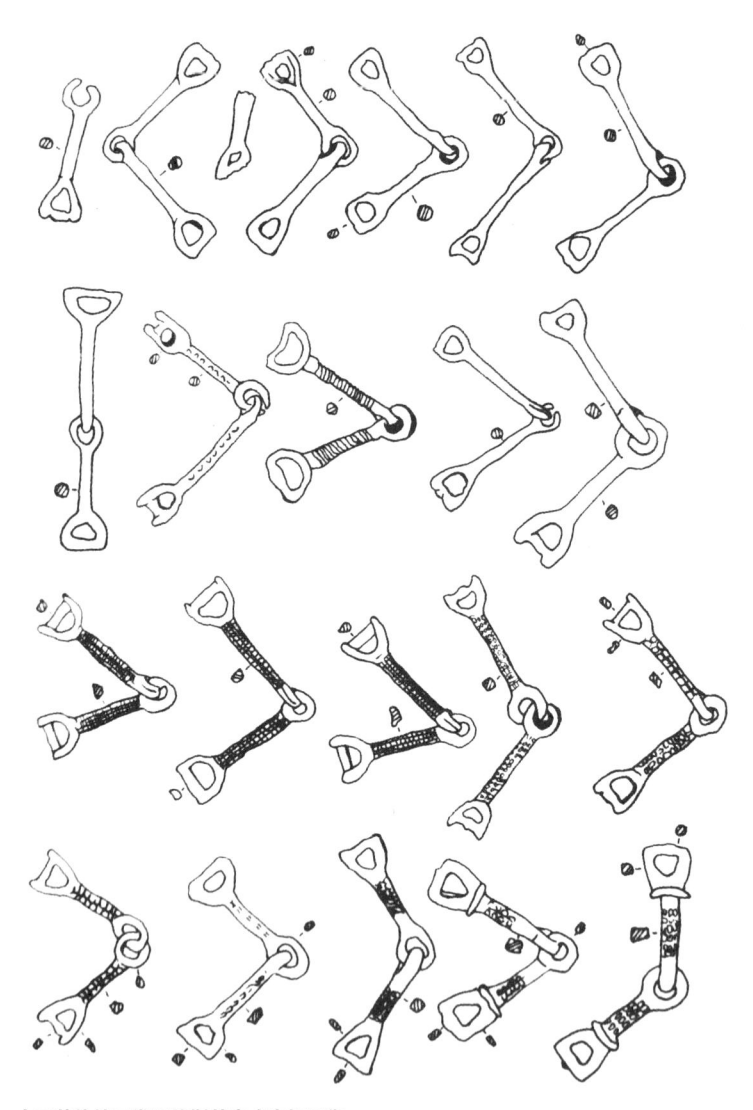

中亚其他地区发现的斯基泰式青铜马衔

注释

1. 帕尔青格:《西西伯利亚的塞伊玛—图尔宾诺文化》,沃浩伟译,刘翔校,载新疆文物考古研究所编:《新疆阿勒泰地区考古与历史文集》,文物出版社2015年版,第488—497页。

2. 戴潜伟:《新疆哈密地区史前时期铜器及其与邻近地区文化的关系》,知识产权出版社2006年版,图6.8"安德罗诺沃文化的典型铜器"。

3. Ludmila Vladimirovich Koryakova, Andrej Vladimirovich Epimakhov, *The Urals and Western Siberia in the Bronze and Iron Ages*, Cambridge: Cambridge University Press, 2007, p.142.

4. 李水城:《文化馈赠与文明的成长》,载吉林大学边疆考古研究中心编:《庆祝张忠培先生七十岁论文集》,科学出版社2004年版,第8—19页。

5. 伊弟利斯、李文瑛:《解读楼兰史前文明之谜——新疆罗布泊小河墓地》,载中国文物报社、中国考古学会编:《中国年度十大考古新发现(2004年卷)》,生活·读书·新知三联书店2006年版,第129—172页。

6. 张良仁等:《哈密地区史前考古》,载余太山、李锦绣主编:《欧亚学刊》新5辑,商务印书馆2016年版,第3页。

7. 李文瑛:《西北地区发现的早期铜饰与原始萨满艺术》,载赵丰主编:《丝绸之路——艺术与生活》,香港艺纱堂/服饰出版2007年版,第1—11页。

8. 刘学堂:《论中国早期铜镜源于西域》,《新疆师范大学学报》1999年第3期。

9. 高西省:《中国早期铜镜的发现与研究》,载王纲怀编:《中国早期铜镜》,上海古籍出版社2015年版,第1—26页。

10. 田广金、郭素新编著:《鄂尔多斯式青铜器》,文物出版社1986年版,第143页。

11. 宋新潮:《中国早期铜镜及其相关问题》,《考古学报》1997年第2期。

12. 刘一曼、孔祥星:《中国早期铜镜的区系及源流》,载宿白主编:《苏秉琦与当代中国考古学》,科学出版社2001年版,第575页。

13. 同上。

14. 李汉才:《青海湟中县发现古代双马铜钺和铜镜》,《文物》1992年第2期。

15. 高阿申:《甘肃平凉发现一件商代铜镜》,《文物》1991年第5期。

16. 新疆维吾尔自治区文物考古研究所编著:《新疆莫呼查汗墓地》,科学出版社2016年版。

17. 高西省:《西北、北方草原与中原——从瑞典远东古物博物馆新见多圈短斜线纹铜镜谈起》,《中国文物报》2016年3月25日第6版。

18. 杨建华等:《欧亚草原东部的金属之路——丝绸之路与匈奴联盟的孕育过程》,上海古籍出版社2016年版,第10页。

19. 弗拉基米尔·库巴列夫:《亚洲游牧民族使用的铜镜是宗教考古学的原始资料》,周全玲译,潘旺校,《新疆文物》2005年第1期。

20. 李文瑛:《西北地区发现的早期铜饰与原始萨满艺术》,

载赵丰主编:《丝绸之路——艺术与生活》,第1—11页。

21. 刘学堂:《新疆地区早期铜镜及相关问题》,《新疆文物》1993年第3期;《论中国早期铜镜源于西域》,《新疆师范大学学报》1999年第3期。

22. 新疆社会科学院考古研究所:《新疆克尔木齐古墓群发掘简报》,《文物》1981年第1期。

23. 新疆文物考古研究所:《哈巴河县加朗尕什墓地、哈拜汗墓地考古发掘报告》,《新疆文物》2013年第2期;祁小山、王博编著:《丝绸之路·新疆古代文化(续)》,新疆人民出版社2016年版,第335页图4。

24. 穆舜英主编:《中国新疆古代艺术》,新疆美术摄影出版社1994年版,图110。

25. 刘学堂:《丝路天山地区青铜器研究》,三秦出版社2017年版,图58-2。

26. 祁小山、王博编著:《丝绸之路·新疆古代文化(续)》,第359页图8。

27. 艾克拜尔·尼牙孜:《吐鲁番盆地洋海墓地出土的马具及其相关问题研究》,《新疆大学学报》2012年第3期。

28. 中国社会科学院考古研究所安阳工作队:《1969—1977年殷墟西区墓葬发掘报告》,《考古学报》1979年第1期。

29. 邵会秋:《先秦时期北方地区金属马衔研究》,载吉林大学边疆考古研究中心编:《边疆考古研究》第3辑,科学出版社2005年版,第96—115页。

四　精美的青铜鹤嘴锄

萨恩萨伊墓地出土一件鹤嘴状青铜有銎战斧，也被称为鹤嘴锄（图版9）。萨恩萨伊墓地的青铜鹤嘴锄，是欧亚草原地区考古发现的同类器物中最精美的一件。这件鹤嘴锄的銎与援夹角之处，装饰有弯钩状喙的鸟首，发掘者认为这鸟首是西方神兽格里芬形象。这一发现比较重要，单列一节介绍。

精美鹤嘴锄

萨恩萨伊墓地的鹤嘴锄出自M14。M14在墓地的北部，是一座规模较大的墓葬，墓口椭圆形，长径2.5米，短径1.5米，深1.4米。墓口四周铺一圈大的卵石或片石，墓坑的四壁及底部铺扁平的砾石或石板。墓坑里骨架残乱不全，骨骼夹杂在整个墓室填土中，残乱的骨骼属于3个个体，两女一男。墓葬的填土中有4个马头，11个羊头，是墓地发现马头和羊头最多的一座墓葬。墓室内随葬品比较丰富，除了这件引人注目的鹤嘴锄外，还有两件彩陶罐、双连珠的铜泡、铜针、铜节约（一种控马具），以及骨簪、骨珠、骨纺轮、三孔骨马镳、石扣，等等。鹤嘴锄出自乱骨间。鹤嘴锄合范浇铸，援为圆柱状，尖部为四棱锥状，尾部为一浮雕的老虎，圆銎孔，孔径 1.2 厘米—2.8 厘米，内残留木柄，顶部嵌铜片，銎孔中部有一穿孔内残留铜条楔子，用于固定木柄，通长 16.3 厘米。銎与援夹角处装饰西方神兽格里芬的鸟首。[1]

鹤嘴锄的源流

鹤嘴锄可以说是有銎斧的东方变形。欧亚草原地区，有銎斧是最早出现和流行起来的青铜武器和工具。黑海北部的特里波利耶—库库泰尼文化（Tripolye-Cucuteni Culture）中就出现了有銎斧，时代为公元前 5 千纪末到公元前 4 千纪。公元前 4 千纪中叶，东欧草原竖穴墓文化（Pit-grave Culture）中的有銎战斧已成为主要的青铜工具和武器。此后，有銎斧向中亚草原传播，分布重心不断东移，很快出现在阿凡纳谢沃文化分布区。公元前 3 千纪末开始，东欧草原的竖穴墓文化解体，伏尔加河以西被洞室墓文化（Catacomb Culture）取代，伏尔加河以东发展形成波尔塔夫卡文化（Poltavka Culture），南乌拉尔地区则出现了辛塔什塔文化（Sintashita Culture）。这些文化中，有銎战斧发展到了鼎盛。公元前 2 千纪的前半叶，安德罗诺沃文化联合体成员占据了内陆欧亚草原的大部分地区，有銎战斧随之传播到欧亚草原更为辽阔的区域。

中国北方地区是有銎战斧的重要分布区。中国北方地区的青铜斧，是在接受北方草原地区有銎斧的基础上，发展出地方特征的有銎斧类型。特别是鹤嘴锄，是其中特有的一种类型。关于它

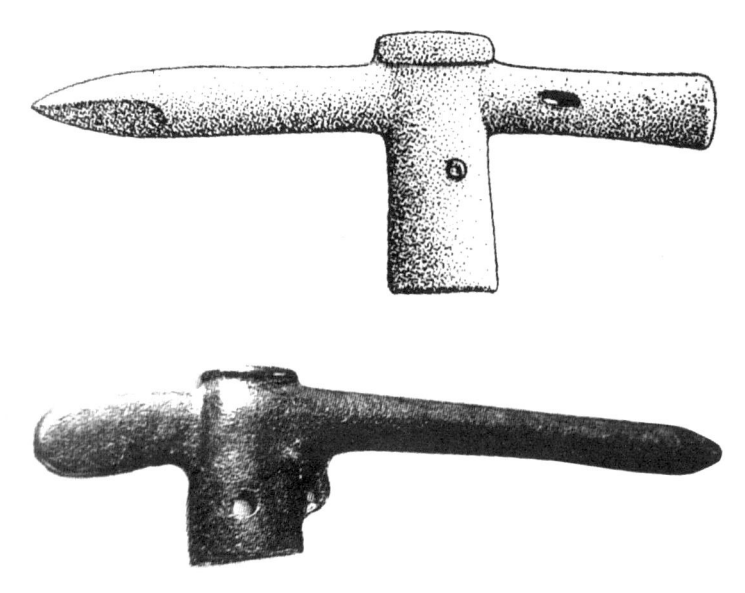

北方草原地区发现的鹤嘴锄

的起源,学术界有不同的观点。高去寻认为它是管銎战斧和戈的结合体。林沄认为,北方系青铜器中与管銎战斧同时存在的管銎啄,就是后来北方系青铜器中"鹤嘴锄"的前身。[2] 南西伯利亚、阿尔泰和图瓦等地,公元前8世纪就出现了鹤嘴锄,公元前六七世纪更为流行。鹤嘴锄的传播线路大体是由南西伯利亚传播到阿尔泰山脉,继而传播到中国北方地带、天山地区。[3] 乌鲁木齐萨恩萨伊这件鹤嘴锄,保留着鹤嘴锄的原始形态。类似的鹤嘴锄在图瓦阿尔赞1号冢、卡拉苏克文化中都有发现。萨恩萨伊墓地鹤嘴锄援尾部铸出的虎纹,其风格与阿尔赞2号冢所见同类器物上的虎纹装饰基本一致。这些鹤嘴锄的年代不会晚于公元前8世纪。乌鲁木齐市板房沟墓地曾征集过一件鹤嘴锄，这件器物的一端为鹤嘴状尖刃，截面为四棱形，一端有圆柱状短柱。[4] 从形态上观察，它要晚于萨恩萨伊墓地出土的鹤嘴锄，年代推测在公元前6世纪前后。

动物纹装饰

具动物纹装饰的铜器，最早是在铜器的柄首加铸动物纹样。这一传统，最早起源于中亚草原的早期游牧文化。动物纹装饰，因不同的器物、不同的时代、不同的动物种类（以野生动物为主，可以称为野兽纹）、不同的艺术造型手法，动物造型风格的文化特征和象征意义也不尽相同。历史地考察，是北方草原上的游牧文化人群将动物纹艺术推向繁荣昌盛。鹰是动物纹样中常见的动物题材，它以不同的艺术形式，被装饰在各种不同的器物上。阿尔泰邻近地区的麦耶米尔文化中出土过一件管銎的戈，它的管銎与援的夹角处铸出鸟首，形象与萨恩萨伊墓地鹤嘴锄援銎角所铸鸟首十分相似。[5]

格里芬飞向近东

乌鲁木齐萨恩萨伊墓地鹤嘴锄上的鹰钩状鸟嘴，与波斯风格的格里芬鸟首形象如出一辙，只是没有狮身和双翼。如果它就是西方神兽格里芬，其意义非同一般。格里芬在萨恩萨伊墓地的出现，将乌鲁木齐地区早期历史与一个宏大结构的历史故事联系起来。

公元前3500年前后，格里芬神兽出生在西亚的美索不达米亚。它在西亚出生后，立即就飞向东方和西方，对东西方艺术产生了深远影响，其在西方古代神话世界中的地位有点类似东方的龙。格里芬以鹰、狮的形象为基础，或者加以变形，或者借用其他动物局部造型，结合为一体，成为臆想中的神兽，并被赋予强大的神力。神兽格里芬的形象因时代的变迁、区域的不同而有不同的造型，并不断变化。但是，无论格里芬的造型如何变化，鹰头上的华丽装饰，身体自由地嫁接其他猛兽，鹰喙钩状和带翅的风格始终未变。

神兽格里芬出生后，向整个欧亚世界飞去。它首先飞向叙利亚和伊朗高原；埃及前王朝时期就有了格里芬，它见证了整个埃及王朝的兴衰；公元前3000年，神兽格里芬飞到古巴比伦，成为王国宏伟建筑及其他经典艺术造型中的装饰符号；公元前2千纪，格里芬飞到地中海东岸的黎巴嫩、以色列、约旦、巴勒斯坦等操伊朗语族的文化区域，后来成为波斯神话中最有名的神兽。在阿契美尼德朝的艺术殿堂里，格里芬的造型最为引人注目。[6]阿契美尼德朝和希腊古典时代的格里芬造型有两种风格：阿契美尼德或者说波斯风格的格里芬是狮头或鹰头，有羊角一样弯曲且相接的角，有马耳一般竖立的双耳，从颈部到臀部一排细卷毛，从耳朵到喉管部位都长满了毛发，头上有上翘的双翅，腹部有毛发，后腿为鹰腿；希腊古典时代的格里芬是鹰头，鹰的尖首上是锯齿形羽冠或者鱼鳍的鬣毛，从头后沿脊背向下延伸，有马耳一般竖立的耳朵，有自然状态不张扬的双翅，四腿均为狮腿。

格里芬飞向中亚草原

神兽格里芬是什么时候从中亚南部的绿洲区飞到了北方草原

地带,目前还没有定说。在著名的奥库斯遗宝[7](阿姆河遗宝)里,有极其精致的金制格里芬形象。奥库斯遗宝据说与早期的粟特人有关。遗宝中有一只金光灿灿的手镯,镯的首端是相对的格里芬,这件金手镯的造型艺术水准极高,登峰造极。新疆的伊犁河谷发现过两件同类艺术风格的青铜环,均出土于新源县巩乃斯河南岸。环首铸成卧虎状,虎对视,长双翼,是格里芬的造型。[8]日本学者林俊雄怀疑,这两件对兽的铜环是铜鍑的口沿[9],但目前未见到过口沿装饰对兽铜环的鍑,所以这对格里芬艺术造型的铜环为铜鍑口沿的可能性极小。在俄罗斯阿尔泰边区捷列兹科伊湖附近,距湖约 80 公里是著名的巴泽雷克墓地 1 号墓葬,这座墓中出土有完整的马具。其中 3 号马鞍上,有用彩色毡皮缝制出来的图案,上面装饰有翼的狮子,狮子伸张利爪,正扑向一只山羊,另外还有其他有翼怪兽的形象。在巴泽雷克西 160 公里的图丁克石冢(Tuekta)古墓群,发现更多、保存更好的木制品和皮革制品,木、皮制品上有格里芬装饰。有一件马衔上的格里芬造型木配件,雕刻成有翼兽,弯钩尖嘴,S 形卷翼,身体 180°扭转,长卷尾,明显继承了波斯风格。[10]巴泽雷克南 150 公里,是与中国阿尔泰为邻的乌科克高原,这里有一个名为阿克·阿拉哈(Ak-Alakha)的地方,1993 年在这里的冻土层中发掘了数座古代墓葬,其中有翼鹰喙的神兽出现在木和皮革制品上,造型也是波斯风格。[11]格里芬飞到阿尔泰山地区的时间,可能会更早一些。格里芬飞到阿尔泰山脉,担负起了看守这里黄金的职责。按照希腊古典时代的传说,斯基泰人的东面(似乎指的是阿尔泰地区)住着 Arimaspi 人,他们杀死"看守黄金的格里芬",夺走了黄金。

格里芬飞到中原

1993年,在发掘交河故城沟北台地的车师贵族墓地时,出土了一件鹰嘴怪兽和猛虎搏斗的金牌饰。[12]这件牌饰用捶压的方法,表现一怪兽将一只虎制伏在地的情景。怪兽鹰嘴,身上布满鳞片,带短翅,它就是神兽格里芬。早在战国前后,格里芬就在河西走廊飞翔。甘肃张家川马家塬墓地M16出土的虎噬羊纹长方形金带饰和带钩,一长方形带饰上装饰着长有钩状巨喙的鹫首(或者是鹰首)格里芬,它正和一条龙斗咬在一起,时代在战国晚期至秦。[13]战国时期,中原地区一些青铜器上铸神秘纹样,多有怪兽加翼的造型。战国晚期到秦汉,中原地区的青铜器、石雕、画像石、丝织品上装饰翼神兽成一时风气。最初,中原人并不知道这怪兽的来龙去脉,汉代及以后,随着丝绸之路的开通,才弄明白这一带翅神兽的老家在西方,中原人士称其为"麒麟"。查"麒麟"的来历,《春秋》经传记鲁哀公十四年"西狩获麟"。可见,这个异兽是西狩而获。汉武帝于公元前122年西祠五畤,曾猎获"白麟"一只(注意:获"白麟"的地方也在西方,白是西方的象征),因为捕到这西方异兽,武帝改元元狩,并作麒麟阁。[14]《公羊传》记说,这"'麒麟'非中国之兽",不合中国文化,便附会麒麟乃天鹿下凡,起名"天禄"、"辟邪",于是宫中再筑天禄阁,这才合了中土的文化。著名汉学家蒲立本将中国古代传说中的麒麟与古书中的神马(有"天马"、"马祖"、"天驷"、"飞黄"、"乘黄"、"訾黄"等名称)联系起来,认为这是古人追求长生不老的象征,与印欧人的马神崇拜类似。所以,麒麟的原型可能与古乐舞中戴面具的神马有关。按蒲立本的说法,"麒麟"一词与"祁连"、"乾坤"的"乾"一样,意为"天",在汉语中是借词,可能与吐火罗语有关。[15]

神兽格里芬从西亚近东起源,横穿中亚,经几千年的时间,向着东方世界飞翔而来,被东方世界接受并融合进本土文化中。比较而言,东方的神龙向西方飞得并不远,只有零星的神龙飞到欧亚大陆中部。阿姆河黄金之丘的宝藏中,一件金器上装饰着从东方飞来的罕见的神龙形象,当地人给东方的这条神龙特地加上了格里芬的小翅膀,别有深意——东西方的神圣之兽在这里合体了。更有意思的是,南俄亚速(Azov)发现一件带饰,这件带饰上有一对龙和一对格里芬在相互撕咬的纹样。龙有像蛇一样的覆以鳞片的长身,显然是受中国龙纹装饰文化的影响。在这件带饰上,东方的龙和西方的格里芬则并存、相融了。[16]

乌鲁木齐萨恩萨伊墓地装饰格里芬首的鹤嘴锄出土的意义在于,如果这一判断正确,表明西方神兽格里芬在公元前8世纪前后已经从西亚越过中亚西部的山脉草原,飞到了中亚东部的天山,并在天山山脉翱翔了数个世纪。战国前后,飞到河西,飞到中原,成为中原神话艺术的重要元素。分别以龙和格里芬为代表的东西方神兽在中亚地区相遇、交融、相斗,这是非常值得研究的神话课题。

注释

1. 新疆文物考古研究所编著:《新疆萨恩萨伊墓地》,文物出版社2013年版,第28页。

2. 林沄:《商文化青铜器与北方地区青铜器关系之再研究》,载《林沄学术文集》,中国大百科全书出版社1998年版,第262—288页。

3. 邵会秋、杨建华:《欧亚草原与中国新疆和北方地区的有銎战斧》,《考古》2013年第1期。

4. 乌鲁木齐市文管所:《乌鲁木齐板房沟新发现的二批铜器》,《新疆文物》1990年第4期。

5. 邵会秋:《欧亚草原中部区早期游牧文化动物纹装饰研究》,载吉林大学边疆考古研究中心编:《边疆考古研究》第19辑,科学出版社2016年版,第238页图八:1。

6. 林俊雄:《グリフンの飛翔—聖獸からみた文化交流—》,雄山阁株式会社2006年版。

7. 奥库斯遗宝是塔吉克斯坦塔赫提库瓦德地区(Takht-i Kuwad)出土的一批波斯金属制品的总称,共计170件,大部分划定为产自公元前5—前4世纪,是阿契美尼德王朝现存最重要的金银器。宝藏大部分存于大英博物馆,在"古代伊朗"展厅陈列,另有少量现存伦敦维多利亚与艾伯特博物馆。

8. 新疆维吾尔自治区社会科学院考古研究所编:《新疆古代民族文物》,文物出版社1985年版,图版92、93。

9. 林俊雄:《公元前2世纪至公元2世纪之间的格里芬和

龙》，丁晓雷译，载中国社会科学院考古研究所、新疆文物考古研究所编：《汉代西域考古与汉文化》，科学出版社2014年版，第493—502页。

10. 林俊雄：《グリフンの飛翔—聖獣からみた文化交流—》，第193页。

11. 同上书，第194页。

12. 新疆文物考古研究所：《交河故城1993—1994年度考古发掘报告》，东方出版社1998年版，彩版六，下。

13. 王辉：《张家川马家塬墓地相关问题初探》，《文物》2009年第10期。

14. 李零：《论中国的有翼神兽》，《中国学术》2001年第1期。

15. 转引自徐文堪：《吐火罗人起源研究》，商务印书馆2018年版，第61页。

16. 林俊雄：《公元前2世纪至公元2世纪之间的格里芬和龙》，丁晓雷译，第250页。

五　出土的其他铜器

铜镞

萨恩萨伊墓地出土的铜镞类型丰富,但最常见的为三翼有銎镞。有銎镞的銎圆口,出土时有的銎空中还插有箭杆,有的镞单侧带有倒刺。其次为三棱带挺镞。

从天山地区铜镞发现的情况看,公元前2千纪初前后,东天

萨恩萨伊墓地出土的铜镞

山哈密盆地林雅文化和罗布淖尔三角洲小河文化的居民，首先制作使用柳叶状的有銎铜镞，这种镞的镞体边缘圆弧，器体略大。柳叶状有銎镞在天山地区流行了较长时间，一直延续到公元前1千纪以后的早期铁器时代。带挺镞的出现要晚于有銎镞，带挺镞的挺的后端多铸打成扁尾，挺前端截面呈矩形、方形或圆形等。带挺镞和有銎镞作为铜镞的两种最基本形态，自青铜时代到早期铁器时代，逐渐在整个欧亚大陆流行开来。有翼铜镞出现的时代很早，并有时代特征。总的看来，青铜时代流行双翼铜镞，早期铁器时代流行三翼铜镞。约公元前1千纪后，游牧民族兴起，铜镞的类型更为繁多，中亚草原开始出现銎口一侧带倒刺的铜镞，并一度成为斯基泰式铜镞的突出特征。

铜刀

萨恩萨伊墓地出土铜刀的种类较多，有细叶状刀、环首铜刀、短刃小刀等。这些铜刀的柄刃分界不明显。

青铜时代早期人类就开始制作和使用铜刀。内陆欧亚早期铜刀的形态不一，可以分为西部和东部两个传统，这两个传统与内陆欧亚不同的文化区相对应。总体看来，西部传统体系的铜刀出现年代要比东部地区早。西亚地区的居民在公元前3千纪就学会了制作铜刀，并流行起来。西部传统体系的铜刀多体宽刃直，形体较大，类型简单。东部传统体系的铜刀公元前2千纪初出现，形体较小，类型复杂。公元前2千纪内，以东天山、河西走廊、河湟谷地为代表的内陆欧亚东部文化区中属于青铜时代的铜刀，大体分为环首刀、直柄刀两大类。公元前1千纪内进入早期铁时代，中亚北方草原地带开始流行兽首和其他首部、柄部装饰的铜刀，构成青铜刀的中亚北部草原体系。东部传统的铜刀又呈现出不同的区域特征。特别是东部天山地区的青铜刀，出现的时代早，发现的数量多，环首和直柄铜刀的类型多变，自成体系，并对河西和中国北方早期铜刀的出现与流行产生深远影响。总体来看，环首、柄部铸出长方形凹槽的铜刀特征突出，其流行于公元前2千纪的青铜时代，公元前1千纪的早期铁器时代基本消失。公元前1千纪初开始，游牧经济兴起后，直柄刀流行起来，用途广泛，形式多样。乌鲁木齐萨恩萨伊墓地及柴窝堡湖周边墓群、乌拉泊水库墓地等出土的铜刀属于东部天山铜刀体系。学术界对

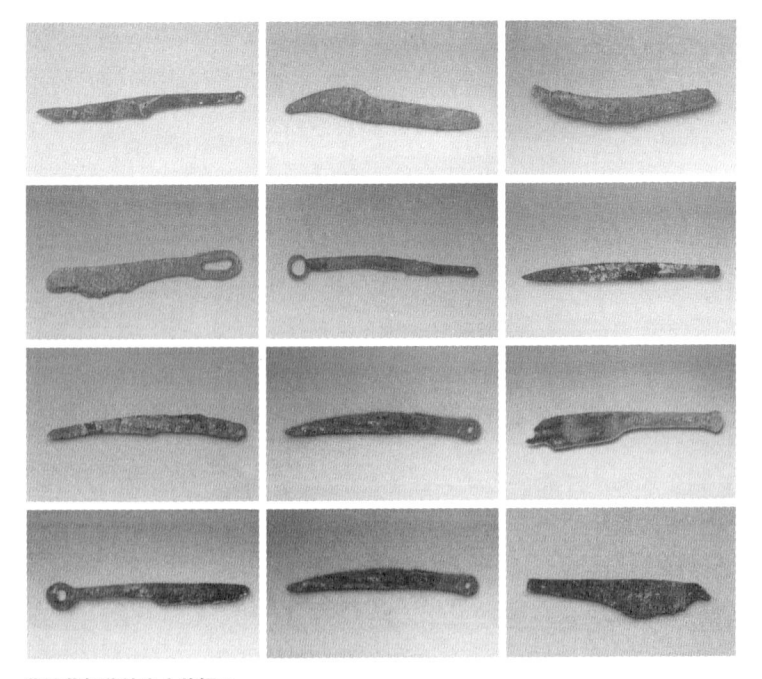

萨恩萨伊墓地出土的铜刀

萨恩萨伊墓地出土的铜骟刀

铜刀的类型和实用研究重视不够，如游牧经济出现后，出现了用来骟割牲畜睾丸的小的手术刀，即骟刀。骟刀一般刃部短，尖呈三角状，尖部锋利。萨恩萨伊墓地 M33 出土一件短刃铜骟刀，刃为等腰三角形，锐尖，方形短柄，柄部用薄木片相夹，外绕动物筋皮，通垂 4.8 厘米。[1] 这把骟刀与近代流行的骟刀形象接近，可能就是当地游牧民族使用的骟刀。

铜饰件

萨恩萨伊墓地还发现数件铜饰件，形态奇特。用圆柱曲成的蛇体状铜饰件，其头部有半球状装饰，似蛇头。这样的铜饰在新疆地区是首次发现。另外，还出土有青铜手镯，是用长扁

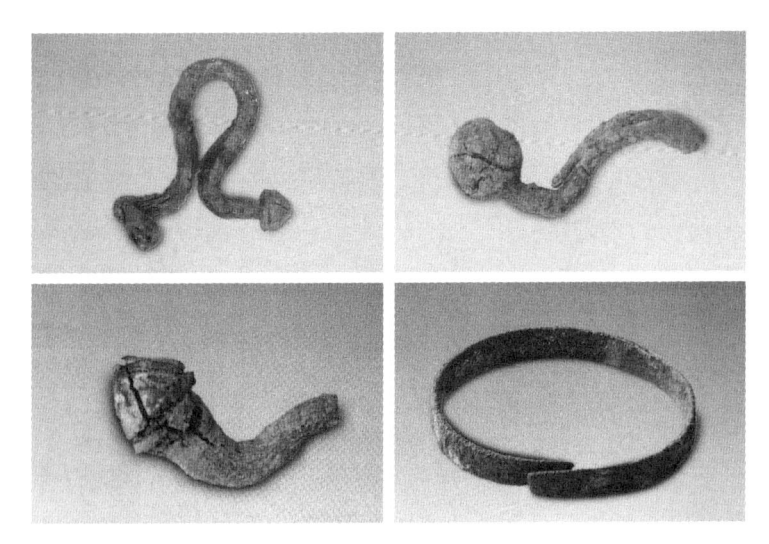

萨恩萨伊墓地出土的其他铜饰件

状的铜片曲成圆形。这样的铜手镯从青铜时代到早期铁器时代都比较流行。

注释

1. 新疆文物考古研究所编著:《新疆萨恩萨伊墓地》,文物出版社2013年版,第47页。

第四章 青铜时代东西方文化的交流与交融

乌鲁木齐萨恩萨伊墓地压印刻划纹陶器的出现，与安德罗诺沃文化联合体的成员在天山地区的活动有关。安德罗诺沃文化联合体由欧亚草原向南部绿洲地区的扩张，与印欧人群由北向南的迁徙活动有关。这一历史过程，至少要追溯到公元前的4千纪。印欧人群的东向迁徙，与东来的彩陶文化相汇，揭开了天山地区青铜时代东西方文化交流与交融的新篇章。

一 西来青铜文化向天山地区的传播

中亚北部草原青铜文化的繁荣

公元前4千纪后半叶开始至公元前3千纪，阿尔泰西南和东哈萨克斯坦草原一带，出现了较大规模的农耕聚落。聚落中的居民使用尖底和圜底的陶器，陶器器表装饰压印锯齿纹、阶梯纹和阶梯状篦纹。墓葬为竖穴土坑墓，死者采取仰身直肢葬式，头向东或东北，使用红铜，被称为鲍里什梅斯卡红铜时代。公元前3千纪，生活在米努辛斯克盆地的阿凡纳谢沃文化居民，也掌握了比较成熟的冶金技术。

公元前3千纪后半叶，南西伯利亚—阿尔泰山麓进入早期青铜时代。青铜时代生活在这一地区的是叶鲁尼诺（Elunino）人。叶鲁尼诺人使用的陶器为平底大口罐，陶器器表装饰压印水平线条纹或波浪纹、阶梯纹、篦梳纹或锯齿纹。青铜铸造技术和骨雕技术高超，发现有石范、石雕、权杖头、指挥棒和装饰品。牧业发达，主要饲养山羊、绵羊，其次为马、牛，人们随季节迁徙。墓葬中的死者流行侧身左屈肢葬式，头向东或东南。墓坑内常见火烤或撒赭石粉的现象。体质人类学的研究表明，这支人群来自地中海地区，他们属于印欧人，居民中的大半为25—30岁的男性，但有很多女性的头骨保留着明显的蒙古人种特征。当时的社会中存在着武士崇拜、战车、祭祀仪式以及显示对某些特殊人物关注的宗教信仰。[1]

公元前3千纪初开始，南起乌拉尔，向西延伸至摩尔多瓦，北至北高加索和伏尔加河中游的广大地区，分布的是竖穴墓文化（又称雅姆纳亚文化）。竖穴墓文化的人群，青铜冶铸技术高超，他们制作了很多青铜武器。竖穴墓文化又因时代和地域不同，有许多分支。[2] 竖穴墓文化人群中有比较熟悉开矿冶铜的"工程师"，他们在乌拉尔地区找到了许多露天铜矿，将冶金技术推向一个新的高度。他们冶铸短剑、战斧、凿、扁平的锛和四面体的铜锥，以及其他类型的青铜武器和工具。竖穴墓文化的人们赶着牛拉的双轮车或四轮车，四处开拓生存空间，传播青铜技术与文化。[3]

公元前3千纪末开始，在俄罗斯南乌拉尔山东部、哈萨克斯坦北部、车尔雅宾斯克以南，托博勒河与伊辛河之间南北长400公里、东西宽150公里—200公里的辽阔草原上，居住着一群古老居民，他们使用的陶器器类简单，大都是体型略显矮胖的折肩缸形器，陶器器身的上部压刻出繁杂的几何纹样，学术界将这一文化称为辛塔什塔文化。辛塔什塔人驾着轻型马车，他们把更早些的人们在马头加一对颊片的控马技术发扬光大，从而出现了马笼套的雏形。对于骑马，辛塔什塔人群已经驾轻就熟了。辛塔什塔人群沿着纵横交叉的山涧河谷，找到了一处处铜矿，他们在铜矿的附近选择易守难攻的地方，垒建防御性的城堡。城堡里一般能住下2000—3000人，城墙多用原木构架，

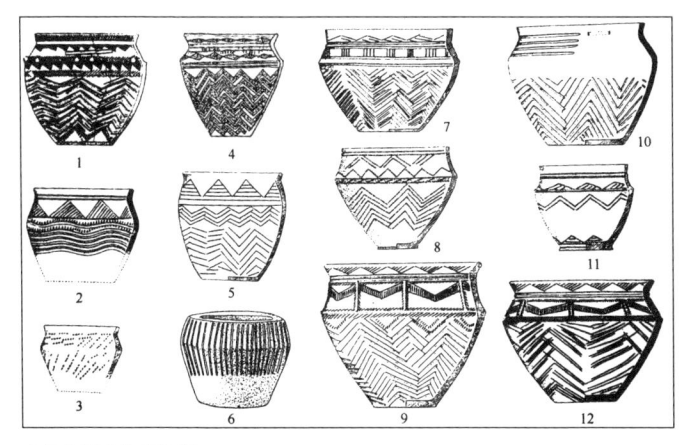

辛塔什塔文化的陶器

墙基砌以石板，外面涂一层膏泥。城镇居民住在面积数十平方米到 100 多平方米的房子里，那些超过 150 平方米的大房子中，有炼炉、炉灶，有的炉灶上残留金属工具。镇子里有宗教性的礼仪建筑，礼仪建筑呈柱式，并带有阶梯和壁龛，神坛前放一张桌子。住室附近有井和冶炼炉。广场是聚落的中心，是集体活动的地方。街道下挖埋排水的管道，墙外再挖一条防御的壕沟。城门两米多宽，轻型战车可以出入。沿乌拉尔山的东麓 150 公里—200 公里的范围内，在山谷河流交汇的地方，断续分布着 19 座这样的城堡，学者们称其为"城镇分布区"，城镇外，建有连续的瞭望台，可谓戒备森严。[4]

辛塔什塔人的冶铜与交通

乌拉尔地区资源最富集的卡尔加里铜矿周围，聚集着这样的城堡，城堡中居住着一部分贵族，其他居民多是手工匠人。城堡中的贵族们显然是冲着这些铜矿而来,他们开矿冶铜并进行青铜贸易,这是辛塔什塔人最重要的经济活动。辛塔什塔人建造双膛炉灶,用柴火做燃料,为了砍伐树木,他们制作了很多很多的铜斧。辛塔什塔冶铜工匠主要冶炼合金,特别是冶炼砷铜合金的技术极为高超。他们利用砷铜制作了一批具有很强杀伤力的武器,有剑、刀、镞、矛等。制作的用于祭礼和生产的工具,有铜权杖、铜手斧、锛、凿等。还有石铲、部分复合的弓、铜片缠绕的鞭子、打磨器和泥质的通风管,以及很多装饰品。城堡内和周边有氏族或部落的公共墓地,墓葬结构大小区分明显,可见当时的社会中已存在等级划分。大型墓葬的结构相当复杂,用大量原木层层叠垒,墓室上面加盖一个木构的顶。丧葬过程中伴随着庄重神圣的仪式。丧葬仪式中的一项重要活动,是用整匹的马来祭祀,将戴有面颊的马头放到祭坑里,祭坑旁边烧一堆火。考古学家发现有3匹马是直立着埋到祭坑里的奇特祭祀现象。有的墓葬里特地随

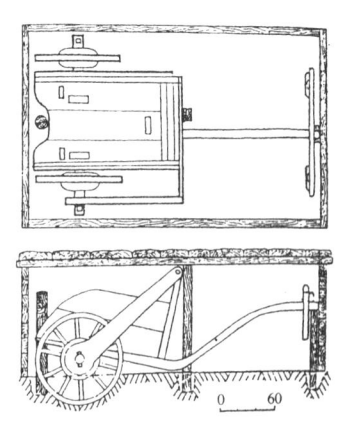

辛塔什塔文化的轻型马车

葬轻型战车，战车带辐条车轮的印迹被清晰地发掘出来。通过这些印迹，考古学家复制出一辆辛塔什塔轻型战车，战车的辕、轮、车厢一应俱全。辛塔什塔人乘坐的轻型战车，车体呈长方形，车辕套双马驾驶，车轮之间的距离是固定的。蒙古西北部的Khurgak-Govi遗址发现的阿凡纳谢沃文化的墓葬，年代约为公元前3000—前2500年。其中一墓葬中出土了一辆带轮的车，而此前只在墓地中发现镌刻在石头上的车的图形。[5]许多学者认为，辛塔什塔和阿凡纳谢沃文化人群是操原始印欧语，即操吐火罗语的族群。[6]

安德罗诺沃文化人群的生活

俄罗斯著名的考古学家库兹米娜认为，安德罗诺沃文化与印欧人关系最为密切。安德罗诺沃文化发展至公元前2千纪的上半叶步入鼎盛，人们在与周边文化频繁互动过程中逐渐扩张，形成了安德罗诺沃文化联合体。这一联合体"是紧密相连的文化动态系统，是在特定的区域内组成的持续不断的链或网络"[7]。安德罗诺沃文化扩张时期，中亚草原的气温回暖，降雨也没原来那么丰沛，生态环境发生了变化。沿着乌拉尔山麓，围绕着铜矿建造的那些城堡土崩瓦解。[8]安德罗诺沃联合体的成员四散开来，去寻找新的生存空间，在中亚大多数地区山麓河谷旁的阶地和冲积台地，留下了他们的居址和墓地。安德罗诺沃人建造的房子，墙基多用石头垒砌，房子与畜圈连在一起，人们的公共墓地在聚落的附近。他们的墓地规模一般不大，墓地墓葬不多，有的只有数座或十几座。从安德罗诺沃文化墓地发现的死者年龄情况统计来看，当时人的平均寿命只有30岁上下。

安德罗诺沃人牧养的畜群里，牛最为老实本分。畜群里只有牛几乎无草不吃，放养起来比羊要方便。随着人们对牛奶的依存度越来越高，乳制品加工业发展起来。安德罗诺沃人平常吃的肉食，一半以上是牛肉，其次是马肉，羊肉反而很少。安德罗诺沃文化人群在一个地方住不了多长时间。据考古学家统计，约二三十年的光景，牛、马、羊以及骆驼就会把聚落附近的草皮啃光，草场要恢复到原来的状态，需要更长时间，一般要等到半个世纪以后。在这样的情况下，安德罗诺沃人只能不断地舍弃家园，一拨接一拨地迁到更远的陌生地方。

注释

1. 李水城：《世界体系下的边际效应：中国西北与欧亚的族群迁徙与文化交互（Since 4th Millennium BC）》，中国考古网，2016年11月23日。

2. 郭物：《新疆史前晚期社会的考古学研究》，上海古籍出版社2012年版，第156—261页。

3. 邵会秋：《新疆史前时期文化格局的演进及其与周邻地区文化的关系》，吉林大学博士学位论文，2007年，第163—170页。

4. 杨建华：《辛塔什塔：欧亚草原早期城市化过程的终结》，载吉林大学边疆考古研究中心编：《边疆考古研究》第5辑，科学出版社2006年版，第216—225页。

5. 徐文堪：《略论古代西域的语言和文字》，载新疆吐鲁番学研究院编:《语言背后的历史——西域古典语言学高峰论坛论文集》,上海古籍出版社2012年版,第230页。

6. 邵会秋:《〈印度—伊朗人的起源〉评介》,载吉林大学边疆考古研究中心编:《边疆考古研究》第16辑,科学出版社2014年版,第366—375页。

7. 邵会秋:《新疆地区安德罗诺沃文化相关遗存分析》,载吉林大学边疆考古研究中心编:《边疆考古研究》第8辑,科学出版社2009年版,第81—97页。

8. 杨建华:《辛塔什塔:欧亚草原早期城市化过程的终结》,载吉林大学边疆考古研究中心编:《边疆考古研究》第5辑,第216—225页。

二　东西方文化的交流与交融

公元前 2 千纪初甚至更早的时候，自欧亚草原北部和西部东迁和南迁的人群的一支，来到天山地区，活动在乌鲁木齐山麓，他们掌握着冶铜技术，制作压印刻划纹陶器，墓葬的形制也很特殊。这支人群与安德罗诺沃文化联合体的扩张有关。学界多倾向于认为安德罗诺沃文化联合体属于印欧人群，是印欧人群在向天山、塔里木盆地迁徙过程中分出的一支。他们出现在乌鲁木齐天山脚下，与东来的彩陶文化人群相遇，东西方文化交流与交融，从而开创了新局面。

印欧语与印欧人问题的提出

首先是印欧语问题。英国人威廉·琼斯（William Jones）是第一位发现英语与印度土语拥有共同语言祖先的学者。琼斯于 1784 年到达印度，他是一位东方语言学家，精通波斯语、阿拉伯语和突厥语，著有《波斯语法》。琼斯到了印度以后很快发现多数印度人的语言，分别归属于印度不同地区的土语方言。他深入研究梵语文献，并于 1786 年公布他的研究结果："梵语语言尽管十分古老，但是其结构十分严谨：比希腊语更加完美，比拉丁语更加丰富，比上述两种语言更加精练，但是梵语与二者之间的关系十分密切，体现在动词词根及语法结构上，基本不存在巧合的可能性。这种相似性让任何一个语言学家都必须确信三者拥有共同祖先，否则几乎没法研究这三种语言。基于同样原因，但并不十分确定的是，哥特语和凯尔特语也与梵语拥有共同的语言学祖先。"威廉·琼斯揭示了印欧语系的基本语法结构及地理分布，可以说是他发现了印欧语系的存在。[1]

其次是印欧人的问题。说印欧语的人就是印欧人。最先将印欧语系的诸民族与"雅利安人种"联系起来的学者是麦克斯·缪勒。他认为印度人的语言是从梵语演变而来，印度人与欧洲人的知识水平相当，或者比欧洲人还聪明，他们与欧洲人应当属于同一个种族。印度人与欧洲人应该是"雅利安兄弟"。[2] 由于当时还处于殖民时代，印欧语与印欧人问题，动摇了纳粹学者鼓吹的纯种雅利安人优于其他种族的理论基础。印欧语与印欧人的起源，也因此成为关乎欧洲起源研究的重要学术问题。

马的驯养、马拉战车与印欧人

"印欧语"这个名词最初的内涵，主要包括梵语与希腊罗马人的语言两个概念。后来随着印欧语研究的深入，说印欧语的印欧人，其分布区域不断扩展，人群不断增加。考古学家和语言学家追踪印欧人的起源时发现，历史上取代亚述人在中东地区建立霸权的米坦尼人，可能还有赫梯人，是早期操印欧语言的民族。现代考古学的奠基者戈登·柴尔德认为，印欧人兼有野蛮和勇猛的特性，包括米坦尼人以及后来的赫梯人，他们在物质文化上的突出贡献，就是骑马与马拉战车，他们还垄断了铁质武器的制造技术。所有已经知道的早期印欧语系民族，虽然他们的居住地相距遥远，但他们使用的与马匹、马具、马拉战车有关的词汇基本相同，具有同根性。他们是公元前2千纪前后"战车革命"的缔造者。

19世纪中叶开始，众多的考古学家和历史学家沿着这条思路，将最初操印欧语言的民族，描述成驾驭马拉战车的武士，驯马和马拉战车因而成为探索印欧人起源的关键线索。[3] 目前，国际学术界比较一致的意见是，生活在哈萨克斯坦草原上的辛塔什塔人和安德罗诺沃人群，是白种的雅利安人，是原始的印欧人。库兹米娜认为，印度—伊朗人起源于欧亚草原地区而非近东地区，他们与草原地区的木椁墓和安德罗诺沃遗存相关，最主要是与安德罗诺沃人群相联系。[4]

从交通史角度讲，双轮马拉车的发明比蒸汽机车对"交通革命"所具有的意义还要重要。双轮马车，是人类第一次借用了机械和畜力，使得长途运载与批量的交换成为可能。此前，人类靠手提肩扛能运多少货物？能走多远？大概由于人口的急速增殖和生态环境等方面的压力，坐在马拉轻型战车上的原始印欧人群，沿着欧亚草原地带东西驰骋。他们东向扩展的态势尤其明显，并引发了类似多米诺骨牌的效应。公元前3千纪之内，印欧人群就进入阿尔泰山、天山、贺兰山、阴山等中亚北部巨大的山系，他们穿过流沙戈壁，分布到东亚蒙古人种族群世代居住的区域，进入中国北方的北部和西部边缘。

印欧人群南下的线路

20世纪初,英国人斯坦因、瑞典人斯文·赫定和贝格曼,在新疆罗布淖尔三角洲的孔雀河流域发现了以小河墓地为代表的史前时期的墓葬。1979年孔雀河古墓沟墓地的发掘、2002年开始的小河墓地的全面发掘,以及后来克里雅河北方墓地发掘和塔里木河中下游罗布淖尔三角洲区域的考古调查表明,公元前2千纪初或更早的时候开始,在河网密布的以孔雀河为中心的塔里木盆地东部区域,分布着奇特的小河文化。

从遗传人类学的研究看,小河人群虽然已经混血,但从一些个体的体貌特征以及深目高鼻的木雕人面像等看,欧罗巴人种特征明显突出。韩康信说:"古墓沟文化居民是迄今为止分布在欧亚大陆上时代最早、分布最东的古欧洲人类型的一支。"[5]至于欧罗巴人从欧亚草原西部迁入塔里木河流域的途径,林沄由他们墓葬中普遍随葬的草编篓可以寻找到些线索。公元前3千纪后半叶至公元前2千纪初,在东欧草原、黑海里海北部这一广大区域,分布着使用草篓形圜底陶器的竖穴墓文化;在南西伯利亚到萨彦—阿尔泰地区,分布着阿凡纳谢沃文化;阿凡纳谢沃文化以南地区,阿尔泰山南麓的额尔齐斯河流域,分布着使用草篓状陶器形的切木尔切克文化。[6]新的发现还表明,蒙古国的科布多省布尔干苏木、巴彦乌列盖省的乌兰呼斯苏木也有切木尔切克文化遗存的分布。[7]1998—2000年,在哈萨克斯坦接近中国边境的阿勒喀别克河盆地,发现了属于切木尔切克文化的墓葬。[8]韩康信认为,"古墓沟文化居民同南西伯利亚、哈萨克斯坦、伏尔加河下游草原和咸海沿岸的铜器时代居民，都具有一般相近的原始欧洲人种特征"[9]。体质人类学的研究表明，阿凡纳谢沃文化和切木尔切克文化的创造者，都是古欧罗巴类型的人群。阿凡纳谢沃文化、切木尔切克文化、小河文化中发现的草篓和草篓形陶器，与体质人类学的研究成果结合起来，让我们"大体上可以勾画出使用草篓和草篓形陶器的古欧罗巴人，从东欧到南乌拉尔，到南西伯利亚，向南从蒙古、俄国、中国三国兼有的阿尔泰山地经额尔齐斯河谷进入准噶尔盆地。更向南进入罗布泊地区，这样一幅历史图景"。在准噶尔盆地西北塔城和博尔塔拉河流域，分布着安德罗诺沃文化类型的遗存。生活在哈萨克斯坦草原的安德罗诺沃人群，可能就是沿着额敏河进入了这一地区。在伊犁河上游支流喀什河、巩乃斯河、特克斯河流域，不断地发现安德罗诺沃文化类型的墓地和遗址，这支人群则可能是沿着伊犁河进入天山地区的。[10]

乌鲁木齐山麓地带的萨恩萨伊墓地所发现的安德罗诺沃文化类型的遗存，是安德罗诺沃文化共同体人群在这一区域活动留下的足迹。萨恩萨伊墓地的安德罗诺沃人群，可能是从伊犁河上游支流迁移南下，来到了这里。

印欧人南下的背景

据研究，一万年前的全新世，全球气候总的来说比较温和，自然生态条件优越，这一阶段被称为"气候最适度时期或热带雨林时期"。欧亚大陆西侧的西亚近东和东方的黄河、长江流域，人类在经历了漫长的旧石器时代之后，几乎同时迎来了"新石器革命"。全新世后期,地球开始变冷,降雨减少,雪线下移,寒冷期造成了沙漠的延伸。公元前2200年的美索不达米亚中部地区出现了严重的干旱,土地利用条件恶化,苏美尔—阿卡德王国走向崩溃。印度河流域和埃及尼罗河流域出现了同样的危机。干冷的气候条件,在中欧和中国黄河流域引发了降水的突然增加,形成水患。中欧等地出现海侵现象,中国则有"大禹治水"的传说。4200年前开始的气候异常,使得一些地方洪水滔天,一些地方则赤地千里。世界性的气候变化和生态条件的恶化,使得盛极一时的文化体系崩溃,人类面临着大规模群体的新的生存选择,因此引发了世界性的人群大迁徙。雅利安人群离开故地,开疆拓土,在中亚东、西部草原往来迁徙,并进入天山山脉和塔里木盆地,与当地的土著交错共居,开始了天山地区新的历史篇章,可能和这些气候事件有关。[11]

东西文化交流与交融的新局面

使用压印刻划纹陶器系统的人群,虽然被贴上"印欧人群"的标签,但实际上他们更多的仍是欧亚东西方人种谱系的混血人群。从青铜时代或者更远的石器时代开始,在中亚地区活动的人群中,所谓纯而又纯的西方欧罗巴人种集团和纯而又纯的东方蒙古人种集团都极为罕见。压印刻划纹陶器系统的组合极为简单,主要有两类,一类是最初流行的尖圆底橄榄形器,另一类是后来才流行起来的平底缸形器。这两类器物在天山地区零星出土,点状分布。乌鲁木齐萨恩萨伊墓地特征明显的平底缸形器不过数件,出土这类器物的墓葬不过数座。相反,几乎同时甚至更早,东来的彩陶文化向天山地区的传播规模更大,其器类极为复杂,文化内涵相当丰富,远非压印刻划纹陶器所能比拟。彩陶文化自东向西的传播犹如长河漫灌,流布天山,从而奠定了天山史前文化的底色。西渐的彩陶文化遗存,是早期中国文化版图向西域拓展的实物见证。[12] 不同渊源的两类陶器系统相遇天山,在乌鲁木齐南山相汇交融,交流与交融的结果,是一组器表独特的尖圆或圜底的球形彩陶器的出现。这种尖、圜底的球形器,器物形态保留着压印刻划纹陶器传播的印记,而器表装饰风格则无疑是东来的彩陶文化传统。从这组陶器上,可以看出彩陶文化对压印刻划纹陶器艺术的包融和涵化。关于此,我们在后面介绍天山彩陶遗存时,还要提到。

注释

1. 刘欣如:《从雅利安人到欧亚游牧民族:探索印欧语系的起源》,《历史研究》2011年第6期。

2. 同上。

3. 同上。

4. 邵会秋:《〈印度—伊朗人的起源〉评介》,载吉林大学边疆考古研究中心编:《边疆考古研究》第16辑,科学出版社2014年版,第365—377页。

5. 韩康信:《新疆古代居民种族人类学研究》,载韩康信:《丝绸之路古代居民种族人类学研究》,新疆人民出版社1993年版,第1—32页。

6. 林沄:《关于新疆北部切木尔切克类型遗存的几个问题——从布尔津县出土的陶器说起》,载《庆祝何炳棣先生九十华诞论文集》编辑委员会编:《庆祝何炳棣先生九十华诞论文集》,三秦出版社2008年版,第717—733页。

7. А. А. 科瓦廖夫:《蒙古青铜时代文化的新发现》,载吉林大学边疆考古研究中心编:《边疆考古研究》第8辑,科学出版社2009年版,第216—225页。

8. А. А. 科瓦廖夫:《公元前第三千纪早期切木尔切克人从法兰西向阿尔泰的大迁徙》,贺婧婧译,《吐鲁番学研究》2015年第1期。

9. 韩康信:《新疆孔雀河古墓沟墓地人骨研究》,《考古学报》1986年第3期。

10. 林沄:《丝路开通以前新疆的交通路线》,《草原文物》2011年第1期。

11. 许靖华:《太阳、气候、饥荒与民族大迁徙》,《中国科学》1998年第4期。

12. 刘学堂、李文瑛:《文化上"早期中国"版图向新疆天山地区的动态拓展》,待刊。

第五章 吐火罗语与吐火罗人问题辨析

公元前2千纪的青铜时代，乌鲁木齐地区使用压印刻划纹系统陶器的人群的出现与天山南北压印刻划纹陶器系统出现的背景一样，学界倾向于认为其与更早的时候从北部草原地区到天山的原始印欧人群的迁徙活动有关。这支原始的印欧人群，国内外许多学者将其比定为操吐火罗语的吐火罗人，这是一个需要辨析的问题。

一 吐火罗语问题的来龙去脉

吐火罗语问题的提出

要辨析吐火罗语与吐火罗人问题,需要先梳理这一问题的来龙去脉。

据语言学家的研究,世界上所有的人类语言可能都起源于非洲。[1] 公元前 2 千纪甚至更早,活跃在天山地区、表现出浓郁的原始印欧人体貌和文化传统的人群操何种语言?研究表明,他们与吐火罗语和吐火罗人有关。吐火罗语和吐火罗人问题百年以来,一直在国际学术界争论不休。

19 世纪末到 20 世纪初,德、法、英、俄、日等国的探险家们在塔里木盆地发现大量用北印度婆罗迷字母书写的一种未知语言文献的写本。1890 年,英国军官包沃尔(Bower)在库车从当地农民手中购买到一些桦树皮写本,经研究属于 4 世纪的古梵文。1892 年,俄国驻喀什领事彼特罗夫斯基买了一件用梵语学者熟悉的婆罗迷字母书写的文书,俄国人奥登堡在《帝俄考古学会会刊》上刊布了这件文书的照片。这件文书的语言肯定不是梵语,但对它的语言性质的界定,一时难住了当时的语言学家。学者们暂时称其为不知名语言 I 和 II。后来学者们明白了不知名语言 II 是一种塞语,因这种文献主要发现于和田地区,故有学者常称其为和田塞语。[2]

至于不知名语言 I,19 世纪初以来,一些外国学者把它误读为喀什噶尔语,后又称北雅利安语,认为它是一种印欧语,但不是东方的伊兰语,属于像日耳曼、意大利语一样的 Centum 语组。1907 年,德国人缪勒(F. W. K. Müller)发表了《对确定新疆一种不知名语言的贡献》的短文,短文中他根据古回鹘文《弥勒会见记》上的一则题记,找到了破解这件用婆罗迷字母书写的语言的重要线索。《弥勒会见记》的题记译成汉语的大意是:生于那竭(Nagaradesa)的尊师阿阇犁师圣月(Aryacandra),从印度语编译为 Toxri 语,生于 H-baliq 的尊师阿阇犁智护(Prajnaraksita),又从 Toxri 语译为突厥语的圣书《弥勒会见记》(*Mautreyasamiti*)。回鹘文《弥勒会见记》的母本在新疆也发现了,学者们据而断定这种语言就是 Toxri 语。缪勒将 Toxri 对译成了汉语的"吐火罗"。接下来的决定性工作由塞格和塞格林完成。1908 年,德国人塞格和塞格林发表了著名的论文《吐火罗语为印度—斯基泰语——对一种前所不知的印欧语的初步考释》,文章令人信服地论证了这种语言的印欧语性质,并且说明这种位于世界最东面的印欧语属于 Centum 语组,且分为甲、乙两个方言。Toxri 语为吐火罗语,是回鹘语对"吐火罗语"一词的翻译。两位学者把吐火罗语当成印度—斯基泰语显然是一种错解,但他们对吐火罗语研究做出了巨大贡献。[3]

西方学者对新疆所出外文文献的研究,很快引起了中国学者的关注。王国维在其名文《最近二三十年中中国新发见之学问》中说："及光绪之季,英法德俄四国探险队入新疆,所得外族文字写本尤夥。其中除梵文、佉卢文、回鹘文外,更有三种不可识之文字。旋发见其一种为粟特语。而他二种,则西人假名之曰第一言语、第二言语。后亦渐知为吐火罗语及东伊兰语。……吐火罗即玄奘之覩货逻。其东伊兰语,则其所谓葱岭以东诸国语也。"[4]

曾被西方语言学家称为不知名的语言 I,被认定为"吐火罗语",继而引发了围绕着吐火罗语和讲吐火罗语的吐火罗人问题的世纪讨论。伊朗著名语言学家亨宁对早期的讨论有过总结性的归纳,他说这些吐火罗语使用的时间是在公元 500—800 年间,公元 800 年后吐火罗人"悄然地消失在历史的图景中,甚至没有人注意到他们的离去"[5]。实际上,它们的到来,是更为诱人的学术话题。

Toxri 指的是吐火罗

吐火罗语文书被发现和确认的时候,吐火罗人从概念上讲,早就是个已知数。古希腊人的文献曾经记载过他们,说他们生活在阿富汗的巴克特利亚地区,即今天阿富汗北部的马扎里沙里夫周边。

吐火罗人居住在乌浒水(今阿姆河)流域内的大夏国。古代希腊地理学家和中国的汉文史料,也都曾反复使用像"吐火罗"、"覩货罗"及"吐火罗斯坦"这样的词汇,但它们所指的地区多离不开巴克特利亚(Bactria,今阿富汗东部),而不是吐火罗语文献发现地——新疆天山地区。就是说,操吐火罗语的居民的一支，5世纪到8世纪间，曾经生活在中国西域天山一带，中国境外的中亚其他地区没有发现过吐火罗语材料。第二次世界大战后，法国考古队在大月氏贵霜王朝统治中心之一的Surkhkotat，发现了迦腻色迦王的碑铭，铭文用希腊字母拼写的前所未知的大夏—吐火罗语写成，其属伊朗语的一支。对照《大唐西域记》卷一中关于"覩货逻国"的记载，学术界认定这个碑上刻的才是真正的吐火罗语。这一发现，导致许多人排除了Toxri语是吐火罗语的可能性，此后很长一段时间，人们似乎不太关注Toxri语问题了。

1980年，苏联学者吐古舍娃又发现了回鹘文译本《玄奘传》中的玄机。该书是从汉语译为突厥语的，书里译到唐玄奘自印度经塔里木盆地南缘回国时，途经覩货逻故国，回鹘人用Toxri这个词来对译覩货逻。这一发现表明，中古时期的回鹘人确实知道Toxri这个词指称的就是覩货逻。1985年，黄盛璋考证了那位将《弥勒会见记》译为Toxri语的圣月菩萨，指出圣月菩萨出生的那个叫那竭（Nagaradesa）的地方，就是焉耆，圣月是焉耆人。并推断Toxri语虽分别被称为焉耆语和龟兹语，但实为一种语言，说这种语言的人是当地的龙族龙姓人。这些龙姓人原住在河西一带，即中国文献中经常提到的月氏，Toxri就是月氏。所以他建议把这种语言称为月氏语，月氏人西迁来到焉耆—龟兹一带并住了下来，把Toxri语带到了这里。[6]

吐火罗语在印欧语中的地位

一个多世纪以来，吐火罗语文献在新疆地区不断发现，吸引了国内外许多学者的目光。[7]到目前为止，收藏在各国的吐火罗语文书，数量已过万。[8]可见历史上吐火罗语应用之广泛。但是，Toxri语究竟属于什么语？如果它确属印欧语系，又在印欧语中处于什么样的地位？这成为印欧比较语言学界研究的焦点问题之一。

1984年，道格拉斯·Q.亚当斯（D. Q. Adams）曾对吐火罗语与其他印欧语之间关系的研究成果做了一番总结，并提出了自己的看法。他认为吐火罗语属原始印欧语的西北语组，与日耳曼语关系最为接近，与波罗的语和拉丁语也有较为密切的关系，同时与印欧语的其他支系间保持着程度不同的关系。就是说，公元5—8世纪，居住在塔里木盆地北缘一线，包括焉耆、龟兹、楼兰甚至高昌等地的土著居民，他们所居的地方为印欧语系东方语支（Satem）的分布区，他们所说的吐火罗语，确与印欧语系西方语支（Centum）关系更亲密，列为原始印欧语的西北语组。这给比较语言学界提出了一个令人费解的难题。

道格拉斯·Q.亚当斯进一步推论，吐火罗语是一种古老的印欧语，它脱离印欧语共同体的时间相当早；相关研究还发现，吐火罗语与公元前1650—前1190年赫梯王国（今土耳其南部的安纳托里亚）流行的印欧古语关系密切。将这些语言现象联系起来考察，发现吐火罗人可能是最古老的印欧人部落之一，早在印欧语系东、西支分化以前，他们就从原始印欧人部落中分离出来了；操这种语言的部族到达我国西北以前，曾有过长途远徙的历史，在迁徙的过程中，他们不断与其他印欧语和非印欧语系的语言接触，混入许多外来借词，使得吐火罗语变得越来越复杂、丰富，但吐火罗语具有的原始性态特征并未根本改变。

近年出版的美国人芮乐伟·韩森著的《丝绸之路新史》认为:"相较于伊朗诸语言或者梵语一系的诸语言,两种吐火罗语却与德语、希腊语、拉丁语和凯尔特语更接近。"他同意亚当斯的谨慎的判断,"也许在公元前 3000 年到前 2000 年之间,之后会发展为吐火罗语 A 和吐火罗语 B 的原始吐火罗语从原始印欧语中分离出去了,当时操原始日耳曼语和原始希腊语的人也正在从原始印欧人中分离出去",同时他更谨慎地认为,"我们对于古代迁徙实在知之甚少,用语言证据来重构迁徙危险重重,我们无法指明古代吐火罗语使用者在进入塔里木盆地之前的所在地。也许在中亚曾出现过跟吐火罗语很相近的语言,但没有材料留下来"。[9]

吐火罗语是汉唐时代西域吐鲁番、焉耆、龟兹,当然也包括乌鲁木齐所在天山山麓区域居民所使用的语言。吐火罗语从原始印欧语中分离出来,已经有 3000 多年的历史了,然而,它依旧保存有原始印欧语的一些语素。另外,传播过程中,吐火罗语自然地受到伊朗语的影响,或者还可以找到非印欧语的语素,比如它与黏着语系的突厥人表现出密切的联系。5—8 世纪,包括乌鲁木齐在内,吐鲁番、焉耆和龟兹一带的天山地区,那些说着"吐火罗语"的居民的文化和风俗,我们知之不多,只是略知这些被称为"吐火罗人"的人在接受佛教之前,崇拜过火。汉唐时,他们的文化曾发展到很高的水平,并信奉小乘佛教的一切有部。9—10 世纪,当回鹘(古代维吾尔)人迁居新疆塔里木盆地后,又逐渐融入其中。[10] 所以,维吾尔语中存在有吐火罗语的借词。

注释

1. 徐文堪:《略论古代西域的语言和文字》,载新疆吐鲁番学研究院编:《语言背后的历史——西域古典语言学高峰论坛论文集》,上海古籍出版社2012年版,第230页。

2. 耿世民:《新疆历史与文化概论》,中央民族大学出版社2006年版,第188页。

3. 同上书,第189页。

4. 王国维:《最近二三十年中中国新发见之学问》,载《王国维遗书》,上海古籍书店1983年版,第207—211页。

5. W. B. 亨宁:《历史上最初的印欧人》,徐文堪译,《西北民族研究》1992年第2期。

6. 黄盛璋:《试论所谓"吐火罗语"及其有关的历史地理和民族问题》,载《西域史论丛》第2辑,新疆人民出版社1985年版,第228—268页。

7. 伊斯拉菲尔·玉素甫、安尼瓦尔·哈斯木:《吐火罗语及其研究情况》,载《龟兹学研究》第3辑,新疆大学出版社2008年版,第153—200页。

8. 徐文堪:《吐火罗人起源研究》,商务印书馆2018年版,第I页。

9. 芮乐伟·韩森:《丝绸之路新史》,张湛译,北京联合出版公司2015年版,第92页。

10. 耿世民:《古代车师—焉耆、龟兹语——"吐火罗语"的发现与研究》,《吐鲁番学研究》010年第1期。

二 西方学者论印欧人的起源与迁徙

吐火罗语保留着印欧语系最为原始的特征，是印欧语的化石。由印欧语派生的印欧人问题，特别是印欧人的起源、印欧人的故乡问题，成为欧亚学术界争议的焦点。国际学术界达成的基本共识之一，是把吐火罗人和原始印欧人的起源当成同一问题看待。

印欧人是印欧语系诸民族的总称。关于印欧人的起源，学术界提出过多种假说，大体分为亚洲起源说和欧洲起源说，早期以亚洲起源说为主，后期以欧洲起源说为主。[1] 目前学术界争论的焦点，集中在印欧语系的具体起源地。主要有四种观点：一为波罗的海—黑海起源说，二为欧洲—巴尔干起源说，三为小亚细亚起源说，四为黑海里海起源说。[2] 王欣说，这一问题"相继使得包括考古学、历史学、人类学、文学、哲学、社会学、宗教学等在内的几乎所有的门类的人文和社会学科参与其间，当代冶金学、纺织学、分子学和遗传学等自然科学的手段和方法也成为探索这一问题的前沿性趋势"[3]。徐文堪也指出："如今，语言学、考古学、历史学、体质人类学和分子生物学研究正在帮助我们建立起一个人类远古历史的多维图像，只有借助于跨学科研究，才能最终揭开吐火罗问题这个千古疑谜的谜底。"[4]

印欧人的故乡之争

苏联语言学家 T. V. Gamkrelidze 和 V. V. Ivanov 出版了一本巨著《印欧语与印欧人》，全面讨论了印欧人的语言与文化，这本书末，仅引证的书目就罗列了 142 页，足见其问题的复杂性。

按照《印欧语与印欧人》的观点，原始印欧人在公元前 5000 年到前 4000 年间，生活在近东的安纳托里亚、南高加索和美索不达米亚，可能与哈拉夫文化有关。1987 年，英国著名考古学家科林·伦福儒出版了《考古与语言》，提出农业的逐步扩展是印欧语扩散的最基础途径，时间在公元前 7000 年以前。印欧人从约旦河谷穿过东安纳托里亚到达美索不达米亚这个弧形地带，正是由于农业的发展和人口的增长，使印欧语得以快速传播并同化了其他狩猎和采集者的语言。1989 年，语言学家和考古学家马劳瑞提出南西伯利亚起源的假说，他推测吐火罗人的祖先很可能是阿凡纳谢沃文化人群。道格拉斯·Q. 亚当斯通过缜密的研究，将吐火罗语归之于原始印欧语的西北语组。该语组的分布范围原在喀尔巴阡山以北、易北河和德聂斯特河之间。亚当斯推测可能在公元前第 3 千纪上半期，吐火罗人从操西北语组的人群中脱离出来，继而向南、向东迁徙，与操原始印欧语其他语组的人群开始接触，随后继续东迁，穿过黑海大草原和中亚大草原，与一些操前印度语的人群发生了短暂联系，并最终在公元前 2000 年前后出现在西域历史的舞台。美国学者金布塔斯用库尔干理论，来解读印欧人起源问题，也触及吐火罗人问题。她提出吐火罗人可能起源于中欧。[5]

古巴比伦的印欧人

1967年去世的亨宁是德国著名的伊朗学学者，他的遗作《历史上最初的印欧人》一文于1978年发表。这篇文章重点讨论了最初的印欧人对古巴比伦的统治。

亨宁提出，"比较语言学家已经断定，尽管出现较晚，吐火罗语相对来说是印欧语的较古老的形式。这意味着说这个语族语言的人从其印欧弟兄中分离出来也是在比较早的时候。他们开始迁移相当早，出现在巴比伦影响的范围之内也相当早。无论如何，要比印度—伊朗人早，印度—伊朗人说的语言是印欧语高度发展的一种形式，所以是比较晚的。一些印度—伊朗人在分成伊朗人和印度—雅利安人之后出现于美索不达米亚，这大约在公元前1500年，我们可以据此推断原吐火罗人出现在大约公元前2000年甚至更早"[6]。亨宁总结说：第一，吐火罗语和印欧其他语相比是独立的语言系统，说吐火罗语的人一点都不比操印欧语其他支系的人少，原吐火罗人是一个人口众多的民族，并拥有不同的方言；第二，吐火罗语和世界其他文明要素一样，它的起源只能在近东寻找；第三，吐火罗语形成的时间比其他印欧语要早，是印欧语的古老形式。

谁最符合这三个条件呢？亨宁的答案是古提人。古提人是两河流域出现过的游牧人群，他们突然出现在统治古巴比伦的阿卡德王朝的末期，亦即古巴比伦历史上最伟大的统治者之一纳拉姆辛在位之时。古提人从波斯西部的山地突袭巴比伦，推翻了处于权力高峰的纳拉姆辛政权，终结了纳拉姆辛的统治。关于早期巴比伦历史的编年一向比较模糊，"今天一致的意见是集中在将 Guti（古提）人的统治时间置于公元前 2100 年"，可见这一时期古提人的势力相当强盛。[7]

古提人东迁的假说

对于这样一支所向披靡的人群，即使在巴比伦历史记载甚详的楔形文书中以及在后来亚述帝国的图书馆里，都很难找到关于他们在古巴比伦活动的准确的历史档案，据说仅在相当早的文献中孤立地提到过。所以，关于古提人的记载，有些像中原的人文始祖大禹那样，近乎神话。

比较可靠的文献中讲到古提人时，多认为他们是游牧民族，以游牧的侵略方式进行扩张。他们统治巴比伦的事迹也很模糊，笼统地说有 120 多年。古提人的最后一个国王 Tirigan 被乌鲁克（Uruk）国王杀死。乌鲁克国王这样描述古提人，说他们是山上的凶徒，神的敌人，他们夺取了苏美尔的王位，移到山地，他们使苏美尔充满不幸。

亨宁描绘了古提人东迁的路线图：公元前 3 千纪末古提人离开波斯迁到了亚洲腹地，占领了大片土地，包括中国新疆的大部分和甘肃到黄河以西的一部分。他们中的一些部族定居了下来，其他的仍坚持其游牧生活。游牧的古提人再往东，建立了一个以甘肃西部为中心的强大帝国。他们在汉人的注视之下来到这里。汉人言及他们时用其旧族名，即用 Guti 称呼他们。这个名称在公元前 200 年不久被两个汉字固定下来,这两个字在现代汉语中的发音有如 yūe-chih(月氏),……Guti 和月氏是完全等同的。

据中国文献,古代月氏居住在敦煌、祁连间。月氏在公元前 2 世纪上半叶,被正在兴起的强大的匈奴所推翻。他们的最后一个王被杀,但因部族主要部分仍是游牧和机动的,所以他们就离开故土,寻求新的牧地。然而,他们留下了几个已在甘肃南缘的山里定居的小的群落。汉人把那些离去的部分叫作"大月氏",称留下的为"小月氏"。当大月氏离去时,他们的大体方向是朝着波斯。有学者认为他们是按原路返回。也许他们还保留着一种模糊的记忆:在遥远的西方有一块乐土,他们的祖先就是来自那里的。但是,时过境迁,重新开始的迁移并未远达波斯。约三四十年后,他们来到并停留在巴克特利亚,即今阿富汗的北部。大月氏在这里建立了一个新的帝国。迁居到巴克特利亚的这支人群,汉人继续称他们为月氏——更准确地说是大月氏,他们的新邻人则使用一个完全不同的名称 Toxar,亦即"吐火罗"来称呼他们。印度人、波斯人、粟特人、希腊人等都用这个新的名字称呼月氏,巴克特利亚本身也被叫作吐火罗斯坦(Toxari-stan),即"吐火罗人之地"。似乎这个民族在迁徙的途中改变了名称,他们把月氏之名留在中国,到了巴克特利亚就又被改回旧称"吐火罗"了。进一步的研究还显示,月氏人在甘肃老家时早就使用过这个看来是新的名字了,留下的"小月氏"也被称为Toxari(Tuxari)。[8]

亨宁对古提人从古巴比伦出发迁往东方的线路,做了近乎完美的描述,但尚未取得东方文献及考古学上的支撑与证实,他叙述的故事虽然无比美妙，但现在还只能算是一个假说。

印度—伊朗人与吐火罗人

库兹米娜在《印度—伊朗人的起源》一书中认为，印度—伊朗人是印欧人的一支，这支人群不是来源于近东灌溉农业文化区，而是源自欧亚草原地带的畜牧文化区。公元前2千纪的安德罗诺沃人群和木椁墓人群与印度—伊朗人有密切关系，其中安德罗诺沃人群最有可能是印度—伊朗人。印度—伊朗人随着安德罗诺沃和木椁墓人群的迁徙和扩张，到达中亚南部地区，后来发生了分化，其中一支进入南亚次大陆，成为印度的雅利安人，另外一支到达伊朗高原，成为伊朗人。他们分化的时间大概在公元前2千纪末。为了说明这一观点，库兹米娜综合分析了大量的考古学证据，还参证了古代波斯琐罗亚斯德教的《阿维斯塔》和印度的《吠陀》。她举出马和马车的传播、发达的畜牧经济、相似的冶金产品和陶器等例子为证，认为它们在《阿维斯塔》和《吠陀》中有相同的词源。[9]多数学者认为《阿维斯塔》是先知在伊朗东部地区传教时所作，时代在公元前1千纪初，但《阿维斯塔》中的赞歌在当地源流久远，可溯至公元前2千纪。《阿维斯塔》的传说中提到伊朗部族的起源，说有一名叫特雷桃那的英雄，有三个儿子，一个叫沙夷利马，他是撒尔马特人的祖先，住在俄罗斯南部的顿河、伏尔加河和乌拉尔河两岸地带。另一个叫屠喇，他的后裔是快马图尔人，居住在更靠东的地方，占据了中亚细亚广大草原。另一个叫伊拉吉，他创造了伊朗，"伊朗"即来自这个名字。[10]库兹米娜的观点，在学术界产生了比较大的影响。《阿维斯塔》的三英雄传说，似乎与安德罗诺沃共同体对古巴比伦文明、印度文明及天山文明的深刻影响有关。

泛吐火罗主义的兴起

美国学者 J. 马洛瑞和 V. 梅维恒合著的《塔里木古尸——古代中国和最早的西来者的秘密》一书的出版，引起了欧美学术界的关注和反响。

该书把发现于东部天山地区，多出土于塔里木盆地、罗布淖尔三角洲、吐鲁番盆地、哈密盆地干燥沙漠中的古代人类干尸，与吐火罗人挂起钩来。英国著名的考古学家科林·伦福儒专文推介这本书，使这本书在西方学术界的影响不断扩大。梅维恒根据宾夕法尼亚大学一位专门研究古代织物的考古学家艾琳·古德对陈列于哈密博物馆的五堡墓地出土干尸身上的彩色方格纹毛织物的研究，认为相同风格的方格纹彩色毛织物，曾在奥地利的哈尔施塔特遗址出土过。哈尔施塔特是凯尔特人（Celts）的领地，而凯尔特人被认为与原始吐火罗人有关。艾琳·古德分析了五堡墓地出土的毛织物残片，认为这类具哈尔施塔特风格的彩色毛织物是典型的北欧织法，类似的织物在巴泽雷克墓群发现过。[11]

Elizabeth Wayland Barber 则对新疆境内出土的早期印欧人干尸身上的毛织物及服饰做了研究，其所著《乌鲁木齐的干尸》一书，着重从纺织学的角度论证了中亚东部青铜和早期铁器时代的织物并不是孤立的存在，它们的工艺传统从西和西北方向向欧洲、从西和西南方向向环黑海地区延伸、传播，从而更为准确地揭示了新疆早期印欧人群文化与欧亚大陆西部某些考古学文化之间的联系。书中还讨论了吐火罗人和吐火罗语的起源、迁徙与在东方的影响。[12]

国外学者的这些研究，虽然拓宽了塔里木盆地史前文化渊流研究的视野，但存在着泛吐火罗化倾向，特别是在新疆史前考古学研究尚未深入，尤其区域文化遗存性质的判断，包括分期、文化源流的研究尚未充分展开或者存在很多争论的前提下，仅从一些干尸的外貌特征、衣服残片的织法与纹样，以及技法特点出发，简单地将其打上吐火罗人的印记，说服力自然不够充分。

注释

1. 陈有锵：《印度欧罗巴人的起源和扩展》，《上海师范大学学报》1985年第1期。

2. 徐文堪：《关于吐火罗语和吐火罗人的起源问题》，载黄盛璋主编：《亚洲文明》第三集，安徽教育出版社1995年版，第76—93页；程景楠：《吐火罗人起源与迁徙的考古学考察》，载地木拉提·奥迈尔主编：《新疆民族学人类学田野研究》第2辑，民族出版社2016年版，第287—342页。

3. 王欣：《印欧人的起源与吐火罗人的迁徙：学术史的回顾与方法论的思考》，载马明达、纪宗安主编：《暨南史学》第8辑，广西师范大学出版社2013年版，第27—41页。

4. 徐文堪：《吐火罗人起源研究》，商务印书馆2018年版，第VI页。

5. 关于印欧人起源与迁徙问题的综论，可参阅程景楠：《吐火罗人起源与迁徙的考古学考察》，载地木拉提·奥迈尔主编：《新疆民族学人类学田野研究》第 2 辑，第 287—342 页。

6. W. B. 亨宁：《历史上最初的印欧人》，徐文堪译，《西北民族研究》1992 年第 2 期；又见徐文堪：《吐火罗人起源研究》，商务印书馆 2018 年版，第 305 页。

7. W. B. 亨宁：《历史上最初的印欧人》，徐文堪译，《西北民族研究》1992 年第 2 期；又见徐文堪：《吐火罗人起源研究》，商务印书馆 2018 年版，第 307 页。

8. 同上。

9. 邵会秋：《关于草原考古的几个问题——从库兹米娜〈印度—伊朗人的起源〉一书谈起》，《西域研究》2012 年第 4 期。

10. 爱莱那·E. 库孜弥娜：《青铜时代的中亚草原：安德罗诺沃文化》，刘文锁译，《新疆文物》1996 年第 2 期。

11. J. P. Mallory, Victor H. Mair, The Tarim Mummies-Ancient China and the Mystery of the Earliest Peoples from the West, Thames & Hudson, 2000；维克托·H. 梅：《塔里木盆地的干尸》，俞为洁译，《新疆文物》1997 年第 4 期。

12. Elizabeth Wayland Barber, The Mummies of Ürümchi, W. W. Norton & Company, London, 2007，转引自王欣：《印欧人的起源与吐火罗人的迁徙：学术史的回顾与方法论的思考》，载《暨南史学》第 8 辑，第 27—41 页。

三　中国学者论印欧人的起源与迁徙

张骞、玄奘和王国维

将印欧人问题与吐火罗问题联系在一起，中国学者对这一问题的探索可以追溯至汉代的张骞，经唐玄奘至清末民初的王国维，逐渐有了相对完整的认识。

公元前 2 世纪，在今天的阿富汗北部一带，有从北方草原迁居到这里的游牧人群，希腊地理学家斯特拉波记述说，这群人自称为"吐火罗"。不久，张骞出使西域来到这里，将其地翻译成了"大夏"。张骞说大夏"在大宛西南二千余里妫水（阿姆河）南"。中国先秦文献中，大夏地名屡见于史册。《左传·昭公元年》有"迁实沈于大夏"，《管子·封禅篇》记桓公"西伐大夏，涉流沙"，《吕氏春秋·本味篇》载"和之美者……大夏之盐"，《史记·秦始皇本纪》记"禹凿龙门，通大夏"，《汉书·地理志下》"陇西郡"下有大夏县。可见在当时中原知识分子的认知体系里，大夏是很熟稔的一个地理概念。而张骞却将"吐火罗"译为"大夏"，其旁边的河译成"妫水"，给后世留下了一个千古之谜。

公元 7 世纪，唐玄奘到印度取经途经古大夏之地，当地人仍称其居地为吐火罗,玄奘将其翻译成了"覩货逻"。

西方学者把 1907 年德国探险家在新疆古代佛寺中攫取的回鹘文佛经上的题记构拟为"吐火罗"后,又据此引出"吐火罗"与"大夏"关系的讨论。王国维在《西胡考》中对大夏和吐火罗问题,做了进一步的梳理:"覩货逻之名,源出大夏。大夏本东方古国,《逸周书·王会解》云:'禺氏騊駼骄大夏兹白牛犬戎文马',又《伊尹献令》云:'正北空桐大夏'……则大夏一国,明非远夷。""《唐书·西域传》云,大夏即吐火罗,其言信矣。大夏之国,自西踰葱岭后,即以音行。除《史记》、《汉书》尚仍其故号外,《后汉书》谓之'兜勒',六朝译经者,谓之'兜佉勒'、'兜佉罗',《魏书》谓之'吐火罗',《隋书》以下谓之'吐火罗',《西域记》谓之'覩货逻',皆大夏之对音。其徙葱岭以西,盖秦汉间事。"[1] 他认为阿富汗的"吐火罗"与"大夏"实为一称,并提出了"吐火罗人东来说"。

大夏东方故地考

张骞回国后,在给汉武帝的报告中提到中亚的吐火罗斯坦(阿姆河两岸)有一个大夏国,且称流经大夏的阿姆河为妫水。基于张骞的这一报告,中外学者对大夏的东方故地做了多种推测。

大夏的东方故土在哪里?王国维[2]、张星烺[3]、李希霍芬、马尔瓜尔、法兰克[4]等认为其在于阗与且末间。依据唐玄奘《大唐西域记》所记,他路过于阗东境,"行四百余里,至覩货逻故国。国久空旷,城皆荒芜",是一座废城。在于阗东、且末西,是汉代小宛国境。有学者推断,中亚的大宛国为吐火罗人所建,玄奘考察过的靚货逻故国便可能是汉代小宛国，"小宛民有可能是从帕米尔东进塔里木盆地的 Tochari"[5]。黄文弼依据《管子·小匡篇》、《史记·封禅书》所记的齐桓公西征线路，认为桓公终于"拘秦、夏，西服流沙西虞，而秦戎始从"[6]。他认为桓公由山西北境西行，经陕西北边至宁夏渡河，过贺兰山，沿贺兰山麓，就是《管子》中的卑耳山，又过流沙之地，方到大夏。再参以《吕氏春秋》所语"昆仑在大夏西"，《汉书·地理志》等记的这里有"大夏川水"、"大夏县"、"大夏水"等，判断大夏必在凉州、兰州、河州一带，即今天临夏（河州）为古大夏的中心区。[7]余太山认为临夏一带，确有大夏人活动的足迹[8]；大夏故地至少可以追溯到河西，大夏人活跃于西域广大地区[9]。王守春论证说，大夏西迁前的原居地在河套和阴山或宁夏平原，但追溯大夏族的发祥地，应在今甘肃临夏地区。初，大夏由临夏沿着黄河向下迁徙，齐桓公西征时，宁夏平原、河套与阴山地区已有大夏人居住。[10]近年出版的两部论文集《齐家文化与华夏文明》[11]、《2015中国·广河齐家文化与华夏文明国际研讨会论文集》[12]中，马志勇等临夏地方学者充分利用文献和田野调查材料，论证了临夏即大夏故土，禹的故乡。

余太山的《古族新考》

在大夏故土的论证中，余太山所著《古族新考》提出的"晋南说"影响颇大。

余氏的研究从《史记·大宛列传》所载的"大夏"开始。张骞出使西域到达阿姆河流域之前，这里为希腊军事王国巴克特利亚所统治。公元前 140 年，巴克特利亚王国被来自锡尔河彼岸的四个游牧部族攻灭，张骞到这里见到的政权为大月氏人所建，张骞译其为大夏。斯特拉波《地理志》记载，从希腊人手中夺取了巴克特利亚的这四个部族，其中的一支是 Tochari，许多学者认为这个词就是吐火罗，可以与"大夏"勘同。[13] 余氏认为，"大夏"是汉文献中指称吐火罗人的最早形式。先秦时期，大夏就被中原知识分子所熟知，先秦时期的各种典籍，如《左传》等多有记载，是"地从族名"。[14]

余氏重点讨论了大夏出现的上限，即三代和传说中的五帝时代。《左传·昭公元年》记："昔高辛氏有二子，伯曰阏伯，季曰实沉，……迁实沉于大夏，主参，唐人是因。"[15] 杜注："大夏，今晋阳县。"晋南之地留有"大夏"、"大夏之虚"、"夏虚"等地名。余太山考证大夏与陶唐氏有关，陶唐氏是以尧部落为核心、包括被尧部落征服的有唐氏在内的部落联合体，他们原居晋南，晋南的大夏之虚为陶唐氏或有唐氏之遗迹，后来经河西迁往伊犁河、楚河流域。甲骨文中提到过一个族群为"土方"，"土方"是商王的劲敌，武丁、妇好曾统兵伐之。1930 年，郭沫若已提出"所谓土方即是夏民族，夏字古音亦在鱼部，夏、土、朔、驭一也"[16]。1989 年，甲骨文字学家胡厚宣在《甲骨文土方为夏民族考》一文中，据《诗经·商颂·长发》里的"禹敷下土方"，提出甲骨文中的"土方"即"猃狁之一大族"，"土方"即夏族，"土通杜、杜通雅、雅通夏，是土即夏也"，"'禹敷下土方'当为禹受上帝之命下降于土方之国（即后之华夏、禹迹、禹甸、禹域）"。[17] 余氏则进一步提出，夏禹领导的这支称为"土方"的族群,是"吐火罗"的省称,"土方"即"吐火罗"。至于参加攻灭巴克特利亚王国的另一 Asii,余氏论证其为允姓之戎,允姓为少昊之裔,原居若水,后迁往鲁北穷桑。少昊氏之裔,有迁往瓜州者,由瓜州西走,随前者吐火罗的步履,抵达伊犁河、楚河流域,成为塞种。停留在今哈密以西者即乌孙。斯特拉波所记的 Gasiani,余氏认为就是公元前 7 世纪末以前西迁的有虞氏,其祖为颛顼,始居若水,后迁往穷桑,取代少昊,至舜帝始率所部自鲁北迁晋南。后一支北迁,即月氏;另一支经河西亦到达伊犁河、楚河流域。中亚史上有名的贵霜帝国也是由西迁的有虞氏建立。允姓之戎、陶唐氏和有虞氏,有着千丝万缕的联系,其祖共源,始于鲁北。他们都是印欧人种,且可以列入黄帝系统。[18]

汉武帝"寻祖"的假想

汉武帝派张骞使西域,抵大夏,是西域研究中最著名的历史事件。汉武帝为什么会如此关注大夏?余太山给出了他的推测。

《史记》评说张骞使西域这件事,只提"使绝域大夏",而省略了张骞出使西域的原初动机,即寻找大月氏。《汉书》中用"博望仗节,收功大夏"对张骞使西域进行总结。汉武帝对张骞寻得大夏事,为什么会如此念兹在兹?王炳华提出此乃张骞的政治智慧,是借中原知识精英熟悉的大夏之名望,来激发西汉朝廷经营西域的雄心。[19] 余太山则说,汉武帝心倾大夏,并非事出无因,"目前看来只有一个答案:张骞和武帝相信西域的大夏迁自晋南,乃陶唐氏之裔胄。盖张骞身临其境,沐浴陶唐氏之遗风,归报于国,使好大喜功的武帝不胜向往"[20]。再者,武帝心系大夏,并非完全出于他好大喜功的性格,而是武帝刘氏家族源出于大夏一族。《史记·高祖本纪》记:"高祖为人,隆准而龙颜,美须髯",他的容貌与自大宛以西至安息,包括大夏人在内皆"深眼,多须髯"的男子多么相似!《汉书》有记,汉高祖的远祖叫刘累,为陶唐氏之后裔,曾学过驯马之术。《汉书》:"汉帝本系,出自唐帝。降及于周,在秦作刘。涉魏而东,遂为丰公。"大夏即吐火罗,寻根追祖,刘彻的体内有吐火罗人的遗传基因。"质言之,刘邦与西域大夏人体貌特征一致,正说明西域之大夏即吐火罗人的前身,主要是以尧部落为宗主、可能包括前陶唐氏在内的部落联合体。这似乎也有助于理解武帝对西域大夏国的特殊兴趣。"[21]或者说,迁自山东济阴尧部落讨伐晋南的有唐氏,形成了新的部落联合体——陶唐氏,陶唐氏之后刘累及后裔刘邦一系,有部分印欧人(即大夏人)的血统,并在体貌上反映出来,是完全有可能的。[22]言外之意,武帝派张骞使西域,另一个潜在的目的是"寻祖"。

王欣的《吐火罗史研究》

王欣有多种关于吐火罗问题的著述,其中以他的专著《吐火罗史研究》最具代表性。

《吐火罗史研究》这本书里,王欣讨论了吐火罗人的族名与族属,以及吐火罗人的故乡和迁徙。他同意将汉文文献中的"大夏"、"敦煌"、"敦薨"、"去胡来"、"兜勒"、"吐呼罗"、"兜沙罗"、"覩货逻"、"胡卢"与吐火罗勘同。王欣结合语言学、体质人类学和考古学的相关成果,认为吐火罗人是古老的印欧语族群之一，吐火罗人的故乡可能在中欧或东欧某地（波兰一带），公元前3千纪上半期东迁南俄草原，后经中亚草原，穿过塔里木盆地和河西走廊到达中国北部。阿凡纳谢沃文化、安德罗诺沃文化、卡拉苏克文化和所谓的"库尔干文化"的一部分，都是吐火罗人迁徙活动留下的遗存。约公元前2千纪末到公元前1千纪初，吐火罗人到达塔里木盆地，他们似乎沿着盆地南、北两条线路迁徙，并留下昆仑山北麓的且末扎滚鲁克墓地、罗布淖尔三角洲的孔雀河古墓沟墓地、开都河流域的察吾呼沟墓地、哈密盆地的焉不拉克墓地等遗存。吐火罗人的一支，继而穿越河西走廊，并于西周初出现在中国北方地区。留居在塔里木盆地的吐火罗人，聚集在安得悦古城一带，生息繁衍，玄奘西游时途经此处，称其为"覩货逻故国"。库车、焉耆、吐鲁番等地也相继被吐火罗人所占居，汉代后，佛教传入西域，当地的吐火罗人借用一种印度婆罗迷字母的斜体，拼写自己的语言，从而留下了在印欧语历史比较语言学上极其重要的吐火罗语（焉耆—龟兹语）文献。[23]

林梅村建构的模式

1988年，林梅村在《开拓丝绸之路的先驱——吐火罗人》一文中，结合文献和考古材料，对早期吐火罗人在塔里木盆地和西北其他地区的活动，进行了初步考察。[24] 1994年，林梅村发表《吐火罗人的起源与迁徙》一文，再次利用考古材料，研究吐火罗人的起源与迁徙问题。

林梅村认为，阿凡纳谢沃文化和辛塔什塔—彼德罗夫卡文化的主人，都是印欧人群。阿凡纳谢沃文化最早发现在米努辛斯克盆地，公元前 2 千纪初前后，阿凡纳谢沃文化被来自北方森林草原地带的奥库涅夫文化取代，奥库涅夫文化人群属于蒙古人种。公元前 2 千纪的前半叶，属于印欧人的安德罗诺沃文化兴起，恢复了印欧人部落在南西伯利亚的统治。中亚北部山地草原的印欧人群南下，到达阿尔泰山南麓，在这里创造了克尔木齐文化（后改称为切木尔切克文化）。林梅村认为，克尔木齐文化的发现首次揭示了阿尔泰山南麓古代文化与里海—黑海北岸颜那亚文化（或译为雅姆纳亚文化）之间的关系。克尔木齐式尖底陶器在奇台县西地乡西坎尔孜遗址亦有发现，这里的一个遗址（或墓地）还发现了克尔木齐式的石俑。这些发现表明，克尔木齐文化向南一直分布到天山东部。在西坎尔孜遗址，近年还发现了一口冶炼青铜的坩埚，这件坩埚与河南安阳出土的晚商坩埚相似，它很可能是中国境内迄今所见年代最早的完整坩埚。[25] 这件坩埚的发现，同时表明切木尔切克文化人群南迁过程中，青铜冶铸技术在沿途传播和兴盛的情况。印欧人群进入塔里木盆地后，在罗布淖尔三角洲地区创造了小河文化。林梅村认为，小河文化墓地与克尔木齐墓地一样，有分族而葬的制度。在小河墓地，每个家族墓群之间用木栏隔开，墓前立有与人等高的木雕人像，墓内随葬木俑，其功能分别相当于克尔木齐墓地的石板坟院、墓地石人和随葬石俑。小河墓地有一个高达 1.43 米的大型生殖崇拜木雕，相当引人注目，使人联想起克尔木齐墓地那些性质不明的石条，可能也是生殖崇拜的对象。小河墓地的古尸和服饰得以完好地保存下来，墓主人头戴尖顶毡帽，样式也和奇台采集的克尔木齐式石俑所戴完全相同。另外，小河文化古墓沟人使用的尖底草篓虽与阿凡纳谢沃尖底陶器非常相似，但克尔木齐文化也有尖底陶器。古墓沟人随葬石俑或木俑，也表明它们与克尔木齐文化的渊源关系。[26]

哈密盆地也是印欧人南下的一个重要落脚点。李水城曾经分析，哈密火车站南的天山北路墓地出土的陶器可以分成甲、乙两组，其中甲组与四坝文化中期陶器接近，年代可定在公元前1800—前1600年，而乙组可能与新疆北部阿尔泰山地草原青铜时代的文化相关。[27]林梅村补充了李水城的观点，认为天山北路文化的外来因素至少有两个：一个是中亚草原奥库涅夫文化，如弧背铜刀、空首凿、铜锥等；另一个是辛塔什塔—彼德罗夫卡文化，如青铜短剑、日晒土坯、实木车轮和权杖头。林梅村认为公元前1500年，欧亚大陆面临一场更大规模的印欧人迁徙浪潮，史称"雅利安人大迁徙"。和以前入侵小亚、讲赫梯语的印欧人不同，这支人群讲的是雅利安语，故称"雅利安人"。公元前1450年，这支雅利安人群驾马御车从中亚草原南下，首先控制了本来属于胡里安人的美索不达米亚北部，随后兼并叙利亚和伊朗山地，建立了近东历史上第一个雅利安国家——米坦尼王国。晚些时候，一支雅利安人群南下伊朗高原，先后建立米底、波斯两个王朝；另一支雅利安人群则远征印度河流域，开创了印度文明史上的雅利安时代。一般认为，公元前1600—前1400年广布中亚草原的安德罗诺沃文化就是雅利安文化。安德罗诺沃人群从中亚北部草原向阿尔泰山、天山拓展，这一时期天山地区发生的"多米诺骨牌式"民族迁徙运动，就是在雅利安人迁徙浪潮的强烈冲击下出现的。正由于雅利安人的大举入侵，迫使另一批吐火罗人从阿尔泰山、天山南下塔里木盆地，从而形成新塔拉文化和尼雅北方青铜文化等绿洲文明。[28]

徐文堪的学术分析

在中国学术界，徐文堪最早将吐火罗问题与塔克拉玛干大沙漠中出土的古代人类遗骸联系起来进行研究。

徐文堪认为，吐火罗人与印度—伊朗人虽同属印欧人，但二者基本上没有太多关系，吐火罗语与印度—伊朗语也不存在紧密联系。[29]徐文堪最早在苏州举行的中亚文化研究会议上，结合韩康信对罗布淖尔荒原青铜时代古墓沟居民遗骸的体质人类学分析，认为早在三四千年前就有高加索种（白种）人居住在塔里木盆地东部，他们就是后来的吐火罗人的祖先。[30]1993年，他在第30届"亚洲及北非研究"国际学术大会上发表了《关于吐火罗人的起源和迁徙问题》，进一步陈述了他的以上观点。1996年，徐文堪在美国宾夕法尼亚大学举办的"中亚东部铜器和早期铁器时代的民族"国际学术讨论会上，做了《吐火罗人起源之谜能够解开吗？》的发言，指出"关于吐火罗语、吐火罗人的起源和迁徙问题，已经进行了多年的讨论和辩难，至今没有明确结论。新疆古尸的发现为这一难题的解决带来了希望"[31]。

2005年，徐文堪出版《吐火罗人起源研究》专著，围绕吐火罗语和吐火罗人或原始印欧人的起源及迁徙，汲取一个世纪以来人类学、考古学、语言学和分子生物学的相关研究成果，展开综合梳理与论述。徐文堪认为，只有进行语言学、考古学和遗传学等多学科的综合考察，才能最终解决吐火罗问题。他在"掇酌国外各种新说"后认为，印欧人的故乡"当在以黑海北岸为中心，向西伸展到多瑙河流域，向东伸展到黑海沿岸，包括南俄第聂伯河和顿河流域在内的地带"[32]。

第二次世界大战后，法国考古队在阿富汗北部发现了"大苏尔赫—阿塔勒碑"，学术界研究的结论，认为该碑文是用希腊字母书写的一种伊兰语，有学者称其为"真吐火罗语"[33]。碑文表明，贵霜王国时期大夏地区之语言（真吐火罗语）与在我国新疆库车、吐鲁番地区曾经存在的所谓"吐火罗语"，实际是完全不同的。言外之意，新疆上述地区发现的吐火罗语，是"伪吐火罗语"。20世纪50年代以来，阿富汗也曾发现过大量中古伊朗语的材料，这种被称为"真吐火罗语"的文献，由于多见于大夏故地，亨宁将其命名为"大夏语"（巴克特利亚语）。2010年，在吐鲁番举办的"西域古典语言学高峰论坛"上，徐文堪提交《略论古代西域的语言与文字》，他再次强调，吐火罗语与巴克特利亚语（大夏语）是两个概念，后者属于东伊朗语，绝对不应混淆。[34] 他说"我们可以设想操吐火罗语的吐火罗人祖先早在公元前2000年之前已经进入新疆"，"小河墓地与古墓沟的居民应来自西方和北方，他们与后来说吐火罗语的吐火罗人可能有某种渊源关系"。[35]

2013年6月，徐文堪参加了在奥地利维也纳大学举行的"吐火罗语写本与丝路文化"的国际学术会议，会上他与复旦大学现代人类学教育部重点实验室的韦兰海博士及李辉教授，就公元前2000年至前200年，青铜时代和早期铁器时代新疆的考古学文化进行了梳理，讨论了吐火罗和月氏的关系，认为小河墓地和察吾呼文化遗存都与吐火罗人有关。[36]

王炳华的批评与思考

由新疆沙漠干尸再度引发的吐火罗问题，20世纪末21世纪初又成为国际学术界的热点。塔里木盆地孔雀河流域史前古尸的主要发现者与研究者王炳华，对西方学界和中国一些学者将塔里木盆地的干尸与吐火罗问题对应起来的做法提出了质疑，并进行了冷静和具哲学意味的思考。[37]

王炳华同意张广达、耿世民1980年在《唆里迷考》一文中的结论。当年缪勒、西格、西格林将新疆所见相关写本定名为吐火罗语A、吐火罗语B，并不准确。Toxri的发音无送气声，不同于吐火罗语之梵名Tukhara、希腊语的Tokhoroi、汉语的吐火罗和覩货逻的发音特点；新疆所见相关文本，译师翻译的实际也都与龟兹、焉耆相关，而与传统概念中的位居阿富汗北部的"吐火罗"并无关联。"时至今日，尽管不少学者一再提出这一定名是一种误会，但是人们狃于常习，仍然时时把古代曾经一度流行于我国新疆焉耆和库车等地的这两种语言称为吐火罗甲乙方言"[38]，这是不对的。王炳华强调，将公元5—10世纪前后，天山地区发现的古代文本与公元前2000年前后这一地区青铜时代考古联系在一起，使得本来就纷乱的研究中又增加了必须厘清的新问题，将前后相隔几千年的考古发现放到一起讨论，似乎有点"关公战秦琼"的意思。中外考古学者在孔雀河水系内所见青铜时代的干尸，其面型具有白种人的面部特征，这是对部分干尸进行的体貌观察，但细部实际并不尽同，仅就死者头发的颜色而言已是五花八门：灰色、黄褐色、深棕色、黑色、红色均有，在对干尸缺乏细致和深入研究的前提下,主观地认为皆为"吐火罗人"是不够严谨和认真的。"青铜时代的孔雀河流域,居民从种族特征上讲,可以说他们是白种人。体质人类学家分析,说他们是具有古典欧洲人体质特征的一支白种人。没有任何资料可以捕捉、了解他们曾经讲说什么语言。"王炳华指出,从考古资料角度,无法直接证明他们是操什么语言的白种人,更无从提供判定他们民族身份的语言学根据,而这恰恰是十分重要的环节。[39]

此前,王炳华还对张骞将巴克特利亚吐火罗人居地译成"大夏"的原因做了过于大胆的解释。他认为,张骞之所以将巴克特利亚吐火罗故地译成"大夏",原非出于吐火罗之地与中原大夏的关系,而是一种政治智慧。张骞是想借此"给当年对这片地区还是十分陌生、几乎是一片空白的西汉王朝最高统治层、参与决策的政治、文化精英们"以鲜明和强烈的印象,激起他们进一步了解、认识甚至开拓西域的热情。为了达到激发汉朝统治者和文化精英们开拓西域热情的目的,张骞在这里"十分清楚甚至是故意凸显了'吐火罗'的音读,将之毫不犹豫地译成了西汉王朝最高统治者刘彻、王朝上层文化精英们十分熟稔的中原大地的'大夏'"。张骞的这一政治谋略达到了目的,最终"成就了西汉王朝开通'丝绸之路'的宏伟事业"。[40]

吐火罗语与吐火罗人问题辨析

史前西域历史与考古研究领域,将5世纪以后主要流行于东部天山南麓的吐火罗语、说吐火罗语的吐火罗人,同印欧人的起源与迁徙联系起来,使之成为一个国际性的热点问题。特别是塔克拉玛干流沙深处一具具有着异域体貌特征的干尸的接连发现，引起中外学界的极大兴趣。关注这一问题的西方学者，几乎众口一词，认定这些鼻梁高耸、颅骨狭长的个体，就是5世纪后生活在东天山南麓的吐火罗人的祖先，他们在4000年以前，就从欧亚草原迁徙到天山南北、塔里木盆地的罗布淖尔三角洲，在这里创造了具异域色彩的文化。这种穿越时空的联系，使西域史前考古与历史的研究，有了浪漫主义的色彩。但是，种群、族群、语言和考古学文化的关系错综复杂，且是一个动态的历史过程；历史进程中，同一种群的人可以分解到不同族群里，操同种语言的人群可能属于不同族群。史前时期人类并不固守特定的文化信仰，也不画地为牢，进行文化分离和文化对抗，而是你中有我，我中有你，分分合合，自在自然，本无定数。所以，史前时期的考古学文化常常是无所不包的融合体。不同群体相遇后，文化上接触融合，体质上代代混血。后面还要讲到，以东来的彩陶作为文化表征的人群，种群上的混血特征十分明显，由于个体差异，一些体貌突显欧亚西部特征，一些体貌突显欧亚东部特征，人类学家通过技术测量，将其划分到东西方不同种群的变异区间，便出现了同一家族（一座合葬墓内）既有欧罗巴人种又有蒙古人种成员的种族大融合的现象。关于小河文化人群，曾有人类学家坚信是原始欧罗巴人种，但遗传人类学告诉我们，他们也是混血种，经济文化因素上，他们既种植源于西方的小麦，也种植源于东方的黍类。

可见，在吐火罗人与吐火罗语问题上，西方学者虽然千梳万缕，寻找到了一些线索，极大拓宽了西域古代历史的研究视野，但直接的考古学证据尚不充分，学者们对吐火罗人起源与迁徙的历史建构，同历史真实之间还存在着距离。特别是在对待吐火罗人的问题上，应当摒弃带有西方民族主义偏见的主观臆测。

注释

1. 王国维：《西胡考下》，载王国维：《观堂集林二》，中华书局1959年版，第612—614页。

2. 王国维：《西胡考下》，载王国维：《观堂集林二》，第613页。

3. 张星烺：《中西交通史料汇编》第1册，中华书局2003年版，第20—22页。

4. 宋亦箫：《大夏（吐火罗）新探》，《武汉文博》2010年第1期。

5. 余太山：《塞种史研究》，中国社会科学出版社1992年版，第72页。

6.《诸子集成五·管子》，上海书店出版社1986年版，第126页。

7. 黄文弼：《中国古代大夏位置考》，载黄烈编：《黄文弼历史考古论集》，文物出版社1989年版，第80页。

8. 余太山：《大夏溯源》，载余太山：《古族新考》，中华书局2000年版，第7页。

9. 余太山：《大夏与大月氏综考》，载中国中亚文化研究协会等编：《中亚学刊》第3辑，中华书局1990年版，第17—46页。

10. 王守春:《大夏原居地及其西迁》,《西域研究》1999年第4期。

11. 马志勇、唐士乾主编:《齐家文化与华夏文明》,甘肃人民出版社2015年版。

12. 朱乃诚等主编:《2015中国·广河齐家文化与华夏文明国际研讨会论文集》,文物出版社2016年版。

13. 王静如:《论吐火罗及吐火罗语》,载《王静如民族研究文集》,民族出版社1998年版,第89—152页;王欣:《吐火罗之名考》,《民族研究》1998年第3期。

14. 王宗维:《"敦煌"释名——兼论中国吐火罗人》,《新疆社会科学》1987年第1期。

15. (战国)左丘明撰,(西晋)杜预集解:《左传(春秋左传集解)》,上海古籍出版社1997年版,第1196页。

16. 郭沫若著作编辑出版委员会编:《郭沫若全集·历史编·第一卷》,人民出版社1982年版,第309页。

17. 胡厚宣:《甲骨文土方为夏民族考》,载日知主编:《古代城邦史研究》,人民出版社1989年版,第353页。

18. 余太山:《说大夏的迁徙——兼考允姓之戎》,载中国先秦史学会等编:《夏文化研究论集》,中华书局1996年版,第176—196页;余太山:《古族新考》,中华书局2000年版,第53—76页。

19. 王炳华:《"吐火罗"译称"大夏"辨析》,《西域研究》2015年第1期。

20. 余太山:《古族新考》,第21—22页。

21. 同上书，第 22—23 页。

22. 宋亦箫：《大夏（吐火罗）新探》，《武汉文博》2010 年第 1 期。

23. 王欣：《吐火罗史研究》（增订本），商务印书馆 2017 年版。

24. 林梅村：《开拓丝绸之路的先驱——吐火罗人》，载林梅村：《西域文明——考古、民族、语言和宗教新论》，东方出版社 1995 年版，第 3—10 页。

25. 林梅村：《吐火罗人的起源与迁徙》，《西域研究》2003 年第 3 期。

26. 同上。

27. 李水城：《从考古发现看公元前二千纪东西方文化的碰撞与交流》，《新疆文物》1999 年第 1 期。

28. 林梅村：《吐火罗人的起源与迁徙》，《西域研究》2003 年第 3 期。

29. 徐文堪：《吐火罗人起源研究》，商务印书馆 2018 年版。

30. 同上书，前言 XIII。

31. 徐文堪：《"中亚东部铜器和早期铁器时代的民族"国际学术讨论会综述》，《西域研究》1996 年第 3 期。

32. 徐文堪：《吐火罗人起源研究》，第 52—53 页。

33. 耿世民、张广达：《唆罗迷考》，《历史研究》1980 年第 2 期。

34. 徐文堪：《略论古代西域的语言与文字》，载新疆吐鲁番学研究院编：《语言背后的历史——西域古典语言学高峰论坛论文集》，上海古籍出版社 2012 年版，第 231 页。

35. 同上。

36. 徐文堪:《维也纳回来谈吐火罗》,《东方早报》2013年9月8日、9月15日。

37. 王炳华:《一种考古研究现象的文化哲学思考——透视所谓"吐火罗"与孔雀河青铜时代考古文化研究》,《西域研究》2014年第1期;王炳华:《"吐火罗"译称"大夏"辨析》,《西域研究》2015年第1期。

38. 张广达、耿世民:《唆里迷考》,《历史研究》1990年第2期,后收入张广达:《文书、典籍与西域史地》,广西师范大学出版社2008年版,第29—42页。

39. 王炳华:《一种考古研究现象的文化哲学思考——透视所谓"吐火罗"与孔雀河青铜时代考古文化研究》,《西域研究》2014年第1期。

40. 王炳华:《"吐火罗"译称"大夏"辨析》,《西域研究》2015年第1期。

四　库尔干理论及其重构

印欧人起源的问题聚讼不已。欧美学者，因其语言优势，从比较语言学的角度出发，100多年里，提出了各种各样的猜想与假说。[1] 20世纪50—70年代，立陶宛裔的德国著名考古学家金布塔斯提出了库尔干假说，并用它来建构印欧人的起源与迁徙的理论。

会聚一堂讨论吐火罗

1996年4月，来自美国、英国、德国、法国、日本、意大利、荷兰、芬兰、爱尔兰、加拿大、俄罗斯、乌克兰、哈萨克斯坦、土库曼斯坦、韩国、印度和中国的学者，齐聚美国费城宾夕法尼亚大学，召开"中亚东部铜器和早期铁器时代的民族"国际学术讨论会。中亚东部主要指的就是中国新疆地区。40多位学者围绕新疆及周边地区的考古发现与研究进行发言，会议的一个中心议题，就是吐火罗问题。

纽约哈特威克学院的David W. Anthony副教授认为，乌拉尔山以东哈萨克斯坦的辛塔什塔文化、乌拉尔以西的雅姆纳亚（竖穴墓）文化人群，他们赶着马车、骑着马，带着与马相关的文化因素走向各地。雅姆纳亚社会中有着与马车和骑马术相关的仪礼，这些都在文化人群确定方面有决定性意义，且与吐火罗人的起源问题有关。洛杉矶西方学院的 Elizabeth Wayland Barber 等，在《史前织物》一书中论证了楼兰、且末、哈密的古代纺织品及纺织技术与近东纺织技术间的相似性，从纺织考古学角度讨论了塔里木盆地与近东的关系。俄国著名考古学家库兹米娜在《塔里木盆地居民与安德罗诺沃文化之间的文化联系：铜器时代亚洲草原上的牧人》一文中，介绍了她于1994年出版的学术专著《印度雅利安人来自何方》的基本内容。库兹米娜利用大量的考古学材料，并结合语言学、文献学的研究成果，阐述了哈萨克草原上分布的安德罗诺沃文化共同体与南亚的操印度雅利安语的古代居民文化上的相通性；而安德罗诺沃文化又与乌克兰、南俄罗斯和南乌拉尔的斯鲁布纳亚（Srubnaya）文化非常接近，安德罗诺沃文化又包含了彼德罗夫卡（Petrovka）及其后来发展的阿拉库尔（Alakul）和费德罗沃（Fedorovo）两个类型。芬兰赫尔辛基专治印度河谷文字的学者 Asko Parpola 在《早期雅利安（印度—伊朗）人与新疆的青铜和铁器时代文化——兼论中国星历之起源》一文中，利用文献和石刻铭文材料，分析了芬—乌戈尔语、米坦尼、《吠陀》、《阿维斯塔》和古波斯铭刻中的雅利安语借词，探讨了印度—伊朗语和印度—伊朗人的起源问题。《剑桥早期内亚史》一书的主编，熟悉乌拉尔—阿尔泰历史考古的印第安纳大学的 Denis Sinor 教授，发表《语言的神话与神话的语言》一文，提出在新疆古尸发现之前，就有证据表明在古代中国西北边疆地区生活着欧洲人种的居民,这支居民和古代带有神话观念的希腊人有一些共同之处,证明了穿越内亚的史前交通的存在。加拿大麦克马斯特大学的 John Colarusso 教授对新疆古尸生前所操的语言做了推测,认为远古时代的新疆居民在说印欧语的居民到达之前,可能说着某种非印欧语(如高加索语)。后来操印欧语的居民进入,并与原有的语言发生了融合,成为当地优势语言。而那些古尸可能就是新到达的印欧人。基尔大学著名的吐火罗语研究者 Werner Winter 讨论了原始吐火罗语何时与其他印欧语分离的问题,认为吐火罗语很早就从印欧语共同体中分离出来。法国高等实践研究院的 Georges-Jean Pinault 通过对大量的吐火罗语文献的实例分析,认为早在公元前很久,吐火罗语就处于一种与其他印欧语分离的孤立状态,吐火罗人的文化属于中亚草原的游牧文化。另外,其他的学者还从环境学、语言发生学、文献学、民俗学、神话学等多个角度,讨论了中亚东西部青铜时代绿洲居民的起源及他们之间的相互关系、古代中国与大夏的关系、新疆古尸与阿兰人的关系、吐火罗语的原始史、汉语中的吐火罗语借词、汉人与吐火罗人的文化交往、月氏人等西胡人操吐火罗语等问题。[2]

库尔干理论的雏形

上述讨论,一定程度上都与库尔干理论有关。库尔干理论的提出,引发了考古学界参与讨论印欧人起源问题的热情,吐火罗问题不断由历史语言学领域向考古学领域拓展,不少考古学家参与论证并赞同库尔干理论。不过,到了 20 世纪末,库尔干理论开始受到欧美学术界的质疑,并有被摒弃的危险。

目前为止，还没有新的理论取代库尔干理论，库尔干理论依然是描述原始印欧人群起源、迁徙与演变的重要蓝本，只是需要根据新的材料补充与完善。所谓"库尔干"（Kurgan），原是个借自突厥语的俄语词，意为"古坟"。1956年，金布塔斯用这个术语指称从黑海到北高加索、到伏尔加河下游的草原，以至西伯利亚叶尼塞地区，时代属于公元前5000—前2600年间的半游牧的农耕文化，这些半游牧半农耕的居民，使用先进的武器，饲养马匹，社会分层明显，实行父权制，他们死后葬在竖穴式的墓葬里。金布塔斯认为，伴随着库尔干文化的扩展，原始印欧人群的文化不断扩散，并渗入到各地。这个过程大体经历了三个阶段：第一阶段是公元前4300—前4200年，第二阶段是公元前3700—前3500年，第三阶段是公元前3100—前2900年。第一阶段的原始印欧人来自伏尔加草原，第二阶段来自德聂斯特河下游和高加索之间的黑海北岸地区，第三阶段又来自伏尔加草原。库尔干文化之前，欧洲还存在过一种古老文化（年代约为公元前6000—前3000年），属于新石器时代和青铜时代，那时候的居民说的并不是印欧语。[3]

新疆发现欧洲人种遗骸

金布塔斯提出的库尔干理论，在研究印欧人的起源与迁徙问题上，具有里程碑式的意义。她关注的重点是欧亚草原的西区，而对环阿尔泰和天山山脉及印度西北部这些印欧人群频繁活动区域的考古遗存关注不够，且未涉及新疆天山地区印欧人群的活动，所以库尔干理论还需要完善。

1977年，韩康信、潘其风对乌鲁木齐南山矿区阿拉沟、鱼儿沟墓地出土的人骨材料进行了研究。此后，韩康信等多位学者运用传统体质人类学的测量统计方法，对天山南北两麓、帕米尔高原、塔里木盆地出土的史前时期到汉晋时期多处墓地的人骨材料做了鉴定分析，发现有欧洲人种的遗骸。[4] 他们的结论大体是：史前到汉晋时期，新疆地区出土的古人类遗骸，可以分为欧罗巴人种、蒙古人种及两大人种的混血种三大基本类型，欧罗巴类型又可以分为古欧洲类型、地中海东支类型和中亚两河类型（帕米尔－费尔干纳类型），他们在不同时代，从不同的方向，通过不同的路径，进入到塔里木盆地和天山南北地区。朱泓对新疆地区，尤其是天山地区史前人类遗骸的体质人类学研究成果进行了概括：哈密以西的新疆地区，先秦时期是欧罗巴人种各个支系的居民生活的地方。最早进入该地区的，可能是以孔雀河下游古墓沟组为代表的古欧洲人类型，他们约在公元前1000年以前来到了现今塔克拉玛干沙漠的罗布泊地区。随后，他们的一些后裔可能逐渐向东疆地区渗透，并且在东疆地区与蒙古人种的土著居民发生接触、融合，创造了以哈密焉不拉克墓地为代表的青铜时代文化。公元前6世纪到前1世纪之间，另一支欧罗巴人种血统的居民，逐渐迁入现今乌鲁木齐市以南的天山阿拉沟一带。他们中以中亚两河类型的居民为主。此外，还有一些其他欧洲人种成分和少量蒙古人种因素的混入。阿拉沟居民被认为可能是史料记载中的车师人。[5]

小河墓地古尸的 DNA 研究

吉林大学边疆考古研究中心考古 DNA 实验室，经二十多年努力，已经初步建立起我国新疆地区古代居民的 DNA 基因库。[6]他们对新疆塔里木盆地和天山地区古今人群 DNA 的实验研究，取得了重要的进展。[7] 尤其是对罗布淖尔三角洲地区小河文化干尸进行的古 DNA 分析，以前所未有的深度揭示了小河人群遗传学上的深层密码。

孔雀河下游古墓沟墓地人骨 DNA 研究表明，距今 4000 年前后的青铜时代，在罗布淖尔三角洲地区，确实曾有单一的由欧罗巴人种构成的人群存在，但绝大部分是混血人种。[8] 小河墓地出土有更多的保存相当好的干尸，是体质人类学研究的珍贵标本。据李春香对小河干尸做的遗传学研究，小河人群有东部欧亚谱系与西部欧亚谱系共存的现象，其中某些个体在母系上带有东部欧亚谱系特征，而其父系来源却为西部欧亚谱系，这暗示了东西方人群不仅在小河地区相遇，而且在很早以前就发生了基因的融合。就是说，至少在 4000 年前，生活在罗布淖尔三角洲的小河人群，实际上已是东西方的混血人群。而且，在小河墓地早期人群中，不论是东部欧亚谱系 C，还是西部欧亚谱系 H 和 K，早在一万年以前就已经广泛存在于欧亚草原上了。更有意思的是，小河人群中东部欧亚谱系所占的比例非常高，但多样性却很单一，这一现象与南西伯利亚地区青铜时代的人群的遗传特征很相似。小河早期人群中的东部欧亚成分主要分布在北亚东部地区，西部欧亚成分主要分布在欧洲地区，这些谱系最有可能发生碰撞的地区是广阔的南西伯利亚草原，而非被群山包围的新疆地区。[9]

李春香的研究，进一步揭示出这样的历史事实：小河人群最近的共同祖先是一支西部欧亚人群，这支人群在向东迁徙的过程

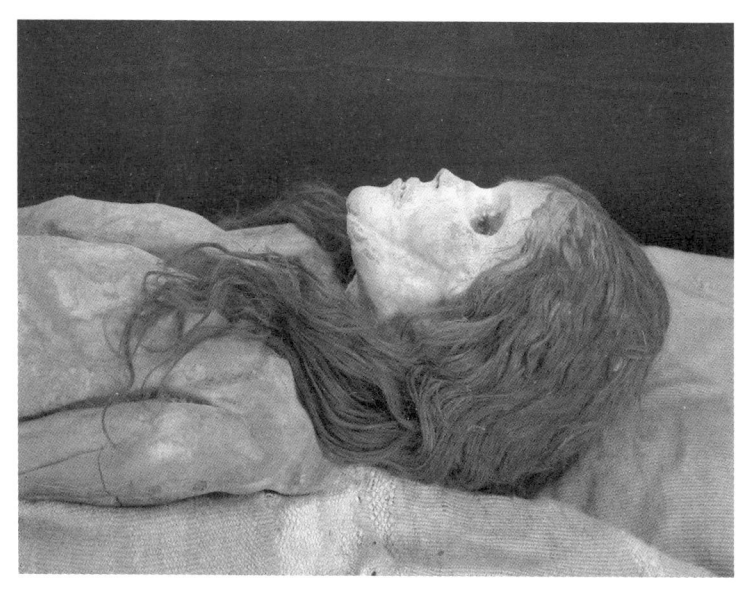

小河墓地出土的干尸

中，与东部欧亚人群发生了接触，他们中的男性成员娶了东部欧亚人群中的女子，随后的某一时期，由于某种外界因素，他们中的一支南下迁入到新疆地区。考虑到这些携带有东部欧亚成分的女子在当时有很高的社会地位，因此通婚而非战争可能是当时发生基因混合的主要模式。[10]在南西伯利亚，更早的时候东西方人种集团就在那里接触并通婚，开始了种群上的融合。人类学家对南西伯利亚出土的一些古代人类遗骸进行的遗传分析表明，早在6000年以前，内贝加尔湖地区生活的人群遗传基因里，已经存在东部与西部欧亚谱系共存的现象。据最近对阿尔泰地区青铜时代和铁器时代的古代人类遗骸的 DNA 分析，在这里普遍地发现了东西方谱系遗传基因的共存，且东、欧亚谱系在早期所占的比例要远远小于西部欧亚谱系。[11]

西部欧亚人种集团的东进

多年以来，体质人类学家在研究新疆古代居民人种成分时，对欧罗巴人（或者称雅利安人、白种人）的东进更为关注。

韩康信对孔雀河古墓沟墓地出土人骨的研究表明，距今3800年前后，这里就生活着颅骨狭长、眉弓和眉间凸度比较明显、鼻根多深的欧罗巴人种，他们具有同原始欧洲人种头骨相近的性质，称为古欧洲类型，也称为"原始欧洲人"。韩康信认为这支人群是目前所知欧亚大陆上时代最早、分布位置最东的古欧洲类型居民。[12] 单一欧罗巴人种在罗布淖尔三角洲地区的存在，也为后来遗传人类学的研究所证明。[13] 比如，古墓沟墓地古代居民线粒体DNA的序列，就呈现出单一的原始欧洲人的序列特征。[14] 进入早期铁器时代，属于西部欧亚人种的分支，长头颅的古代地中海东支类型的人群，越过帕米尔高原，进入新疆西部并沿着塔里木盆地南缘和北缘东进，进入天山地区，与当地居民发生了混血融合，这些混血人群主要生活在吐鲁番至乌鲁木齐一线和附近地区，包括天山的阿拉沟谷地。[15] 早期铁器时代，在蒙古人种类型与欧洲人种类型混血基础上，形成的短头颅的中亚两河类型人群，也活跃在天山南北，他们主要生活在伊犁河谷。这支人群向东渗透到东天山地区，带来了构成吐鲁番—乌鲁木齐一线及附近地区，包括阿拉沟春秋战国时期的居民另一人种成分的重要遗传因素。[16]

天山地区普遍存在混血人群

东天山的哈密盆地，很早就生活着东西方的混血人种集团。哈密五堡墓地出土的古代人骨 DNA 研究显示，在 3200 年以前，这里就有蒙古人种的存在，还发现过亚、欧两种不同人类种群个体成员合葬的现象。[17] 吐鲁番盆地发现的史前人类，基本上都是东、西方的混血人种。洋海墓地、苏贝希墓地[18]、交河车师贵族墓地出土遗骨的古 DNA 研究结果表明[19]，青铜时代及早期铁器时代，吐鲁番盆地居民体质上已经存在欧亚谱系混合现象，而吐鲁番古代人群与现代新疆土著的群体相比，在遗传距离上更接近于欧亚西部人种群体。这说明，史前时期欧洲谱系对吐鲁番盆地古代人群遗传结构的影响比现在要大，随着西迁的东亚群体逐渐增加，欧洲谱系的影响在新疆地区呈现出弱化的趋势。[20] 乌鲁木齐史前时代的居民，也是欧亚人群的混血种。乌鲁木齐萨恩萨伊墓地出土的公元前 7 世纪前后的人类遗骸，既有欧罗巴人种类型特征，又具蒙古人种类型特征。有些测量值显示其欧罗巴人种类型特征突出，有些测量值显示其蒙古人种类型更为显性；有的个体从外观上看，呈现一些欧罗巴人种特点，而测量结果却显示出更多蒙古人种特性。这一现象在吐鲁番阿斯塔那古墓、吐鲁番盆地青铜时代古墓以及哈密天山北路古墓出土颅骨的研究中也都发现过。[21]

库尔干理论模型补充

半个世纪以来，因考古学家的不断介入，库尔干理论的内涵与外延不断深化和拓展。

传统的库尔干理论核心要素是突出驯马与轻型战车、冶金与冶金工具、墓葬地表的石构建筑等。著名考古学家库兹米娜说，古印度雅利安神Tvshrar，其字面意思是创造，在俄语里有同解，俄语写成"tovrit"。在印度神话中，"tvshrar"这个词，指的就是轻型战车、冶金和其他工具的发明者。[22] 随着考古学的发展，特别是用库尔干理论审视新疆地区的史前文化遗存，库尔干理论自身则需要进一步深化与完善。库尔干理论的组成因素，至少可以包括以下几个方面的内容：一是地表有封堆标志的竖穴墓葬；二是驯马与轻型战车；三是冶金技术和特殊的青铜器物；四是大量养殖牛、羊；五是小麦类农作物的种植；六是屈肢葬式与火葬；七是压印刻划纹陶器系统和风格趋于一致的几何纹构图；八是印欧人及欧亚东西方人种谱系的混合人群形成。并且，我们相信，随着考古发现与研究的深入，库尔干理论研究的内容会不断拓展丰富。

库尔干理论涉及的区域，已经不局限在以东欧草原、黑海和里海北岸为核心的西部区域，还包括哈萨克草原、萨彦—阿尔泰地区、天山南北、中亚南部和印度西北部等中亚的东部区域，甚至影响到青藏高原、中国西北甘青地区、中国北方地区，远及中原地区。其涉及的考古学文化主要有分布在东欧草原、黑海和里海北岸的雅姆纳亚文化（即竖穴墓文化），中亚草原的辛塔什塔文化，米努辛斯克盆地的阿凡纳谢沃文化，阿尔泰山地的切木尔切克文化，中亚草原山地的安德罗诺沃文化共合体和卡拉苏克文化等。这些文化很早就被学术界关注，且研究相对深入。新疆阿尔泰山南麓、天山南北发现的压印刻划纹陶器系统遗存，是库尔干文化自东欧草原向东方发展的结果，这些遗存作为库尔干理论或者说库尔干文化的重要组成部分，有着特别的意义，目前尚未引起学术界足够的重视。

新疆境内，可以归入库尔干文化范畴的遗存，重要的有：阿尔泰山南麓切木尔切克文化[23]、博尔塔拉河流域阿敦乔鲁石构建筑与墓葬[24]、伊犁河流域安德罗诺沃文化类型的墓葬和遗址[25]以及奴拉赛古铜矿遗址、呼图壁县康家石门子群体舞蹈岩画、乌鲁木齐萨恩萨伊墓地青铜时代的墓葬[26]、帕米尔下坂地青铜时代墓葬[27]等。另外，零星的发现还有石河子总场发现的部分墓葬[28]、乌鲁木齐柴窝堡墓地的M20[29]、呼图壁康家石门子墓地M55[30]、焉耆盆地新塔拉遗址中的压印刻划纹陶器和铜斧[31]、库车哈拉墩遗址中的压印刻划纹陶器[32]、尼雅河尾闾采集的压印刻划纹陶器和铜器[33]、沙湾县宁家河水库墓地发掘的数座墓葬和金沟河上游大白杨沟墓地征集的一件缸形器、昌吉努尔加墓地青铜时代的墓葬[34]、阜康市西沟墓地M18[35]、奇台西坎尔孜遗址[36]、准噶尔盆地西北缘天山南北采集的明显为安德罗诺沃文化系统的青铜器[37]，都可以归入库尔干文化系统。

库尔干文化的影响

库尔干文化遗存在新疆地区的分布，尤以阿尔泰山麓广泛和密集，且自北而南逐渐减少，吐鲁番、哈密盆地有少量的发现，塔里木盆地腹心和南缘区有零星的发现。一些传播性很强的文化因素，进入新疆以东的中国西北和北部的其他地区，并对中原早期文明的发展产生了深刻的影响。

库尔干文化要素,在新疆地区出现的时代早,延续的时间较长,其下限截至公元前 1000 年前后。公元前 1000 年前后开始,天山腹地、天山南北两麓间盆地河谷地带,遍布有地表具石构建筑的墓葬,墓坑内填石,流行石室墓、火葬、二次葬、屈肢葬等,墓葬结构和葬俗明显延续着库尔干文化的传统,只是随葬品的组合,以及器物的质地、形态特征、装饰手法、纹样风格,都发生了本质的变化。以陶器组合为代表的文化因素主要源自东方的彩陶文化系统。自北而南的库尔干文化系统,与自东而西的彩陶文化系统,在天山山脉融为一体,融汇成了新疆地区的地方文化系统。通过对天山山脉自东而西的哈密盆地的林雅文化与焉不拉克文化[38]、吐鲁番盆地的洋海文化和苏贝希文化[39]、天山南麓的察吾呼沟文化[40]、伊犁河流域穷科克一号墓地为代表的考古学文化[41]的文化结构的解析,会发现它们都是库尔干文化系统和彩陶文化系统交汇互融的结果。青铜时代到早期铁器时代天山山脉的史前文化,说到底是东西方文化融合的产物。

宏大叙事结构的历史

库尔干理论叙述的是西部欧亚人群,自西向东、自北向南迁徙途中,不断与当地居民发生种群混血和文化融合,是中亚南部绿洲区史前文化重构的史前时期的历史,也是时代绵延久远、区域辽阔、东西方文化交汇融合的历史,叙事结构复杂,场面宏大。

公元前 3 千纪,在东欧、黑海、里海北部辽阔的森林草原一带居住的竖穴墓文化人群,经济生活方式是畜牧业和农业,当时社会中的手工匠人掌握着先进的冶铜和铸铜技术，他们制作了大量铜斧，还有其他武器、工具和装饰品。竖穴墓文化的人群，在自西向东迁徙过程中，又学会了驯马，制作轻型战车。他们是原始的印欧人，使用的语言是原始的印欧语。公元前3千纪初开始，可能由于环境的变迁、人口的压力，原始印欧人群开始向周边迁徙，向南进入欧洲中心区，向东进入内陆欧亚的草原，不断地对中亚北部草原及周边人群进行侵扰，引起了内陆欧亚草原地带多米诺骨牌式的文化互动与文化变迁。

公元前3千纪末，原始印欧人群中的一支，由草原进入两河流域的古巴比伦。他们就是古巴比伦文献中提到的古提人，古提人占领并统治古巴比伦一百多年。公元前2千纪初，安德罗诺沃文化联合体形成之后，新的冶金、畜牧和农业人群，阶梯式地南下，再度占领古巴比伦、亚述等地，又统治了这里二百多年。他们是古巴比伦文献中所记的胡里安人，胡里安人建立了历史上第一个雅利人帝国——米坦尼国。很可能是进入古巴比伦的古提人和胡里安人，在将印欧语传播至近东、欧洲的过程中发挥了作用。

公元前3千纪中叶以前，东进的原始印欧人，抵达萨颜—阿尔泰山脉，活动在叶尼塞河中游辽阔的草原。公元前3千纪的下半叶，原始印欧人主要从北和西两个方向，进入准噶尔盆地的西缘、天山山脉和塔里木盆地绿洲区域。经中亚草原南下的印欧人群，公元前2千纪内进入印度的西北，与古印度文明有了密切的接触与融合，打断了印度古文明的发展进程，开创了印度古文明史上的雅利安时代，促进了印欧语体系和印欧人种的形成。

印欧人群在四向迁徙过程中，不断地与迁入区的土著居民进行体质上的混血和文化、语言上的交融，促进了印欧语系不同分支的形成，终使印欧语系分布区及影响区人群的体貌特征和语言文化显出复杂多姿、异彩灿烂的局面。

公元前 3 千纪末，印欧人群出现在天山山脉和塔里木河中下游区域。他们迁入天山山脉和塔里木盆地的途径不同，有的人群尚保持着比较单纯的欧罗巴种群的遗传特征，大部分则是欧亚东部和欧亚西部谱系，即黄种人与白种人的混血种群。欧亚之间人群的互动、文化的交流，虽出现过阶段性的高潮，但毫无疑问它是一个波浪起伏、连续的动态过程，是一个人种与文化不断混血、再造的历史过程。进入天山山脉、塔里木盆地的印欧人群，遇到以彩陶为文化表征的东方蒙古利亚人种支系成员，以及从旧石器时代晚期开始一直生活在这里的土著，这些土著，也是在更为久远的时代就已经是欧亚东西部谱系混血的种群。青铜时代开始，他们之间规模更大、更为频繁并持续发生着的混血事件，为西域远古居民体貌特征的多样化奠定了基础。[42]

总的来看，在东来彩陶文化覆盖的基础上，天山山脉内部的盆地、绿洲内那些相对独立的地理单元，地方性文化特征不断显现。公元前 1 千纪开始，首先在中亚北部辽阔草原，典型的游牧经济形成。开拓新的生存空间的游牧者，或骑马或乘坐马车，赶着牛、马、羊，四处寻找新草场和水源，掀起了新的一轮规模更大、区域更辽阔、程度更深入广泛的人群与文化交流与交融。中亚的历史，自此进入游牧时代，文化交流的历史长河，不断掀起层层巨浪，以武器、马具和动物纹样为代表的游牧文化核心要素，以前所未有的速度，对整个欧亚草原游牧区域进行覆盖式的文化整合。游牧文化的统一性，为其后横贯中亚的游牧帝国的形成，奠定了基础。站在天山的视角，天山地区传统的以畜牧农业为基础的绿洲经济，接受了游牧文化因素，逐渐形成游牧与农业并重的典型的绿洲经济。乌鲁木齐地区青铜时代及早期铁器时代文化的序幕，正是在这一宏大的背景下拉开的。

注释

1. 王欣：《印欧人的起源与吐火罗人的迁徙：学术史的回顾与方法论的思考》，载马明达、纪宗安主编：《暨南史学》第8辑，广西师范大学出版社2013年版；程景楠：《吐火罗人起源与迁徙的考古学考察》，载地木拉提·奥迈尔主编：《新疆民族学人类学田野研究》，民族出版社2016年版，第287—342页。

2. 徐文堪：《"中亚东部铜器和早期铁器时代的民族"国际学术讨论会综述》，《西域研究》1996年第3期。

3. Strazny, Philipp (Ed.), *Dictionary of Historical and Comparative Linguistics*, 1, Routledge, 2000: 163.

4. 韩康信：《丝绸之路古代居民种族人类学研究》，新疆人民出版社1993年版。

5. 朱泓：《中国西北地区的古代种族》，《考古与文物》2006年第5期。

6. 朱泓：《近年来我国古人骨研究前沿领域的新进展》，《史学集刊》2008 年第 5 期。

7. 朱泓、张全超：《中国边疆地区古代居民 DNA 研究》，《吉林大学社会科学学报》2003 年第 3 期。

8. 崔银秋等：《新疆罗布诺尔地区铜器时代古代居民 mtDNA 多态性分析》，《吉林大学学报》2004 年第 4 期。

9. 李春香：《小河墓地古代生物遗骸的分子遗传学研究》，吉林大学博士学位论文，2010 年。

10. 同上。

11. 同上。

12. 韩康信：《新疆孔雀河古墓沟墓地人骨研究》，《考古学报》1986 年第 3 期。

13. 崔银秋等：《新疆罗布诺尔地区铜器时代古代居民 mtDNA 多态性分析》，《吉林大学学报》2004 年第 4 期。

14. 崔银秋、周慧：《从 mtDNA 研究角度看新疆地区古代居民遗传结构的变化》，《中央民族大学学报》2004 年第 5 期。

15. 张全超、崔银秋：《新疆地区古代居民的人种地理变迁》，《社会科学战线》2006 年第 6 期。

16. 同上。

17. 何惠琴、金建中等：《3200 年前中国新疆哈密古人骨的 mtDNA 多态性研究》，《人类学学报》2003 年第 4 期。

18. 崔银秋、段然慧等：《吐鲁番古墓葬人骨遗骸的线粒体 DNA 分析》，载《边疆考古研究》第 1 辑，科学出版社 2002 年版，第 352—356 页。

19. 崔银秋、段然慧等：《交河故城古车师人的线粒体 DNA 分析》,《高等学校化学学报》2002年第8期。

20. 崔银秋、张全超等:《吐鲁番盆地青铜至铁器时代居民遗传结构研究》,《考古》2005年第7期。

21. 付昶、阮秋荣:《萨恩萨伊墓地出土头骨的人种学研究》,载新疆文物考古研究所编著:《新疆萨恩萨伊墓地》,文物出版社2013年版,第208页。

22. 叶莲娜·伊菲莫夫纳·库兹米娜:《丝绸之路史前史》,李春长译,科学出版社2015年版,第39页。

23. 王博:《切木尔切克文化初探》,载西北大学文博学院编:《考古文物研究——纪念西北大学考古专业成立四十周年文集（1956—1996）》,三秦出版社1991年版,第274—285页;林沄:《关于新疆北部切木尔切克类型遗存的几个问题——从布尔津县出土的陶器说起》,载《庆祝何炳棣先生九十华诞论文集》编辑委员会编:《庆祝何炳棣先生九十华诞论文集》,三秦出版社2008年版,第717—733页,收入《林沄学术文集》(二),科学出版社2008年版;丛德新、贾伟明:《切木尔切克墓地及其早期遗存的初步分析》,载吉林大学边疆考古研究中心编:《庆祝张忠培先生八十岁论文集》,科学出版社2014年版,第275—308年;于建军:《切木尔切克文化的新认识》,《新疆文物》2015年第3—4期。

24. 李金国、吕恩国:《温泉县阿敦乔鲁遗存的考古调查和研究》,《新疆文物》2003年第1期;中国社会科学院考古研究所等:《新疆温泉县阿敦乔鲁遗址与墓地》,《考古》2013年第7期。

25. 邵会秋:《新疆地区安德罗诺沃文化相关遗存探析》,载吉林大学边疆考古研究中心编：《边疆考古研究》第8辑，科学出版社2009年版，第81—97页；阮秋荣：《新疆发现的安德罗诺沃文化遗存研究》，载西北大学丝绸之路文化遗产保护与考古学研究中心等编：《西部考古》第7辑，三秦出版社2014年版，第124—125页。

26. 新疆文物考古研究所编著：《新疆萨恩萨伊墓地》，第153页。

27. 新疆文物考古研究所编：《新疆下坂地墓地》，文物出版社2012年版。

28. 新疆文物考古研究所、石河子博物馆：《石河子市古墓》，《新疆文物》1994年第1期。

29. 新疆文物考古研究所、西北大学文博学院八九级考古班：《乌鲁木齐柴窝堡古墓葬发掘报告》，《新疆文物》1998年第1期。

30. 新疆文物考古研究所：《新疆呼图壁县石门子墓地发掘简报》，《新疆文物》2013年第2期。

31. 新疆文物考古研究所：《新疆和硕新塔拉遗址发掘简报》，《考古》1988年第5期；新疆维吾尔自治区博物馆、和硕县文化馆：《和硕县新塔拉、曲惠原始文化遗址调查》，《新疆文物》1986年第1期。

32. 黄文弼：《新疆考古发掘报告（1957—1958）》，文物出版社1983年版，图版七六、七七。

33. 岳峰、于志勇：《新疆民丰县尼雅遗址以北地区1996年考古调查》，《考古》1999年第4期。

34. 阮秋荣：《略论新疆天山北麓青铜文化》，《新疆文物》2016年第2期。

35. 新疆文物考古研究所:《阜康市西沟墓地、遗址考古发掘简报》,《新疆文物》2016年第1期。

36. 奇台县文化馆:《新疆奇台县发现的石器时代遗址和古墓》,《考古学集刊》1982年第2集,第22—24页。

37. 王博:《新疆近十年发现的一些铜器》,《新疆文物》1987年第1期;王博、成振国:《新疆巩留县出土一批青铜器》,《文物》1989年第8期;李肖、党彤:《准噶尔盆地周缘地区出土铜器初探》,《新疆文物》1995年第2期;李溯源:《新疆新源县出土一组青铜器》,《中国文物报》2005年9月23日;刘学堂、李溯源:《新疆发现的铸铜石范及其意义》,《西域研究》2008年第4期。

38. 刘学堂:《青铜长歌》,甘肃人民出版社2015年版;刘学堂:《彩陶与青铜的对话》,商务印书馆2016年版;刘学堂、李文瑛:《中国早期青铜文化的起源及其相关问题新探》,《藏学研究》第3辑,四川大学出版社2007年版,第1—63页;陈戈:《新疆远古文化初论》,载《中亚学刊》第4辑,中华书局1995年版,第5—72页;韩康信:《新疆哈密焉不拉克古墓人骨种系成分研究》,《考古学报》1990年第3期。

39. 刘学堂、李文瑛:《吐鲁番的远古记忆》,新疆人民出版社2015年版;吐鲁番地区文管所:《新疆托克逊县英亚依拉克古墓群调查》,《考古》1985年第5期;吐鲁番地区文物保管所:《新疆托克逊县喀格恰克古墓群》,《考古》1987年第7期;吐鲁番文物局:《鄯善县洋海墓地采集文物》,《新疆文物》1998年第3期;新疆文物考古研究所、吐鲁番文物局:《鄯善县洋海一号墓地发掘简报》,《新疆文物》2004年第1期;新疆文物考古研究所:《新疆鄯善县苏贝希考古调查》,《考古与文物》1993年第2期;新疆文物考古研究所等:《鄯善县苏贝希墓群三号墓地》,《新疆文物》1994年第2期;新疆文物考古研究所等:《新疆鄯善县苏贝希遗址及墓地》,《考古》2002年第6期;新疆文物考古研究所等:《鄯善县洋海二号墓地发掘简报》,《新疆文物》2004年第1期;新疆文物考古研究所等:《新疆鄯善县洋海墓地的考古新收获》,《考古》2004年第5期;新疆维吾尔自治区博物馆等:《新疆吐鲁番艾丁湖古墓葬》,《考古》1982年第4期;新疆文物考古研究所等:《新疆鄯善县三个桥墓葬发掘简报》,《文物》2002年第6期;陈戈:《新疆远古文化初论》,载《中亚学刊》第4辑,中华书局1995年版,第5—72页;陈戈:《新疆史前时期又一种考古学文化——苏贝希文化试析》,载宿白主编:《苏秉琦与当代中国考古学》,科学出版社2001年版,第153—171页;陈戈:《苏贝希文化的源流及其与其它文化的关系》,《西域研究》2002年第2期。

40. 中国社会科学院考古研究所新疆队等:《和静察吾呼沟口一号墓地发掘报告》,《考古学报》1988年第1期;新疆文物考古研究所等:《和静县察吾呼沟二号墓地发掘简报》,《新疆文物》1989年第4期;新疆文物考古研究所:《和静县察吾呼沟四号墓地1986年度发掘简报》,《新疆文物》1987年第1期;中国社会科学院考古研究所新疆队等:《新疆轮台群巴克古墓葬第一次发掘简报》,《考古》1987年第1期;新疆文物考古研究所等:《和静县察吾呼沟一号墓地》,《新疆文物》1992年第4期;中国社会科学院考古研究所新疆队等：《新疆和静县察吾呼沟口二号墓地发掘简报》，《考古》1990年第6期；新疆文物考古研究所等：《和静县察吾呼沟五号墓地发掘简报》，《新疆文物》1992年第2期；中国社会科学院考古研究所新疆队等：《新疆轮台群巴克墓葬第二、三次发掘简报》，《考古》1991年第8期；新疆文物考古研究所：《新疆察吾呼——大型氏族墓地发掘报告》，东方出版社1999年版；新疆文物考古研究所等：《和静县哈布其罕I号墓地发掘简报》，《新疆文物》1999年第1期；新疆文物考古研究所等：《和静县拜勒其尔石围墓葬发掘简报》，《新疆文物》1999年第3—4期；新疆文物考古研究所：《和静哈布其罕二号墓地发掘简报》，《新疆文物》2001年第3—4期；巴音郭楞蒙古自治州文物保护管理所：《新疆库尔勒市上户乡古墓葬》，《文物》1999年第2期；新疆文物考古研究所：《拜城县克孜尔水库墓地第一次发掘》，《新疆文物》1999年第3—4期；新疆文物考古研究所：《新疆拜城县克孜尔吐尔墓地第一次发掘》，《考古》2002年第6期；新疆文物考古研究所：《新疆拜城县克孜尔水库墓地第二次发掘简报》，《新疆文物》2004年第4期；张平、张铁男：《拜城克孜尔水库墓地第一次发掘》，《新疆文物》1999年第3—4期；陈戈：《新疆察吾呼沟口文化略论》，《考古与文物》1993年第5期；陈戈：《察吾呼沟口文化的类型划分和分期问题》，《考古与文物》2001年第5期；陈戈：《再论察吾呼沟口文化》，《吐鲁番学研究》2001年第2期；吕恩国：《察吾呼文化研究》，《新疆文物》1999年第3—4期；刘学堂：《察吾呼沟四号墓地墓葬制度研究》，载新疆文物考古研究所编：《新疆考古发现与研究》第

1辑，1996年；张平：《从克孜尔遗址和墓葬看龟兹青铜时代文化》，《新疆文物》1999年第2期；新疆文物考古研究所：《和静察汗乌苏古墓群考古发掘新收获》，《新疆文物》2004年第4期；中国社会科学院考古研究所等编著：《拜城多岗墓地》，文物出版社2014年版。

41. 刘学堂：《尼勒克县穷科克一号墓地考古发掘报告》，《新疆文物》2002年第3—4期；陈戈：《伊犁河流域文化初论》，载余太山主编：《欧亚学刊》第2辑，中华书局2002年版，第1—35页；刘学堂：《伊犁河流域史前考古的发现与研究》，《新疆文物》2011年第1期。

42. 刘学堂：《石器时代东西方文化交流初论》，《新疆师范大学学报》2012年第4期。

第六章 「胡人」问题

阐述天山山脉在内陆欧亚人群迁徙与文化传播过程中的地位时，还有一个"胡人"问题。石器时代以来，在西域大地上，东西方人种集团种群的混血、文化的交融，是持续不断的和动态的，是叠加和递进的过程。但是，如果与单纯的欧亚东方蒙古人种——典型的黄色人种——黑发黑瞳、黄皮肤、面型较平的特征相比，他们之间的区别依旧是显而易见。两个群体之间的区别不仅表现在体貌上，以语言为基础的文化传统上的区别也很明显。这种区别一直延续到历史时期。中国古代文献记录过这些体貌特征与中原居民迥异的人群，一般称他们为"胡人"。

一　文献中的"胡人"

古巴比伦的"胡人"

追溯起来,"胡人"的称呼,并不是中原居民对西部体貌差别明显的异类族群的冠名,而是源于西方。

公元前16—前14世纪,亚述地区发生的最重大的历史事件,就是胡里安人的入侵与建国。胡里安人是从北方草原南下的印欧人群的一支,从语言和信仰习惯上推断,他们可能来自北部的亚美尼亚高原。公元前1550年,胡里安人在幼发拉底河建立了众多王国,势力最强大的就是米坦尼王国。经过数十年的征战,米坦尼王国与小亚细亚的赫梯及北非的埃及建立了同盟关系,米坦尼王国还击败了亚述和巴比伦,成为古代近东的新霸主,统治这里将近200年。米坦尼王国统治下的亚述、巴比伦、埃及、赫梯人,都向胡里安人纳供。值得注意的是,这一时期的埃及人就将胡里安人称为Hor(胡儿)。出土文书证明,在人类文化发展史上,他们对马的驯化利用和战车发展做出很大贡献,并因此显示了其与印欧人群的密切关系。饶宗颐认为,"胡"这个称谓,远可以追溯到这里,即起源于埃及人对胡里安人的称谓。[1]

中国的先秦文献里，西北地区有一游牧部落称姜戎，姜戎的先祖称为吾离。饶宗颐认为，吾离即胡里安人的"胡里"的对译。商代的时候，胡里安人在两河流域兴起，中国西北用吾离，即胡里安统指西北塞种诸戎，他们之间一定有内在关联。饶宗颐认为，统治古巴比伦的、无比强大的胡里安王国，其势力最强时，向东曾经抵达中国的西北。混夷是允姓的一支，饶宗颐考证说，《诗经》中所载的"混夷"就是秦穆公时的绲戎，它也是米坦尼王国楔形文书里的 Hor（胡儿）一词的对音。[2]

中国西北的"胡人"

历史上中原内地的居民，通常把与中原相邻的北方和西北游牧的少数民族统称为胡人。

"胡"字在西周到春秋时期均书写作"觳"，战国时期才写成今天的"胡"字。《辞海》中解释"胡"字时，说中国古代泛称"北方边地与西域的民族为胡，后也泛指一切外国为胡"[3]。陈寅恪在《论五胡种族问题》[4]中说，胡本指匈奴。按照《汉书》晋灼的注说，匈奴在尧时有各种不同的称谓，到了秦代才有匈奴的叫法。而匈奴人则把自己称为胡，中原居民便陈因随之，把匈奴称为胡人。贾谊写《过秦论》时说，"胡人不敢南下而牧马"，说的就是匈奴人。匈奴的头领观狐鹿姑单于写给汉武帝的一封信里说"南有大汉，北有强胡。胡者，天之骄子"，借以夸耀自己。据我国的一些学者考证，匈奴的"匈"字和匈奴别称的"胡"字为同一语源，都是匈奴本名（Hun）的音译。[5] 秦汉之际，北方游牧族群称为诸胡，比如有东胡、林胡，除此外，居延简里记有

"秦胡",指的是秦地未被同化的匈奴人。《后汉书》里有记,"湟中月氏胡",指的是大月氏,同书中也提到过小月氏胡,说小月氏分居塞内,经常和羌族争夺地盘,发生冲突。

王国维在《西胡考》中说:"汉人谓西域诸国为西胡,本对匈奴与东胡言之","西胡亦单称为胡"。"先汉之世,匈奴、西域,业已兼被胡称;后汉以降,匈奴浸微,西域遂专胡号","魏晋以来,凡草木之名冠之以胡字者,其实皆西域物也"。缀以西胡的国名、地名、物名、人名,不胜枚举,比如有"鄯善西胡国也"、"纑,西胡毳布也"、"胡浮窟胡犁支"、"胡铁"等[6],又有月氏胡、波斯胡、康居胡、九姓胡。有晋以来,居于河西的沮渠氏,先祖是匈奴的左沮渠,称其为庐水胡。《吐鲁番文书》还记载过屠儿胡,唐代的藏人专称粟特为胡。日本人森安孝夫以敦煌吐蕃文文书为例,说吐蕃占领河西时期,将那里的回纥人、后来的蒙古人及17世纪至现代的处于西藏以北的非藏族人,都称为霍尔。郭平梁认为,当时西域大地有两个霍尔群体,一个在漠北,即著名的漠北回纥汗国。鄂尔浑突厥碑铭称之为Uigur;唐朝称之为回纥或回鹘,起初谓九姓铁勒之一部,后来概为九姓铁勒之总称。另一霍尔人群体在西域,他们人数较少,所起作用也不显著,故而鲜为人知。西域霍尔至少在吐蕃统治时期,又可称为西域回纥人,他们是从漠北回纥分出来的一支。[7]

据饶宗颐的意见,胡是代表西北异族的通名。此前不久,西藏的北部和西北地区,还散居着许多被称为Hor(霍尔)的游牧族群,《藏汉对照字汇》里,对译这个词的是回鹘。韩儒林说,Hor的祖先是秦汉时的小月氏。饶宗颐相信藏语里的这个Hor称谓就是"胡",是"胡"字音译在西北保存下来的最后残迹。[8] 对此笔者请教了藏族学者关丙胜教授,他说藏人把北部那些外来的非藏族系统人都称为 Hor。石硕、拉毛太说:"对于中原而言,居住在西北方的族群惯称为'胡',与藏文文献中'ཧོར'(霍尔)一词概念中所指方位和族群的理解极为相似,泛指西北方的族群。"[9] 就是说,对西北异族称胡的习惯,一直保存到现代的藏语里。

注释

1. 饶宗颐:《上代塞种史若干问题——于阗史丛考序》,《中国文化》1993 年第 8 期。

2. 同上。

3. 征农、陈直立主编:《辞海》,上海辞书出版社 2009 年版,第 912 页。

4. 万绳楠整理:《陈寅恪魏晋南北朝史讲演录》,贵州人民出版社 2007 年版,第 83—98 页。

5. 郭平梁:《纥·霍尔(Hor)·回纥》,《西域研究》1993 年第 1 期。

6. 王国维:《西胡考》,载王国维:《观堂集林二》,中华书局 1959 年版,第 606—614 页。

7. 郭平梁:《纥·霍尔(Hor)·回纥》,《西域研究》1993 年第 1 期。

8.饶宗颐:《上代塞种史若干问题——于阗史丛考序》,《中国文化》1993年第8期。

9.石硕、拉毛太:《论藏文文献中"ཧོར"(霍尔)的概念及范围》,《青海民族研究》2016年第2期。

二 中国西北地区考古发现的早期"胡人"造像

考古发现的早期"胡人"造像

在陕西、甘肃地区陆续发现过一些用不同材料雕塑的人像，时代多在西周到战国时期，研究者多认为他们与"胡人"有关。

1980年秋，陕西周原考古队配合扶风召陈生产队修水渠时，清理了召陈建筑群遗址，它是周宫室建筑的部分基址。在西周晚期建筑废弃时形成的红烧土堆积中出土两件骨笄的帽，帽体是蚌雕的人头像[1]，研究者认为这一头像表现的是塞人形象，属于胡人[2]。甘肃灵台白草坡西周墓葬中，出土一件人头形的铜钩戟，高25.5厘米、宽23厘米。直内，人头形銎，人物呈现出深目高鼻的特征，下颌有浓重的胡须，眉毛浓而粗。[3]张家川马家塬墓地3号墓的墓室西北侧出土一件铅铸的人形俑，残高7.3厘米，呈行走状，戴尖顶帽，帽尖向前弯曲，两侧有护耳，着交领上衣，左衽，系腰带，脚穿长靴[4]；还随葬一件人形铅俑头，残高2.9厘米，仅存头部，头戴尖顶帽，两侧有护耳。M4的墓道中随葬的马车的车毂上，有铜铸的人形俑，高6.4厘米，戴尖顶帽，两侧有护耳，着交领短上衣，左衽，双手交于胸前。M6出土8件金人面饰，以薄金片捶揲而成，圆眼，眼鼻凸起，以褐色颜料绘出下弯的眉毛和上翘的胡须，头戴尖顶帽。[5] 甘肃省博物馆征集到一件骨管，骨管口呈马蹄状，装饰阴刻的鸟和人物，边缘刻有相对的三角纹，人物呈侧面形象，戴尖顶帽，上身穿长衣，腰束带，下穿裤腿宽肥的灯笼裤，双手持弓，张弓欲射。这些人物的形象显然不是中原人物，是异域的"胡人"。[6]

陕西、甘肃地区发现的上述胡人造像，一个突出的特征是大都戴有尖顶帽。尖顶帽的传统起源于近东地区，时代可早到公元前3千纪。在公元前7世纪的亚述帝国，尖顶帽是士兵的标准装饰，亚述的浮雕和其他的图像中，戴尖顶帽的士兵的形象屡屡出现。士兵们所戴的尖顶帽有两类，一类是尖锥形，另一类帽顶的尖锥向前弯曲。阿契美尼德王朝时期，岩刻图像中戴尖帽的人物不是波斯人，而是萨迦人。新疆伊犁河流域发现过戴顶呈尖弯钩状的尖帽武士俑，被认为是塞人武士形象。[7] 胡人的形象和与胡人有关的文字，还出现在隋唐及以后的纺织品中，敦煌文书中屡次出现"胡锦"与"番锦"，吐鲁番阿斯塔那隋代墓中出土有"胡王牵驼锦"，还织出"胡王"两个汉字。[8] 中国丝绸博物馆藏有一件"波纹狮象牵驼纹锦"，上面也织有"胡"字。这说明唐五代时期，西域之地的一些相貌上与中原居民有明显区别的居民亦被称为胡。[9]

"胡人"的南下

"胡人"是一个比较复杂的问题。它最初是埃及人对"胡里安人"的称谓。"胡里安人"是印欧人中征服古亚述的一支，也是南部绿洲农业区的居民对北方草原游牧者的称谓。胡人的意思是说他们性格剽悍、野蛮。

如果将胡人问题与印欧人群的迁徙和扩张联系起来考察，有助于加深我们对中国西北地区胡人的理解。公元前3千纪末至公元前2千纪初，原始的印欧人群进入天山南北、塔里木盆地，留下了我们前述的阿尔泰山脉的切木尔切克文化，罗布诺尔三角洲的小河文化等不同地区、不同时代的考古学文化。新的考古发现表明，印欧人群所创造的阿凡纳谢沃文化的分布区域辽阔，东达蒙古高原，南到天山山脉，影响远抵塔里木盆地。其后的安德罗诺沃文化分布范围更加广泛，渗透到中亚南部的绿洲区域，青铜时代晚期的卡拉苏克文化，不仅对新疆的天山以北，更对中国北方长城沿线和长城以北草原地带产生过深远影响。

先秦文献中记载的活动在中原西部边缘区被称为"吾离"或"绲戎"、"绲夷"的人群，如前所述，饶宗颐认为他们是胡人，是印欧人群。但结合印欧人群在中国西北地区迁徙与扩张的考古学考察，先秦时期活跃在中原西北边缘地带的胡人群体，并非如饶宗颐所讲，具体指的是征服了亚述帝国的"胡里安人"——他们强盛时的势力范围达到中原西部边界一带。公元前3千纪到公元前2千纪间，印欧人群不断掀起西进和南下的浪潮，波及内陆欧亚的大部分区域。公元前3千纪末2千纪初，印欧人群从整个欧亚北方草原南下，抵达两河流域、印度西北部和天山地区。很可能在印欧人群扩散迁徙的历史运动中，其中的一支通过蒙古高原，来到了中国北方农业区域的边缘地带。这些相貌上与中原居民有明显差异的外来者，被中原的农耕居民称为"吾离"、"绲戎"或"绲夷",是印欧人群东迁过程中所达到的最东界的一支。

总而言之,所谓的"胡人",很可能是中原及南方的农耕居民对北方、西北及外来的,经济以畜牧为主的族群的统一称谓,只是东西方有不同的音译罢了。从游牧时代到历史时期,这一传统延续了下来。不过,在历史进程中,"胡人"概念也随之不断扩展甚至出现转移的倾向。"胡人"不仅指西北农业区域外围的游牧人群,西方来的商旅也都被列入"胡人"范畴,称为"胡商"。胡人的历史,根源于印欧人群的迁徙与扩张。从这个角度说,乌鲁木齐萨恩萨伊墓地压印刻划纹陶器系统,也可认为是"胡人"的遗存。

注释

1. 尹盛平:《西周蚌雕人头像种族探索》,《文物》1986年第1期。

2. 水涛:《从周原出土蚌雕人像看塞人东进诸问题》,载水涛:《中国西北地区青铜时代考古论集》,科学出版社2001年版,第62—67页;王国维:《西胡考》,载王国维:《观堂集林二》,中华书局1959年版,第606—614页;郭平梁:《纥·霍尔(Hor)·回纥》,《西域研究》1993年第1期;饶宗颐:《上代塞种史若干问题——于阗史丛考序》,《中国文化》1993年第8期;石硕、拉毛太:《论藏文文献中"གྲུ"(霍尔)的概念及范围》,《青海民族研究》2016年第2期;尹盛平:《西周蚌雕人头像种族探索》,《文物》1986年第1期。

3. 王辉:《甘肃发现的两周时期的"胡人"形象》,《考古与文物》2013年第6期,图一,1。

4. 甘肃省文物考古研究所:《2006年度甘肃张家川回族自治县马家塬战国墓地发掘简报》,《文物》2008年第9期。

5. 早期秦文化联合考古队等:《张家川马家塬战国墓地2008—2009年发掘简报》,《文物》2010年第10期;王辉:《甘肃发现的两周时期的"胡人"形象》,《考古与文物》2013年第6期。

6. 王辉:《甘肃发现的两周时期的"胡人"形象》,《考古与文物》2013年第6期。

7. 王明哲:《伊犁河流域塞人文化初探》,《新疆社会科学》1985年第1期。

8. 新疆文物事业管理局等编:《新疆维吾尔自治区丝路考古珍品》,上海译文出版社1998年版,第130页。

9. 赵丰、王乐:《敦煌的胡锦与番锦》,《敦煌研究》2009年第4期。

第七章 乌鲁木齐的彩陶遗存

欧亚东部种群集团蒙古利亚人种古西北类型的一支,他们原居黄河上游、河西走廊,后来不断地自东向西运动。这支人群种植粟黍类农作物,掌握着先进的彩陶技术,公元前3千纪末到公元前2千纪初,他们由河西走廊进入西部天山,沿着天山继续向西发展,走出了一条史前时期的彩陶之路。[①] 东来的彩陶文化扎根天山,与当地原居民文化融合、创新与发展,谱写了独具异彩的天山彩陶文化的新曲,对天山地区史前历史进行了重构。

---

① 刘学堂:《彩陶与青铜的对话》,商务印书馆2016年版。

一　青铜时代的彩陶遗存

乌鲁木齐地区彩陶的出现，要晚于压印刻划纹陶器。公元前1千纪初开始的某个时期，乌鲁木齐南山萨恩萨伊人群有的墓葬修成特殊的"田"字形结构，墓中随葬压印刻划纹的陶器；有的墓葬修成竖穴土坑墓，墓中随葬彩陶。前者与青铜之路密切相关，后者与彩陶之路密切相关。

别具风格的彩陶

萨恩萨伊墓地青铜时代墓葬中随葬彩陶的墓并不多，出土彩陶器的器形和纹饰，别具风格。

随葬彩陶的墓中，一般有一个彩陶罐，个别随葬两个。陶器的陶质为夹砂红陶，手制。器物类型简单，特征明显。出土的近20件陶器中，多为彩陶，个别为素面陶器。彩陶罐中的蛋形彩陶罐和平底深腹的彩陶罐，造型特征明显，相同的彩陶器物，此前在新疆地区史前彩陶文化器物群中没有发现。

蛋形彩陶罐略似一个椭圆形的鹅蛋，个别器物腹略圆鼓，一般直口无颈，或有短的口沿。平底的高腹罐，略有颈部。一般无耳，个别一侧有小的单耳，或竖耳或横耳。另外，墓地出土一件彩陶豆，圈足以上的器体也呈蛋形。这件彩陶豆，小圈足，圆鼓腹，短领直口，肩部有对称的小耳。平底深腹罐，器形较矮小，口微折敛，深腹，平底。这种彩陶施红彩，风格一致，均为几何纹样，图案疏散。有的口沿下饰一周倒三角纹，腹部饰有很简单的折线；有的饰稀疏的网纹；有的网线粗细相间，有的腹部饰卷曲的曲线纹；有的纹样像漫落的垂叶；有的饰平行线带交织的菱格纹，有的饰虚实相间的大菱格纹，有的饰棋盘格网带交织的大菱格纹；有的饰下端叉尾的倒三角纹；有的器物口沿内饰两排折线交叉的菱格网纹，腹饰一周两排上下排列的三角纹。表现出简洁、明快的艺术美感。

文化交融的结晶

东西向的彩陶之路，始自黄河支流渭水流域，止于伊犁河下游的谢米列契地区，东西数千公里。彩陶之路东西向延伸，彩陶文化传播过程中，因不同的路径、区域和时代，陶器的器型与纹样随之发生变化。但是，在彩陶之路一路所见的器物中，似这类蛋形的彩陶罐和平底的深腹彩陶罐，十分罕见。这类器物从形体特征上看，明显具压印刻划纹器物风格，因此是西来南下的压印刻划纹陶器器型与东来的彩陶纹样结合的产物。

萨恩萨伊墓地青铜时代的彩陶，从器形看，更为接近卡拉苏克文化的陶器。卡拉苏克文化是中亚北部草原地区青铜时代晚期的考古学文化，主要分布于俄罗斯的南西伯利亚、米努辛斯克盆地、鄂毕河上游、贝加尔湖、阿尔泰山脉及哈萨克斯坦草原，年代在公元前2千纪末到公元前1千纪初。[1] 卡拉苏克文化的陶器

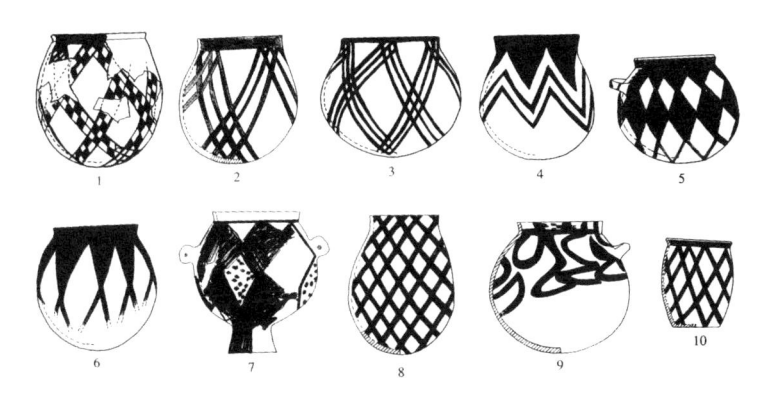

萨恩萨伊墓地青铜时代的彩陶
1—4、6、8. 无耳罐;5、9. 横耳罐;7. 圈足豆;10. 缸形罐。

均为手制,灰色或灰黑色,许多陶器器壁较薄,打磨光滑,部分陶器表饰以压印刻划的几何纹样。陶器有平底和圜底之分,圜底陶器常见的有扁球形("芜菁形")和椭圆形器体。[2] 而萨恩萨伊墓地青铜时代的墓葬中所出的彩陶,陶质以夹砂红陶为主,器表彩陶装饰风格是传统的东来文化因素,是自西向东发展的彩陶文化与自北向南发展的青铜时代晚期卡拉苏克文化相遇,交融结合后产生的在彩陶之路上别具风格的一种彩陶组合。

注释

1. 李琪:《史前东西民族的迁移运动——关于卡拉苏克文化的思考》,《西北民族研究》1998年第2期。

2. C. B. 吉谢列夫:《南西伯利亚古代史》,王博译,新疆人民出版社2014年版,第127页。

二　早期铁器时代的墓地

公元前10世纪以后，新疆天山地区的远古居民，陆续学会使用铁器。公元前五六世纪，天山地区的远古居民比较广泛地使用铁器，进入早期铁器时代。公元前1千纪初开始，东来的彩陶文化一路西传，撒播着彩陶因素种子。彩陶文化传播到天山地区，在这里生根发芽，并形成了有明显地方特征的天山彩陶文化圈。

萨恩萨伊墓地早期铁器时代的墓葬

萨恩萨伊墓地早期铁器时代的墓葬有数十座。这一时期的墓葬地表多有石封堆标志，石堆圆形，中部略有凹陷。墓室为竖穴土坑，少量是竖穴土坑偏室墓。偏室的一侧留有生土二层台。个别墓室内置石棺或木质葬具。石棺用长板石和块石围成，围砌草率。葬俗多单人葬，葬式为仰身直肢或侧身屈肢，头朝西或西北。随葬品多放在死者的头边。随葬品有陶器、铜器和少量的铁器。陶器为夹砂红陶，手制，器形较小，制造粗糙。器类有罐、杯、钵等。陶罐多素面，个别彩陶，彩陶为红衣黑彩，图案为三角涡纹。[1]

乌拉泊水库古墓

乌拉泊水库墓地在乌鲁木齐河上游，天山脚下，乌拉泊水库边。共发掘墓葬46座，年代在战国至汉代前后。[2]

乌拉泊水库墓地的部分墓葬，在水库盛水期时淹没于水底。大部分墓地保存基本完整，地表有小的石堆，石堆大体南北成排。墓室很浅，平面一般呈长方形或不规则的长条形，墓室内少数用石棺。46座墓中，有17座石棺墓，27座土坑墓，2座墓葬无墓室。石棺一般用数块较大的石板围砌而成，四壁平直，口无盖板。个别墓葬只在石棺的一端盖上一块石板，无底。2座墓葬仅在单侧壁砌石板，墓室西宽东窄，墓室长1米左右，宽仅能容身。46座墓葬中，36座葬单人，9座合葬墓。合葬墓内多葬双人，姿势或相向侧身相依，或仰身并列。双人合葬墓的个体，大多是成年男女。异性双人合葬墓中的男性，置于墓室中间，女性

乌拉泊水库墓地的石棺墓

则紧依墓壁,置于男性一侧。其中一墓墓室的南侧葬一老年女性,北侧葬一中年男性,女性尸骨的半个身躯都被男性尸骨压着。这反映了当时社会存在男尊女卑的现象。一次葬者头西脚东,大多仰身直肢,仰身屈肢仅一例。5座墓内的死者仰身,下肢不全。一座石棺墓的棺内置一个体,仰身直肢,棺的西端口不规则地盖着几块石板,石板上置一人头骨。有2座独立的儿童墓,儿童墓的石棺很小,1座墓葬中仅见一个人的头骨。

乌拉泊水库墓地,部分墓葬中人骨和随葬品因常年水浸或地下水位较浅等原因,多已残朽。随葬品有陶器、铜器、石器、铁器、金器及玛瑙等。铜器有小刀、耳环、发簪、铜镜和马衔等。铁器已经普及,其中9座墓中出土了11件铁器,多残蚀,能辨识的器物有刀、锥等。出土石臼1件,还有少量的金、玛瑙质地的饰件。近三分之一的墓葬随葬动物骨殖,其中有马头、羊头、羊蹄,以及动物长骨和盆骨,个别墓葬中殉葬有完整的马匹,马嘴中衔有铁马衔。陶器占随葬品的半数以上,陶质均为夹砂红陶,手制。器形以单耳、圜底陶器为主,平底器较少,器腹及口沿下常饰以各种横的錾耳、小的竖耳、乳钉及附加堆纹。乌拉泊

乌拉泊水库墓地出土的陶器
左、中:单耳陶罐;右:双耳陶罐。

水库墓地陶器的突出特征，是把陶器的器耳修成很宽的带状，并在器腹捏出耳状或半月形的錾状装饰。陶器的类型有陶罐、壶、杯、盆、釜、钵、碗等。部分陶器为彩陶，均红衣黑彩，纹饰有三角纹、涡纹、网纹和菱形方格纹等。

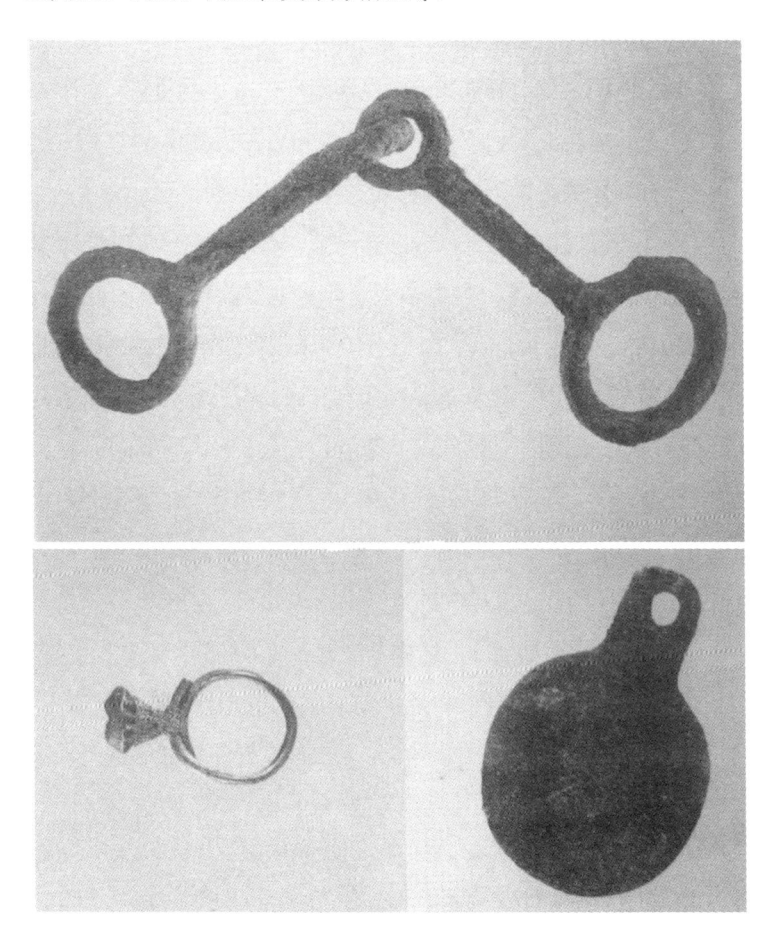

乌拉泊水库墓地出土的铜器
上：铜马衔；下左：铜耳环；下右：环柄铜镜。

柴窝堡湖东墓地

在柴窝堡湖东侧博格达山南麓坡地和戈壁漫滩上，分布多处古代墓葬，这些墓葬或成片分布或成排布列。1991年和1994年，考古工作者在这里发掘墓葬20座，年代在战国前后。

柴窝堡湖东墓地的墓葬大致呈西南—东北条状排列。在长超过2公里、宽0.5公里以上的范围内分布着古代墓葬60多座。墓葬地表有明显的封堆，大型墓葬的封堆规模巨大，远远看去，十分醒目。条带状布列的墓葬中，有一排7座大型墓葬，直径均30米以上，周围散布着一些中小型墓葬。中型墓葬封堆的直径12米—20米，小型墓葬封堆的直径10米以下。若干中小型墓葬相对集中在大墓的西北。从墓葬规模和分布情况分析，战国前后的柴窝堡湖边，出现了地位较高的家族，社会分化日渐明显，社会结构日趋复杂。条带状布列的墓葬中的大型墓葬，推测是当时大家族族长的坟茔，那些围绕着它布列的中小型墓葬，是当时社会地位差别有序的普通家族的坟茔。

柴窝堡湖东墓地墓葬的结构，绝大多数为椭圆形竖穴土坑墓，少量为竖穴土坑二层台墓和竖穴偏室墓。墓坑中填圆木或填石。墓葬的二层台上多横置一排圆木。竖穴偏室开在墓穴的西壁，偏室相对的一侧留出生土二层台，二层台上支木，以封盖墓室。个别的偏室又分成小的龛室。大多数墓葬的封堆下建一个墓室，有的封堆下为双墓室。多数墓葬用圆木在墓室内架构木椁，用圆木沿墓室四壁棚架而成，圆木大小均匀，纵横交错，平面略呈矩形。有的在木椁口部再棚以圆木，椁底铺以木板，椁内和椁外填卵石。

有的沿墓室四壁，用一根或两根圆木支成矩形框架，椁室较浅。有的在墓穴的中部树立一排圆木。有一座墓葬封堆下有小的浅坑，坑的周壁放置一些大石头，是与祭祀活动有关的遗存。有意思的是，这一墓地出自 M7 和 M3 墓葬的陶片，可拼对成一件完整的陶器。同一件陶器的碎片，被分别置于两座不同的墓葬，表明这两座墓葬共时，两座墓的主人生前关系密切。柴窝堡湖东墓地的墓葬，绝大多数为单人葬一次葬，葬式仰身直肢，右手臂曲至胸腹间，头西北脚东南。其中 10 座墓葬内骨骼较乱，有的墓葬内骨骼极残乱，为二次葬。还有的墓葬，死者下体骨骼大部完好，依

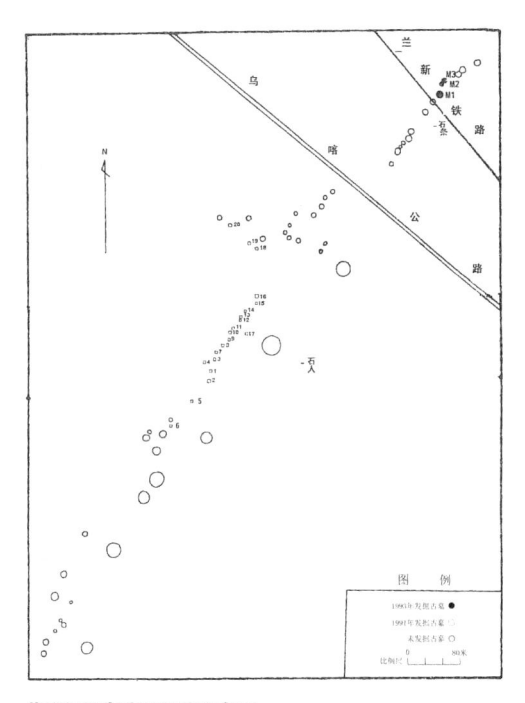

柴窝堡湖东墓地墓葬分布图

生理排列，上躯骨骼残乱，似乎是二次扰乱所致。墓地还有一座双室墓，主墓室的墓主人为一成年女性，主墓的一侧挖一附葬的小坑，坑内葬有一婴儿，主附墓室主人的关系推测为母子。

柴窝堡湖东墓地墓葬出土的随葬品有陶器、石器、骨器、金器等。陶器最多，大部残破。陶质为夹砂红陶，手制，器形有单耳圜底器和单耳平底器，个别为无耳器。陶器的类型有陶杯、罐、壶和纺轮等。陶器中有少量彩陶，为黑彩或红彩，纹样有圆涡纹、几何纹等。其次是石器，石器的类型较多，有石环、石刮削器、砍砸器、砺石、石珠等。铜器有铜镜、铜镞等。柴窝堡湖东墓地墓葬的主人，生前喜欢用不同形状的金片装饰衣服，墓葬的随葬品中有H形、三角形、喇叭形、圆形、圆形带钮、梯形、长筒形、圆筒形、S形、花形的金饰件、金珠等。金饰件中的一件金耳坠，上部为环，环上套喇叭状坠饰，造型奇特，罕见而珍贵。随葬品中偶见铁器，是一件铁泡状饰品，铁泡外包着金皮。另外，还出土骨锥和木镞等。这一墓地的东侧有一尊石人，石人

柴窝堡湖东墓地一座大墓的地表封堆

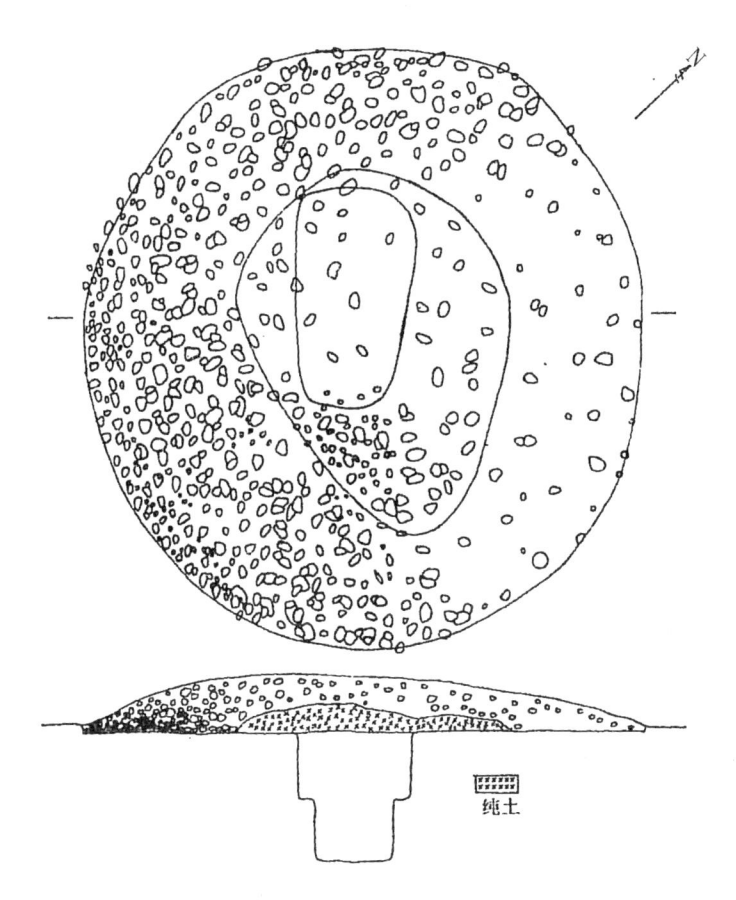

纯土

柴窝堡湖东墓地 M1 墓葬结构图

柴窝堡湖东墓地出土的陶器
1—4. 单耳罐；5. 直壁杯；6. 腹耳罐。

立在距墓地 60 多米的地方，用灰黑色的长条石加工而成，条石的一端刻出人的面部器官，制作简单。

柴窝堡湖东墓地出土的环柄铜镜

柴窝堡湖东墓地有两座比较特殊的墓葬。一座编号 M17，这一墓葬地表封堆下用土坯修筑方形的"坛"，"坛"边长3米以上，残存两层土坯，怀疑是一处特殊的祭祀建筑。另一座编号 M9，是墓地唯一一座竖穴偏室墓。墓室的口部外地表有一堆卵石，卵石下葬一成年男性个体，死者头向东北，与墓地其他家族成员的头向正好相反，这一个体的肩胛骨上有一个用锐器钻成的穿孔，是其生前被穿肩胛骨时留下的孔洞。据此推测，该个体生前为奴隶或者战俘。³

柴窝堡湖北墓地

1994年，柴窝堡湖北畔林厂附近发现零散的古代墓葬，考古工作者在四个地点发掘古代墓葬计15座，年代在战国前后。

柴窝堡湖北墓地墓葬分东西两排，每排5座，南北呈链状排列。墓葬地表有封堆标志。大部分墓葬，封堆下有一个墓室，均为土坑竖穴。部分墓葬一个封堆下有两个或三个竖穴土坑墓，其中的一个坑中葬死者，另一个为祭祀坑，祭祀坑中发现陶器等。墓室口形状多为椭圆形，坑口棚盖圆木。多为合葬墓，合葬个体中有成

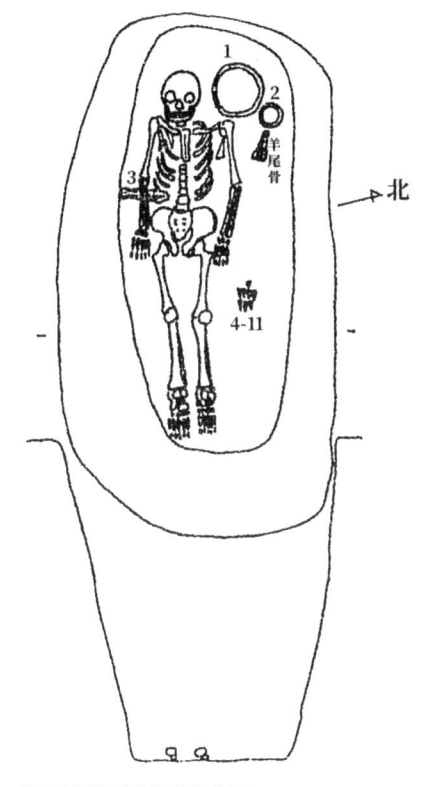

柴窝堡湖北墓地墓葬结构图
1. 陶钵；2. 单耳陶罐；3. 铁块；4—11. 铜镞、骨镞。

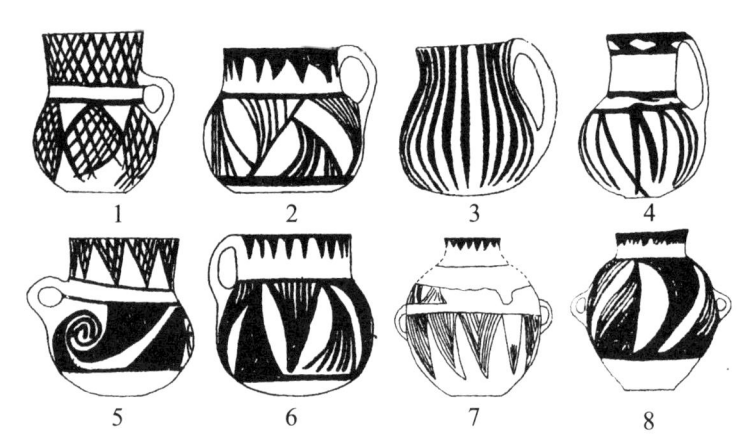

柴窝堡湖北墓地出土的陶器
1—6. 单耳陶罐;7—8. 双耳陶罐。

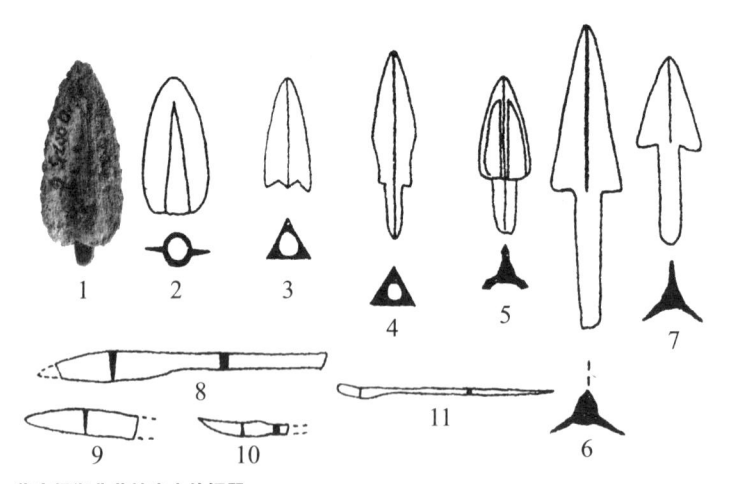

柴窝堡湖北墓地出土的铜器
1—7. 铜镞;8—11. 小铜刀。

年女性和儿童的合葬，有儿童合葬。葬式仰身直肢，头西脚东，个别为俯身直肢，合葬个体或上下叠压，或并排。

柴窝堡湖北墓地的随葬品有陶器、铜器、金器、铁器、骨器、石器等。陶器数量最多，绝大多数为夹砂红陶，少量的灰陶，手制。器类有单耳罐、双耳罐、勺杯、带流罐、壶、钵等。多为彩陶，红衣黑彩，纹样最常见三角纹，多在口沿内外绘一周倒三角纹，多为实体三角或网状三角。器腹绘上下交错排列的正、倒三角纹，三角内填平行弧线，有的三角纹尾部细长卷曲，呈双钩卷尾的圆涡纹等，个别器物的腹部绘菱格状网纹和稀疏的线条纹等。素面陶器器表常捏一个月牙状的錾耳、乳钉或圆饼状的附加堆纹装饰等。铜器次之，铜器中铜镞数量最多，类型复杂，有单翼挺镞、叶形銎镞、三翼銎镞、三棱銎镞及扁挺镞等。铜器中有一件铃形饰件，也可能是铜权杖头，有孔，孔周围铸盘转的动物纹样。骨器有饰牌，石器有串珠，铁器有蘑菇状的铁钉等。大多数墓葬中随葬羊的尾骨。[4]

阿拉沟东风厂墓地

东风厂墓地位于天山腹地阿拉沟南岸的山坡上，墓葬分布松散。在东西 500 米、南北 100 米的台地上，见有零星的石堆墓 43 座。1984 年年底到 1985 年年初，考古工作者在这里发掘墓葬 41 座，时代为春秋战国。

东风厂墓地的墓葬地表有石堆标志，石堆用卵石堆成圆形或方形，少数石堆外用卵石围成石垣。多数墓葬南北链状排列，每排有墓葬数座，少数墓葬相对集中，成片分布。发掘的 41 座墓葬中，两座石堆下不见墓室，未见人骨或其他痕迹，这两座墓位于墓地西端的一个小山包上，推测是东风厂史前居民的祭祀遗存。均为略呈椭圆形的竖穴石室墓，墓室壁用卵石砌成，口略小于底，呈袋状。少量为矩形石室墓，有两座为竖穴土坑墓。个别墓葬，地表封堆下不见墓室，人骨架直接葬在生土地表。大部分墓葬墓坑内填有石头，部分墓葬的墓室口用圆木棚盖，有的盖木之上再积石。墓室底部多平铺一层石片，有的铺圆木、木板、苇席和毛布、毛毡等。墓地还发现以大木盘作为葬具的墓例，尸骨就盛敛在木盘里；个别墓葬在地表封堆中见有人的骨骼。墓葬以多人合葬为主，合葬人数从数人到20人不等，合葬个体中男女老幼均有，推测是一个家族的成员的集体合葬。合葬墓中有一次葬者也有二次葬者，多人合葬墓中二次葬者居多，二次葬者的骨架多不全，散置在墓室。少量为单人葬。墓地发现三座墓葬，其主墓室的外边砌有小的石室，为衬葬坑，衬葬坑中葬有儿童。东风厂墓地葬式复杂，仰身屈肢葬为主，另外有俯身屈肢葬、侧身葬等。个别人的头骨上见人工钻成的小孔，孔多为圆形，直径不足1厘米。这些头骨穿孔现象，是与灵魂崇拜或其他巫术活动有关的遗存。[5]

东风厂墓地随葬品比较丰富，有陶器、木器、铜器、骨器、铁器、石器等。随葬品中陶器最多，陶器为夹砂红陶，手制，以单耳圜底器为主。器类有单耳罐、长颈壶、钵、釜、碗、杯、盆、豆等。墓地出土的单耳高圈足彩绘豆独具特点。陶器绝大部分为彩陶，红衣黑彩或红彩，纹样有三角纹、三角形网纹、涡纹、水波纹、竖条纹、弧线纹以及由斜线组成的其他几何图案，口沿内多绘一周倒三角纹等。铜器次之,有铜镜、马衔、小刀、锥、簪、耳环等。铜器中的铜镜为圆板具钮镜,马衔为两节直棍式,明显具斯基泰风格。木器较多,主要有木盆、盘、勺、纺轮、梳及钻木取火器等。骨器有骨镞、骨锥等。石器多为小磨刀石。另外还有贝壳及小铁件等。墓葬中普遍随葬羊头、马头等畜骨。[6]

阿拉沟东风厂墓地墓葬
上:墓地环境;下:墓葬结构。

阿拉沟东风厂墓地出土的彩陶器
1. 陶豆；2—8. 单耳罐。

阿拉沟东口墓地

阿拉沟东口两岸有开阔的二级台地，台地上分布有成片的墓葬（图版10）。1976—1978年，考古工作者在这里发掘墓葬85座，时代在春秋战国时期。

阿拉沟东口墓地的墓葬，分片布列，相对集中。墓葬有两种类型，一类为石堆石室墓，一类为竖穴木椁墓。竖穴木椁墓情况特殊，后面将单独介绍。石堆石室墓葬，地表用卵石堆成石堆，有的石堆外再用卵石围成圆形、椭圆形或方形的石围。墓室为竖穴石室，石室壁用小的卵石层层垒砌，墓室口上盖石或盖木，墓室为袋状。葬俗为多人合葬，合葬墓中的人数由数人到数十人不等，合葬个体中男女老幼均有，推测是当时一个大家族成员的集体合葬。多人合葬墓内的骨架多为二次葬，少数为一次葬。二次葬者的骨架残乱，散置，骨骼多不全。一次葬者的个体有被二次扰动的现象。一次葬个体，能辨葬式的均为仰身直肢。合葬墓中的个体多层层叠压。个别个体的肢骨或头骨上有明显的刀砍痕迹。少数骨架上残存有衣饰，可知死者生前身着各类毛织或皮制的衣物。有的个体的头上尚保存着长发和梳辫，辫子装在网状发罩里。

阿拉沟东口墓地随葬品比较丰富，有陶器、木器、铜器、石器、骨器和海贝等。陶器的质地为夹砂红陶，手制，器形多为单耳圜底器，器类有盆、钵、罐、杯、壶、小杯、豆、勺杯等。大多为彩陶（图版11—13），红衣黑彩，极少数为红衣红彩。图案风格一致，常见在陶器口沿内侧饰一周倒三角纹，器身常见三角纹和圆涡纹。纹样中的三角纹十分流行，有成排的平行线三角纹、网格状三角纹、交错三角纹和对顶三角纹。圆涡纹有弧边三角卷尾的圆涡、双钩状圆涡纹等，另外还有平行竖条状纹等。其次为木器，有盘、盆、小勺、杯、纺轮、簪和大量的钻木取火用具。铜器多为小件，有小铜刀、扣饰等。石器中有石杵和石锥（眉石）。个别墓葬中见有铁器残件。墓葬中普遍随葬马骨和羊骨。[7]

乌鲁木齐汽运司农场墓地

墓地位于乌鲁木齐市南郊，共有墓葬19座。1989年和1994年，考古工作者在这里发掘墓葬4座，时代在春秋战国时期。

乌鲁木齐汽运司农场墓地的墓葬，一字链状排列。墓葬规模大小差别悬殊，链状排列墓葬的外侧，有一座大型墓葬，墓葬地表有巨型封堆，用卵石堆成，直径56米，高3.2米，封堆中部有凹坑，深4.5米。墓地的普通墓葬，地表封堆高在1米左右，直径10米以下。发掘的墓葬有椭圆形竖穴土坑墓和竖穴土坑二层台墓。墓坑内填以卵石，填石大小均匀，这些填石似经挑选并水洗。其中一座墓葬在封堆土里葬四具人骨架，有成人、有儿童，有一次葬、有二次葬。墓坑的四壁竖排圆木，以防墓坑壁坍塌。墓室内葬单人，有一次葬、有二次葬，葬式有仰身直肢和俯身屈肢葬，个别个体呈俯屈爬卧状，头西脚东。出土文物主要是一些金箔片，形状多样，有圆形、方形、三角形、梯形、蝌蚪状和不规则状，有些金箔片细薄如纸，少量为金圈、金皮铁芯的勾状金饰片。另外还有铜耳环、骨镞、骨簪、铁镞和石质串珠等。[8]

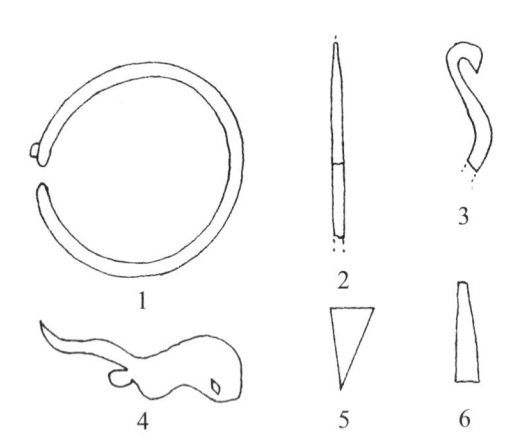

乌鲁木齐汽运司农场墓地出土的器物
1. 铜耳环；2. 骨簪；3—6. 金箔片。

鱼儿沟遗址

鱼儿沟地处天山深处艾维尔沟和阿拉沟交汇处，附近即阿拉沟东口和鱼儿沟墓地。鱼儿沟遗址位于鱼儿沟西侧二级台地上，遗址中有墓葬，也有居住遗址，年代在战国到汉代。

鱼儿沟遗址所在的台地大致呈南北长、东西窄的狭长形。地势北高南低，地面高低不平，遍布巨大的砾石，罕有植被。2011年，在南北长200米、东西宽约50米的范围内，清理出房址20余座。房子的布局没有规律，房址轮廓近方、近圆，一组居址包括一排房子或呈"田"字结构的数个套间。房的墙基用卵石砌成，门道基本可见，门开在西墙或南墙，门两旁有较大的条状立石。残石墙保存高度在1米左右。居住面垫土，有的房址一角见可能是用来贮存粮食的陶缸底，缸内还残有腐殖物，腐殖物中见植物的种子。居室的西墙或东墙处筑有灶台，其中一灶台长2米、宽1.2米。灶台中间有一个用石头和土石混合砌成的圆形灶坑，直径0.4米、深0.1米。有的房址内有小的火塘，火塘平面圆形，直径1米左右，用小卵石砌成，火塘四周有许多马鞍形的石磨盘残片。一房址的南墙外有一柱洞，柱洞底有柱石，柱洞旁有火烧地面和灰烬层，它的西南角地下埋有一彩陶罐，显然与祭祀有关。房址内是坍塌土，坍塌土层中夹有大量羊粪烧成的灰烬和残陶片。

遗址出土的器物主要为陶器残片和石器。陶器为夹砂红陶，少量夹砂灰陶。一些小型陶器多手制，夹细砂，器胎薄，烧制水平较高。大型陶器有轮制痕迹，口、耳和底部分段制成后套

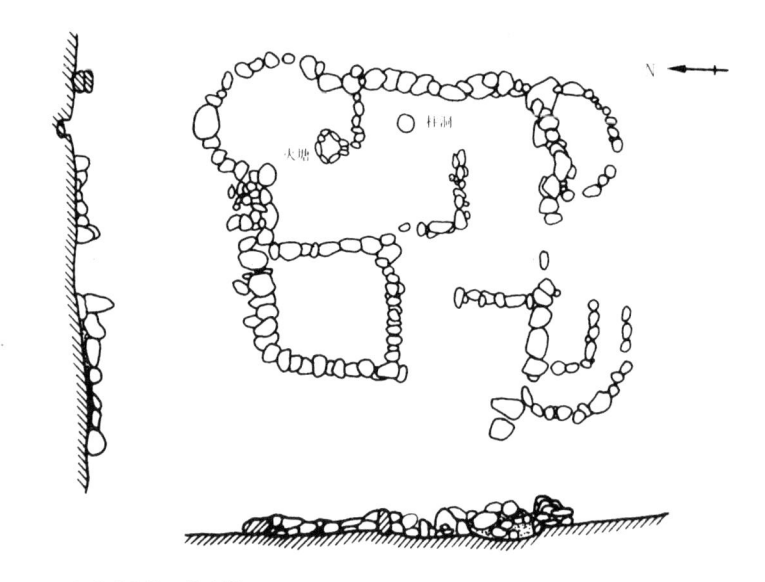

鱼儿沟遗址中的石筑房址

接。陶片大多为彩陶，特别是小型陶器，多饰红黑彩纹样，图案主要有三角纹、弦纹、宽条纹、涡纹、网格纹等。部分陶器贴塑附加堆纹和月牙形泥条装饰。大型陶器多为炊具，器表烟炱痕迹较厚。陶质粗，夹粗砂，器壁厚，多素面。器形主要有矮领折肩罐、高领罐、高领折肩罐、束颈罐、敛口罐、附加堆纹罐、钵、瓮和器盖等。[9]

鱼儿沟墓地位于一南北狭长的台地上，地势西高东低，地表比较平坦。墓地共有墓葬6座，多被破坏。清理的3座墓葬地表有石围与石堆标志，石围用卵石围成方形，石围内用沙子和卵石堆成石封堆。墓室为椭圆形，墓壁用大小基本一致的卵石层层叠垒成口略大于底的墓室。墓室一侧留出斜坡状入口，保存较好

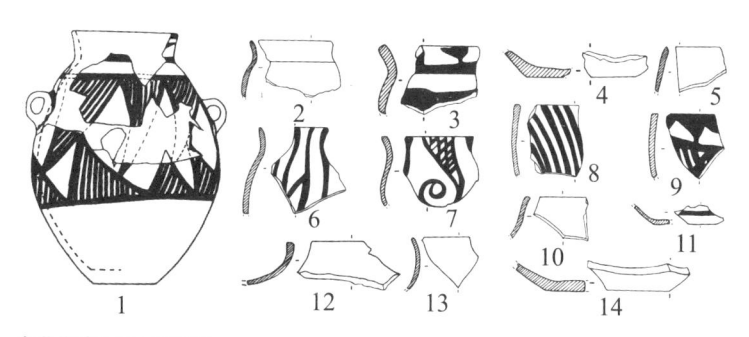

鱼儿沟遗址出土的陶器
1. 双耳陶罐；2—14. 彩陶片。

的一座墓的墓室口封盖较严，棚盖一层圆木，圆木上再盖一层卵石，大卵石的空隙间填以小卵石，其上再铺一层杂草。墓室内不填土，构成一个供死者"居住"的空间。墓内为多人合葬，死者平行排列或上下叠压，有一次葬，也有二次葬。一次葬者头西北脚东南，仰身直肢。二次葬者骨骼不全，主要有头骨和长肢骨等。随葬品中的陶器多放在死者头端，其他装饰品和生产工具类多放置在死者生前佩戴和使用的部位。

鱼儿沟墓地随葬品比较丰富。墓葬结构保存完整的2座墓葬

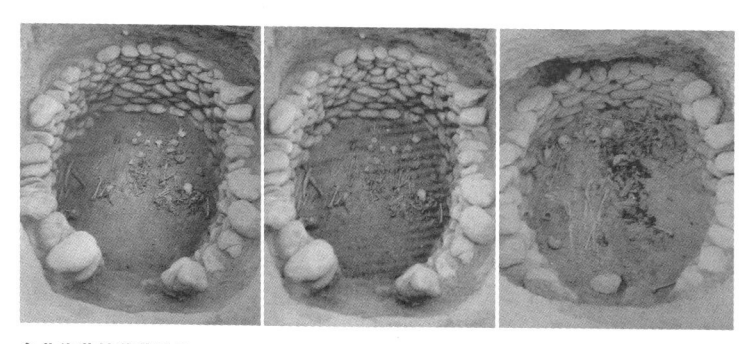

鱼儿沟墓地墓葬结构

鱼儿沟墓地出土的彩陶
1. 无耳壶；2. 筒形罐；3—4. 单耳罐。

中出土各种器物 77 件，有陶器、木器、铜器、金器、石器、骨器、铁器和料珠等。陶器基本为夹砂红褐陶，手制，多素面，少量彩陶。彩陶为红衣黑彩，纹样有三角纹、网格纹、连弧纹等。器类有陶杯、筒形罐、单耳罐、纺轮等。木器有盘、纺轮、罐、钵、钻木取火器等。铜器有铜鹤嘴锄、铜耳环、小铜刀、铜牌饰及其他铜饰件。金器有耳环、金箔片。石器有石锥、料珠。骨器有骨锥和纺轮等。铁器出土 5 件铁锥和铁泡。[10]

鱼儿沟墓地出土的一件铜鹤嘴锄十分珍贵，残，铸造，圆柱状，锄尖尖圆，中上部有长方形銎孔。牌饰有几何状和动物状两种。几何状牌饰，为菱形或长方形，铸造，背面有桥形钮。动物纹牌饰，一件整体铸成大角羊形象，羊呈伏卧状，羊角翻

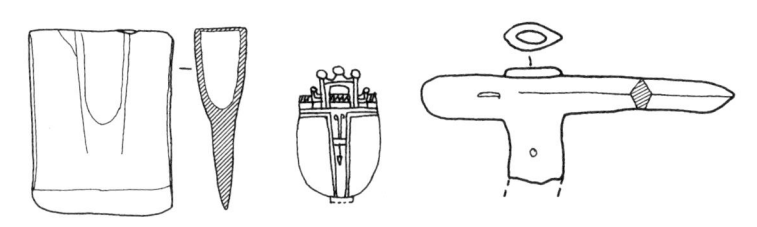

板房沟征集的铜器

卷，长方形嘴前伸，小眼，造型朴拙。一件为扣状动物纹铜饰，略呈长方形，背面有桥形钮，正面压模出鸟首纹样。铜耳环用细铜丝扭曲成环形，其中一件下端连缀"8"形铜环。一件金耳环，用金丝卷扭成"8"字状，下缀玛瑙珠。

乌鲁木齐征集铜器

1990年6月，乌鲁木齐文管所从天山北麓板房沟地区征集到两批铜器，也是乌鲁木齐早期铁器时代考古的重要收获。其中，板房沟乡建新村河的东岸的一个坡地上，发现12件铜器，其中有1件鹤嘴锄及1件铜镦，5件波形的铜扣饰。板房沟村发现2件铜器，出自不同的地方，1件是残铜镜，这件铜镜的边缘一处稍突出，上有2孔。还有1件是有段铜锛。在乌鲁木齐所征集到的铜器的年代可能早到青铜时代。[11]

注释

1. 新疆文物考古研究所编著：《新疆萨恩萨伊墓地》，文物出版社 2013 年版。

2. 王明哲、张玉忠:《乌鲁木齐乌拉泊古墓葬发掘研究》,《新疆社会科学》1986 年第 1 期。

3. 新疆文物考古研究所:《乌鲁木齐柴窝堡古墓葬发掘报告》,《新疆文物》1998 年第 1 期。

4. 新疆文物考古研究所:《乌鲁木齐柴窝堡林场Ⅱ号点墓葬》,《新疆文物》1999 年第 3—4 期;新疆文物考古研究所:《乌鲁木齐柴窝堡林场Ⅰ、Ⅲ、Ⅳ号点墓葬发掘》,《新疆文物》2000 年第 1—2 期。

5. 刘学堂:《新疆史前头骨穿孔习俗试析》,《西北民族研究》1999 年第 1 期。

6. 张玉忠:《天山阿拉沟考古考察与研究》,《西北史地》1987 年第 3 期。

7. 同上。

8. 张玉忠:《乌鲁木齐市南郊发现石堆墓》,《考古与文物》1989 年第 2 期;新疆文物考古研究所:《乌拉泊乌鲁木齐汽运司农场墓葬发掘报告》,《新疆文物》1998 年第 3 期。

9. 新疆文物考古研究所:《托克逊县鱼儿沟遗址、墓地考古发掘报告》,《新疆文物》2011 年第 2 期。

10. 同上。

11. 乌鲁木齐市文管所:《乌鲁木齐板房沟新发现的二批铜器》,《新疆文物》1990 年第 4 期。

三 乌鲁木齐彩陶源流

乌鲁木齐地区青铜时代和早期铁器时代墓葬中之所以发现彩陶，与东西向传播的史前彩陶之路有关。

史前彩陶之路

距今七八千年前，黄河支流渭水流域的远古居民开始制作彩陶。距今 6000 年前，分布在甘肃东部的仰韶文化的部分人群开始向渭水上游、洮河流域迁徙，他们把彩陶文化传播到了河湟谷地，演变成马家窑文化。马家窑文化分为马家窑、半山和马厂三个类型，马家窑文化类型的人群，继承黄河流域的传统，把彩陶文化发扬光大。其后，齐家文化和四坝文化的制陶女们，扯着彩陶文化的大旗，席卷河西走廊。距今 4000 年前后，马厂类型的晚期，东方来的彩陶女们，向西迁徙，进入东天山地区，沿天山河谷盆地继续西进，谱写出彩陶之路的天山华章。吐鲁番盆地的洋海文化和天山南麓察吾呼沟文化的制陶工匠，更是绘出了西域天山别样情趣的彩陶纹样，是中国史前彩陶宝库中的奇葩。公元前 1000 年初，彩陶出现在伊犁河谷，到了这里，源于东方的彩陶文化已是强弩之末。战国到汉代，伊犁河下游，巴尔喀什湖以东的谢米列契地区（七河），还见有彩陶的孑遗，东西数千公里、延续数千年的彩陶之路在这里达到终点，并退出历史舞台。[1]

洋海文化的彩陶

哈密盆地的林雅人及其后裔焉不拉克人群，沿着天山山脉西进，抵达吐鲁番盆地，把彩陶艺术带到环博格达山山麓地区，在这里与北方草原游牧文化因素有了更多接触，并很快融汇起来，创造了以鄯善县洋海墓地为代表的洋海文化。洋海文化属青铜时代，绝对年代在公元前2千纪末到公元前1千纪初。

洋海文化居民制作的陶器，类型丰富，特征突出，别具一格。天山彩陶最初出现在东天山哈密盆地时，继承了黄河上游和河西地区流行数千年的双耳鼓腹陶罐传统。彩陶艺术进入吐鲁番盆地，陶器的制作工艺未变，依旧为手制，夹砂红陶。器物形态、类型与哈密盆地的同时代的彩陶器关系密切，器物组合与类型变化明显，陶器中出现一些特殊的器形。特别是有一类单耳罐和单耳杯，陶罐口沿上立有阶梯状的"品"形立耳，是洋海文化独有的陶器类型。这种立耳杯多为平底，个别为圜底，中间有孔。其体较小，造型奇特，不方便实用，器表也未见使用痕迹，很可能是用作祭祀的特殊器物。林梅村发现，远古近东城市文明中，城墙上的建筑装饰，也呈多级品字形，称为城垛艺术。这一特殊的城市建筑元素，在近东由来已久，少说也有5000年的历史。公元前3000—前1800年，伏尔加河流域的墓葬、哈萨克斯坦北部辛塔什塔文化和中亚大夏—马尔吉纳文化的一些陶器上，都装饰这类纹样。大英博物馆藏有一件伊朗出土的牙雕，年代在公元前8—前7世纪，上面雕出城垛纹。郭物发现，近东最早出现的这类城垛纹，与洋海文化这类陶器的"品"形立耳造型颇为相似，将这类别样的器耳，与近东的城垛纹联系起来，为探索这类特殊陶器的来源，找到了重要的线索。[2] 另外，立耳杯器耳上有椭圆或梨状小孔，便于吊挂，据说这与叶尼塞河流域的青铜器穿孔很相似。[3]

彩陶文化传入天山地区，因不同的地理单元，不同的时代，受周边区域不同文化的影响，器物形态、类型和组合都有不同的变化。总体来看，自吐鲁番盆地向西，陶器的器类变得越来越简单，且时代越晚，制作越粗糙。比较吐鲁番盆地与哈密盆地的彩陶，吐鲁番盆地以单耳陶罐为主，陶罐的腹部不再圆鼓，瘦矮型的单耳器逐渐取代了自黄河上游西传河西走廊，一路流行的鼓腹的双耳彩陶器，单耳彩陶器此后成为天山山脉史前彩陶的主流。双耳陶罐与单耳陶罐在新疆中部天山的转换，可能与天山地区游牧经济成分的快速增长有关，如果说双耳陶罐更适于农业民族的生活，那么游牧民族则更为喜欢和方便使用单耳陶器和无耳的陶器。洋海文化的陶器，器形普遍较小，形态富于变化，主要有单耳豆、单耳杯、单耳蒜头状壶、勺杯、双耳直壁杯、沿耳杯、横耳杯、沿耳罐、双耳垂腹壶、腹耳罐、单耳罐、单耳圈足罐、壶、盆、钵等。彩陶为红衣黑彩，图案为几何纹样，有三角纹、网纹、折线纹、条带纹、锯齿纹、火焰纹等。如前所述，表现方式不同的各类三角纹最为流行。以吐鲁番盆地为中心，环博格达山地区的彩陶图案中，三角纹无限流行，比比皆是，并非这一地区古代居民对三角这一简单的几何符号情有独钟，三角纹流行的背后，有更深邃的寓意——那个时候，环博格达山地区的居民，深信三角纹凝聚丰产神力。

吐鲁番盆地洋海文化的彩陶
1. 双耳直腹罐；2. 沿耳罐；3. 横耳杯；4. 单耳圈足罐；5. 双耳垂腹壶；
6. 单耳罐；7. 单耳杯；8. 单耳蒜头状壶。

苏贝希文化的彩陶

苏贝希文化是在继承洋海文化的基础上，不断地接受更多北方游牧文化和东来西进的农耕文化因素的过程中，形成的地方性考古学文化。苏贝希文化主要分布在以吐鲁番盆地为中心的博格达山山麓一带，属于早期铁器时代，年代从公元前1千纪前段的后半叶开始，止于西汉以前。与洋海文化相比，苏贝希文化彩陶的风格发生了根本性变化。

苏贝希文化因鄯善县吐峪沟苏贝希墓群的发现和发掘而得名。苏贝希文化的彩陶主要流行于这一文化的早期，苏贝希文化的晚期，年代在汉代以前，彩陶在这一地区急剧衰退。苏贝希文化居

吐鲁番盆地苏贝希文化的彩陶
1—5. 单耳罐；6. 无耳壶。

民制作的陶器，均为手制，器形以单耳彩陶罐为主，其次为彩陶杯、彩陶钵（盆）和彩陶的勺杯等。陶器的施彩部位分区明显，可区分为口沿内外彩、颈部彩和腹部彩三个施彩区间。口沿内外彩最为常见，一般绘一周倒三角纹，口沿内外侧绘一周三角；颈部通常绘带状彩；腹部则彩绘平行或对称的小的独立图案，各图案区填以不同的几何纹，或者同一种纹样的反复重叠。构成图案的母体纹样主要是直线几何纹样，常见的有三角纹、菱格纹、圆涡纹。口沿内外周三角纹与旋转和动感极强的圆涡纹，是苏贝希文化彩陶的标志性图案。苏贝希文化的圆涡纹，可能由早期的弧边三角纹演化而来，弧边三角的一角不断变长变细、尾部卷曲，最终变成了圆涡纹。苏贝希文化彩陶中的圆涡纹样，常常上下两排对称、交错，透出一种律动中的美感。[4]

乌鲁木齐史前彩陶遗存的地方性变化

乌鲁木齐史前彩陶分青铜时代和早期铁器时代两个阶段，前后变化明显。乌鲁木齐彩陶的变化也与不同时期的史前彩陶之路对这里的影响有关。

乌鲁木齐地区青铜时代的彩陶，是中亚草原地区压印刻划纹陶器系统的器形与东来的彩陶艺术文化交融的结晶，已如前述。乌鲁木齐地区早期铁器时代的彩陶，具有苏贝希文化重要和显著的特征。

萨恩萨伊墓地早期铁器时代的彩陶，纹样多是上下交错的弧边三角纹，以及由其演变而成的圆涡纹。乌鲁木齐乌拉泊水库墓地、柴窝堡湖墓群墓葬结构和随葬品，与鄯善县苏贝希墓群基本一致，只是墓葬的布局略有不同，地表标志更为明显。它们的彩陶图案风格一样，常见口沿内外绘一周三角纹和腹部绘一周连续的圆涡纹。阿拉沟东风厂、鱼儿沟和阿拉沟东口墓地，墓葬反映的整体文化面貌与苏贝希文化关系密切，主要表现在陶器形体特征、器类和组合及纹样的装饰风格方面，同时，变化也很明显。单从陶器和彩陶纹样看，有学者称其为苏贝希文化的一个类型。如果从墓葬结构、埋葬习俗方面考察，阿拉沟内的墓葬结构以石室墓为主，流行多人合葬习俗，一次葬与二次葬共存，则与天山南麓察吾呼沟文化更为接近，显然受到该文化的影响。阿拉沟史前彩陶纹饰中有典型的苏贝希文化的圆涡纹样，彩陶风格同时也受到察吾呼沟文化的影响，地方特征突出，表现在颈部多绘网格纹、细梯状排列的网纹、倒三角纹，腹部多饰叶脉状纹、网纹、平行线三角和网格三角纹。

欧亚东部人种集团的东进

长期以来，体质人类学家在研究天山地区史前人类种群问题时，多关注欧亚西部人种集团人群的东进，致使人们产生了这样的印象，即青铜时代天山南北的居民，主要是金发碧眼的欧罗巴人种。实际上这是一种主观认识上的错觉。

公元前 2 千纪初，生活在东天山哈密盆地的林雅居民，以河西走廊迁徙过来的东亚蒙古人群，即黑发黑瞳的黄种人为主。通过对哈密天山北路墓地出土人骨进行鉴定，可知他们的体质特征与四坝文化人群没有多少区别，西来的欧洲人种特征表现得并不显著。[5] 林雅居民的后裔焉不拉克人群，从大的方面来讲，蒙古利亚人种特征依然占有优势，体貌形象与河西走廊同时代的居民及北亚蒙古和近代的藏族很接近，仅部分显示出原始欧洲人种的遗传特征。[6] 对哈密盆地古人骨的 mtDNA 的研究也证明了这一点。[7] 哈密盆地以欧亚东方人种为基础，融合原始欧洲人种成分，形成了一个稳定的种群共同体。有学者认为，这个共同体用蒙古人种和欧罗巴人种之间的"过渡人种"这样一个概念来界定比较合理。[8] 欧亚东方人种集团西进的过程中，不断与欧亚西部人种集团混血，从而为天山西部短颅化的中亚两河类型这更次一级的人种群体的形成奠定了基础。[9]

至于吐鲁番—乌鲁木齐地区古代居民的体质形态，欧亚东西方混血的程度明显加深。吐鲁番盆地的洋海人群，即呈现出蒙古人种和欧罗巴人种的独立类型倾向,大多数个体则为蒙古人种与欧罗巴人种的混血型,蒙古人种类型特征的呈现,显然与哈密地区蒙古人种的大规模西进有关。[10] 洋海人的后裔苏贝希人群,是汉文文献中车师人的前身。[11] 早期铁器时代开始,欧亚北部草原游牧人群浪潮式南下,大规模地进入天山地区,苏贝希文化人群再度融入了更多的欧罗巴人群,致使欧亚西部人种成分阶段性地突显,甚至出现同一家族(一个合葬墓里)有比较典型的欧罗巴人种成员,也有比较典型的蒙古人种成员,更多的是两者的混合型的现象。[12] 天山地区的人种构成情况也呈现出动态的复杂局面,肤色面容迥异的人们,和睦地生活在同一大家庭的现象普遍存在。生活在乌鲁木齐南山矿区的阿拉沟的居民,大多数人类遗骸的头骨更多地表现为东西方人种混血的混合型特征,混血过程中有原始欧罗巴人种、地中海东支类型、中亚两河类型人种介入。[13] 对采自交河故城车师王族墓地 4 座不同墓葬中个体的遗传学研究,表明他们具有 3 个 DNA 序列,其中有两个个体的序列相同,表现为密切的母系遗传关系,揭示出这一墓地为血亲相近的贵族墓地的真相。[14]

由此可见,青铜时代到早期铁器时代,博格达山脚下,吐鲁番—乌鲁木齐一带,欧亚东西部人群谱系的混合一直持续进行。总的看来,吐鲁番—乌鲁木齐一带的古代人群比现代新疆土著群体在遗传上更接近于欧洲群体,表明欧洲谱系对当时人群遗传结构的影响比现在要大。而随着西迁的东亚群体逐渐增加,欧洲谱系的影响在新疆地区呈弱化的趋势。[15]

注释

1. 刘学堂：《彩陶与青铜的对话》，商务印书馆2016年版。

2. 林梅村：《中国与近东文明的最初接触——2012年伊朗考察记之五》，《紫禁城》2012年第10期。

3. 维克托·H.梅：《塔里木盆地的干尸》，俞为洁译，《新疆文物》1997年第4期。

4. 刘学堂：《彩陶与青铜的对话》。

5. 王博等：《天山北路古墓出土人颅的种族研究》，《新疆师范大学学报》2003年第1期。

6. 韩康信：《新疆哈密焉不拉克古墓人骨种系成分研究》，《考古学报》1990年第3期；何惠琴、徐永庆：《新疆哈密五堡古代人类颅骨测量的种族研究》，《人类学学报》2002年第2期。

7. 何惠琴、金建中等：《3200年前中国新疆哈密古人骨的mtDNA的多态性研究》，《人类学学报》2003年第4期。

8. 魏东：《新疆哈密地区青铜——早期铁器时代居民人种学研究》，吉林大学博士学位论文，2009年，第112页。

9. 刘宁：《新疆地区古代居民的人种结构研究——以楼兰、乌孙、车师、回鹘为例》，吉林大学博士学位论文，2010年，第73—77页。

10. 邵兴周、王博：《吐鲁番盆地古墓人颅骨的种系研究——洋海古墓》，《新疆文物》1991年第3期。

11. 刘学堂：《车师考古述略》，《吐鲁番学研究》2000年创刊号。

12. 陈靓:《鄯善苏贝希青铜时代墓葬人骨的研究》,载吉林大学考古系编:《青果集——吉林大学考古系建系十周年纪念文集》,知识出版社1998年版,第237—254页。

13. 韩康信:《阿拉沟古代丛葬墓人骨研究》,载《丝绸之路古代居民种族人类学研究》,新疆人民出版社1993年版,第71—75页。

14. 崔银秋、段然慧等:《交河故城古车师人的线粒体DNA分析》,《高等学校化学学报》2002年第8期。

15. 崔银秋、段然慧等:《吐鲁番古墓葬人骨遗骸的线粒体DNA分析》,载吉林大学边疆考古研究中心编:《边疆考古研究》第1辑,科学出版社2002年版,第352—356页。

四　游牧的绿洲社会

天山地区的游牧化过程

公元前 3 千纪中叶以前，乌拉尔河和伏尔加河之间的冲积平原生活着既从事畜牧又从事农业的居民。这支居民掌握了骑马技术和熟练的冶铜制铜技术。公元前 2 千纪前，中亚草原上驰骋着坐在四轮的马拉战车里、赶着牛羊四向迁徙的人群。[1] 公元前 1 千纪初开始，中亚草原居民的控马技术不断完善，游牧社会的政治、经济结构日趋成熟。这些人群过着典型的游牧生活，他们逐水草而居，成了草原真正的主人。

公元前 2 千纪开始，欧亚大陆的气候持续干冷，这一过程一直延续到公元前 1 千纪初。辽阔的中亚草原上原来适宜于农业的湿润肥沃的土地，都变成了草场，导致草原畜牧经济向游牧经济过渡。在这一过程中，中亚南部绿洲国家集约化的农业经济形态对相对松散的草原畜牧人群造成了压力，使畜牧由原来的自然放养逐渐向集约化的驯养过渡。铁器的普及，特别是控马技术在实践过程中的成熟与发展，为大规模的典型的游牧经济的形成提供了物质条件。依赖游牧获取生活资料的流动人群，结成联盟，游牧中心区政权崛起，中亚草原很快进入到游牧帝国时代。中亚草原西部斯基泰—塞克文化的出现与发展，标志着典型的游牧政治势力的崛起。庞大的游牧政治势力崛起后，不断掀起对外扩张的浪潮。大体上自北而南、席卷欧亚草原和南部绿洲的游牧文化因素以前所未有的速度、规模频繁地传播，改变了欧亚大陆的文化结构和政治格局。以青铜武器、马具和动物纹装饰为标志的游牧文化三要素，随着游牧人群活动半径的扩大，传播到中亚草原和南部绿洲的大部分区域，使内陆欧亚草原出现了游牧文化趋同趋势。

新疆天山地区，正是在这一大历史背景下，开始了游牧化进程。乌鲁木齐萨恩萨伊墓地中属于公元前13世纪到公元前1千纪初青铜时代的墓葬中未见马具，有些墓葬墓坑的填土中出土羊骨。公元前1千纪以后，北方草原南下的游牧文化因素和东来的彩陶因素，同时进入乌鲁木齐天山山麓。萨恩萨伊墓地属于这一时期的墓葬数量较多，排列密集。墓葬中除随葬大量羊骨外，常见马具，出土7件马衔，还出土有用于马笼头上的铜节约。武器有青铜鹤嘴锄、铜镞等。还出现了动物纹装饰，如鹤嘴锄尾端的立兽等。乌鲁木齐乌拉泊水库墓地、柴窝堡湖东墓地与柴窝堡北墓地、阿拉沟和鱼儿沟墓地等，也反映出基本相同的情况，均出土马具、武器，用青铜和金片铸或剪出动物纹样，还伴随有动物牌饰。墓室填土中和墓室内死者头前多发现有羊肋骨、羊骶骨等羊骨。游牧文化因素汇集，开启了天山地区的游牧经济时代。

游牧绿洲社会的形成

早期铁器时代，天山地区的经济形态与中亚辽阔草原上逐水草迁徙的典型的游牧经济，从结构上比较，既有共性，差异性也比较突出。这种情况汉代张骞出使西域时已经注意到了。根据张骞的所见所闻，司马迁对天山南北居民进行了经济人类学意义上的区分。天山以北草原的人们"多随畜逐水草"，记为"行国"。天山以南的居民"大率土著，有城郭田畜"，是依赖绿洲存在的城郭居民。

早期铁器时代，天山以南绿洲区域的居民农牧并举，是绿洲经济。当代经济人类学划分我国经济类型时，习惯以长城为界，以北划分为游牧经济区，以南划分为农耕经济区，并将我国西北的新疆也简单统而归一地列为游牧经济区[2]，也有学者将环塔里木盆地的绿洲文化视为农耕文化的一种类型——绿洲农业[3]。学术界已经习惯把天山以南地区的文化称之为绿洲农耕文化，而把天山以北地区的文化叫作草原游牧文化[4]，新疆地区南、北经济形态游牧与农耕二元对立的认识，影响深远[5]。20世纪80年代，绿洲经济的独特性逐渐引起学术界重视。绿洲经济的载体是绿洲。什么是绿洲？《辞海》中的定义是"荒漠中水草丰美，树木滋生，宜于人居的地方"[6]。绿洲有广义和狭义之分，狭义的绿洲，指的是被荒漠包围着的不毛之地，经过人类的开发，创造了宜于生存的环境，是人类再造的人工生态。广义的绿洲，指的是一种独特的自然地理景观，指的是在干旱荒漠区域中，有水源和植被且有一定空间规模的地理单元。绿洲是荒漠中有稳定水源可供植物生长或人类聚集繁衍的生态地理区域。[7]黄盛璋倡导绿洲学,提出新疆的绿洲主要被沙漠所包围,这些相对独立的自然环境条件特殊,生态脆弱,是"人类开发特殊自然环境的产物,是自然与人文交互作用的综合体"[8]。绿洲应该是荒漠地带的一种独特的地理景观,它应该涵盖以下的内容:绿洲只存在于沙漠之中或被荒漠所包围,有稳定水源,水源若为天然状况下所形成(地表水、地下水),则为天然绿洲;通过井渠等水利工程,为绿色植物以及人类的生活生产活动提供有保证的水源,形成人工构造的独特的生态系统,则成为开发绿洲。[9]

天山的游牧绿洲经济

绿洲不仅是指被荒漠所包围的有稳定水源的地方,它形态多样,还包括被山脉夹持的沟谷盆地、山前地带。天山山脉东西长数千公里,南北宽数百公里,山脉间交错排列着盆地、河谷、湖泊,被群山包围的山麓及河谷、湖泊岸边的草场植被,以及森林覆盖的地方就属于这样的绿洲。公元前3千纪末以前,天山山脉绿洲中的居民,延续着采集和狩猎生活,留下了大量的细石器遗存。[10]公元前2千纪初以前,彩陶和青铜分别从天山山脉的东部和西部进入天山的腹心地区,带来了农业和畜牧的经济因素,天山绿洲区域的原始居民,逐渐由原始的自然经济向生产经济过渡,开启了天山绿洲经济的新时代。公元前1千纪初开始,欧亚北方草原兴起的游牧人群,骑马或坐着轻型马车,频繁南下,打断了欧亚南部依赖农业和畜牧维持生计的绿洲经济模式,促使天山绿洲向游牧和农业混合型的经济模式过渡。游牧与农业并重更适应绿洲群落的自然生态。游牧的绿洲经济，使天山间所有适宜放牧和农耕的地方，都得到了开发，都有人类生活，畜牧和农耕经济时代人迹罕至的海拔较高的水源地带，这一时期也被牧人发现，成为游牧之地，经济形态与自然生态更为和谐。天山地区河谷两岸、山前坡地遍布这一时期的古冢，就是最有力的说明。天山间高低错落、大小不一的绿洲上的居民，既从事农业，又从事游牧业，游牧和农耕的成分因生态环境的不同而差序有别，社会在人与自然的和谐共处中稳定发展，经过较长一段时间的开发后，天山地区创造出一种既呈一体化，又融汇多种文化因素、地方特征突出的绿洲文化体。这些文化体从结构分析，可称之为游牧的绿洲文化。比如，考古发掘并归纳整理后，所提出的哈密盆地的焉不拉克文化、环博格达山的苏贝希文化、天山南麓的察吾呼沟文化和伊犁河流域的穷科克上层文化等，都属于游牧的绿洲文化类型。

注释

1. 孔斯莫·尼古拉著，张文平译：《中欧亚大陆游牧民族的兴起》，《蒙古学信息》2003年第4期。

2. 贺卫光：《农耕与游牧：古代中国的两大经济文化类型》，《西北民族学院学报》2002年第1期。

3. 林耀华主编：《民族学通论》，中央民族大学出版社1997

年版,第 95 页。

4. 仲高:《西域绿洲农耕文化的脉搏》,《新疆大学学报》2011 年第 2 期。

5. 尹伟强:《古代中亚及我国西北农牧经济文化区的划分——兼论历史上西北游牧民族经济文化类型的演变》,《贵州师范大学学报》2007 年第 5 期。

6.《辞海》,上海图书出版社 1999 年版。

7. 韩德麟:《关于绿洲若干问题的认识》,《干旱区资源与环境》1995 年第 3 期;汪久文:《论绿洲、绿洲化过程与绿洲建设》,《干旱区资源与环境》1995 年第 3 期。

8. 黄盛璋:《论绿洲研究与绿洲学》,《中国历史地理论丛》1990 年第 2 期。

9. 黄盛璋主编:《绿洲研究》,科学出版社 2003 年版,第 13—14 页。

10. 伊弟利斯:《新疆地区细石器遗存》,《新疆文物》1993 年第 4 期;邢开鼎:《新疆细石器初探》,《新疆文物》1993 年第 4 期。

第八章 塞人在天山地区的活动

公元前10世纪以后，天山地区史前历史进入到早期铁器时代。这一时期生活在欧亚北部草原上的居民，完成了游牧经济的产业革命。内陆欧亚北部游牧的族群长距离迁徙，你来我往，交流空前频繁。东西方文献开始记载他们的活动。特别是东方文献中的"塞"和西方文献中的"萨迦"，一时成为史前西域历史的主角。

一　阿拉沟发现竖穴木椁墓

阿拉沟的竖穴木椁墓

阿拉沟东口墓地中的4座竖穴木椁墓，杂处于竖穴石室墓之间，其中3座墓呈一字排列。竖穴木椁墓的地表有封堆标志，封堆的四边用块石围成石垣。墓葬的规模较大，其中一座墓葬深7米以上，墓坑中有密集的填石，石头层层叠压，多为河卵石，石头大者长在1米—2米间。特别是墓坑的底部，填石更大，多是大板石，长宽多在1米以上，发掘的时候几个人一起用棍棒绳索才能把这些大石从墓坑里取出来。墓室呈长方形，东西向。墓坑底部有横竖叠压的粗大圆松木，顶部铺圆木和薄木板，构成椁室。类同的木椁墓，在伊犁河谷下游、伊塞克湖畔发掘的古代塞人墓中普遍发现，当地还见有木椁并不建在墓穴内，而建在地面墓侧的墓葬。[1]

其中竖穴木椁墓M30，是新疆地区罕见的一座大墓。M30地表有巨型封石堆，石堆外用卵石围成石墙。墓室长6.56米，宽4.22米，深7.1米。仅就墓室而言，称得上是新疆史前时期的第一大墓。墓室内的上部填沙石，厚的地方2米多，沙石之下是用圆木围成的木椁。这座墓的木椁内发现有木棺的痕迹，有棺有椁表明墓主人生前有较高的社会地位。墓主人为成年女性，仰身直肢，她的头骨、胸肋等处均见朱红，可见入葬前其尸体被进行过处理。她的头骨上有钻孔，钻孔锐利，孔径 0.5 厘米。比起其他 3 座竖穴木椁墓，这一女性的骨架已经不完整，缺失较多。除这一成年女性外，墓中还另有一个个体的乱骨。M30 随葬品丰富，墓室内有铜器、陶器、漆器及木盆、兽骨等。墓室的底部，见有一辆明器木车，已残破，车的零件散置墓室，有圆形车轮、车轴等，车轮的直径约 18 厘米。[2] 这座墓葬的北壁，修出整齐的二层台，二层台宽 88 厘米。二层台上放置金、银质器，墓壁西部开有壁龛，龛内放置陶器、铜器、木器、漆器等。竖穴木椁墓中出的陶器为泥质红陶，手制。器型有带流筒形杯、平底盆、三足盆、勺杯等。墓内的金银铜器，不是实用器，而是当时祭祀用的礼仪重器。出土金器计 200 多件。其中的狮形金牌饰、虎纹圆形金牌饰（图版 14）、对虎纹金箔带（图版 15）、鹰虎相搏金牌饰（图版 16），弥足珍贵。虎身后肢旋转 180°，肩部鬃毛上卷。其特征与伊塞克"金人墓"金牌饰中的同类动物纹风格一致。[3] 共出土虎纹圆形金牌饰八块，直径 5.5 厘米—6 厘米，重 15.72 克—21.25 克。虎头微昂，躯体卷曲，后腿翘起，模压成形。对虎纹金箔带四件，长 26.5 厘米、宽 3.5 厘米，重 27.75 克。虎口微张，前腿平伸，后腿翘起，尾卷曲。出土了数量惊人的六角形金饰、菱形金饰、柳叶形金泡饰、狮形金箔、矩形金箔等，轻薄如纸。发掘者认为，阿拉沟竖穴木椁墓"可以肯定是战国晚期塞人贵族的墓穴"[4]。

承兽祭祀青铜盘

阿拉沟竖穴木椁墓 M30 中出土的高足承兽方盘（图版 17），弥足珍贵。这件高足承兽方盘出土时放在墓葬西侧的头龛里，通高 32 厘米，方盘中央立有二兽，似狮形，狮高 8 厘米，铸出翼状髦毛，是带翅膀的野兽。

王炳华指出："同类文物在苏联中亚地区曾出土多件，细部特征有异同，但基本风格是一致的，被认为是拜火教的宗教祭台，是塞克文化中的典型文物。"[5] 李特文斯基认为，这件器物与谢米列契地区 1912 年在阿拉木图地区古墓中发掘的器物极其相似，"阿拉沟的这件发掘品，在阿拉沟以外的地区也是绝无仅有的。而实际上这种塞时期的祭祀台在古墓器物中是首次发现。这一器物证实了一个可靠的论断，在塞时期的各种文化中阿拉沟的古墓群与谢米列契塞人的遗迹最接近"[6]。

拜火教祭台承兽铜盘，在中亚地区屡有发现。新疆伊犁河流域也曾发现数件。1983 年，新源巩乃斯河畔发掘一座土墩墓，墓坑距地表 1.5 米处发现一组铜器。报道说有青铜武士俑一尊、大铜釜一件、青铜铃一件、青铜高脚油灯一件。[7] 这件青铜高脚油灯就是一件承兽铜盘，铜盘的方座残损，铜盘边长 25.5 厘米，残高 4.5 厘米。盘内相对的两角处，各铸一卧兽，憨态可掬，似熊。1966—1976 年，新源县城出土过一批珍贵的铜器，同样有承兽的铜盘，承兽铜盘上铸有环列的异兽，但这件文物不幸散佚。[8] 1994 年，新源县那拉提草原出土一件青铜高足盘，盘的中间立有一人，环盘缘铸一周立羊，立羊形态头向一致，高 14.3 厘米，

新源县那拉提出土的人羊高足铜盘

铜盘直径 11.4 厘米。2006 年，昭苏县夏塔乡出土一件高足铜盘，盘内有一高一低两支圣火柱，高 17 厘米，铜盘直径 18 厘米。[9] 2015 年，新源县城东南天山脚下，哈萨克族老乡在平整院子时，在一黄土堆积层中发现一件承兽圆盘和一件铜鍑，铜鍑原有喇叭状高足，已残。承兽圆盘，喇叭状镂空高足，圆盘折平缘，高 31 厘米，盘口直径 28 厘米，圆盘内深 1.5 厘米；高圆足底径 22.6 厘米，顶径 5.3 厘米，通高 22 厘米；圆盘内有三支圣火柱，高均 5.9 厘米，外径 1.1 厘米，内孔径 0.6 厘米；折沿较宽，沿上排列一周青铜立牛，共 16 头，均通高 4 厘米，长 3.7 厘米。16 头牛等距排列，头外视，平和安详，牛角呈叉形直角，双耳直伸，头部整体呈凝神聚意状，牛的脖子上有凸起的峰，是印度瘤牛，粗尾上卷。这一排牛似乎在聆听神的谕旨。

中亚西部伊犁河下游七河地区和伊塞克湖北岸出土多件承兽铜盘，都收藏在阿拉木图博物馆。这些铜盘内沿盘缘铸一圈列兽，列兽有狮、野牛、虎、熊等。[10] 七河地区发现的祭祀铜盘有四足方盘、圈足方盘和圆形祭台。四足方盘整体形状似案几，下部为四足，上部为矩形托盘，圆盘的边缘铸一圈站立的牛，牛长

伊犁河下游发现的承兽祭祀铜盘

着长角。圈足方盘的足有圆形也有方形，有圆盘也有方盘。方形圈足盘的圈足较高，镂空，上有卷云纹装饰图案，圈足器的上端为方形托盘，四足有矩形齿状装饰。圆形圈足器有两件，一件圈足镂空装饰，上部为圆形盘，盘的中部有两支带孔的圣柱，环盘平沿，一周排列 11 个行走状态的雪豹，有一骑马射箭的勇士，随着排列整齐的雪豹奔驰。另一件镂空喇叭状圈足，方形盘，盘内有三支管状圣柱，周围是用圆雕艺术表现的猛兽向食草动物进攻的场景。苏联学者认为四足承兽盘与圈足承兽盘为祭台，圈足圆形托盘可能是灯台。[11] 实际上它们是拜火教祭台的不同类型而已。1993 年，阿拉木图市南郊 4 公里外的叶尔默尼萨村，施工过程中发现一个地窖，地窖里有两具人骨架和一件青铜的高足盘。人骨在上面，铜盘口翻向下。这一窖藏中出土器物 60 件（20 件有明确地层关系），还有 129 具动物的骨架（37 具明确出自地层），表明当时祭祀场景的复杂和祭祀场面的宏大。

承兽铜盘与火祆教

中亚地区发现的上述承兽的祭祀铜盘，中外学者多认为与塞人的祭祀活动有关。[12]A. H. 伯恩施坦说，这些物品都是祭祀的器具，它们与萨满教和拜火教信仰相关。安杰勒松认为，祭台上的动物形象都是捕猎的对象，将它们的形象塑造出来，是为了对它们施法术以方便捕获。В. В. 格里姆斯杰伊则认为这些动物是一种图腾的象征。[13]

中国学者多认为，承兽铜盘是火袄教的祭祀台。火袄教也称为拜火教、琐罗亚斯德教，是世界五大宗教中最为古老的一支。火袄教是在阿契美尼德王朝时期，由波斯人琐罗亚斯德（公元前628—前551年）创立。琐罗亚斯德诞生在中亚某地一个自称为雅利安人的伊朗部落。[14] 火袄教的经典是《阿维斯塔》，宗教的要义是信奉善恶二元论。[15] 火袄教传播过程中，被大夏国王立为国教，遂使这一宗教在中亚地区迅速传播。阿契美尼德王朝统治下的塞人亦信奉火袄教。天山南北曾是塞人的重要活动区域，伊犁河、楚河流域，天山南北和塔里木盆地许多的绿洲王国，也多为塞人所建。[16] 新疆天山多处地点发现火袄教的祭台，证实了塞人在这里的活动。

竖穴木椁墓出土的丝绸

M30墓室内那件承兽方形铜盘的旁边，有黄黏土方泥饼一块，制作泥饼的黏土十分细腻，泥饼用菱纹罗覆盖。可见此泥饼有某种神圣的意味。包裹泥饼的菱纹罗已朽蚀无存，但泥饼上留下的罗纹痕迹清晰可辨。竖穴木椁墓M28，墓坑略近圆形，用卵石围砌，墓内丛葬多人。墓中出土有彩陶、钻木取火器等，最珍贵的是一件凤鸟纹的刺绣绢（图版18）。这件绢出土时已残破，图案不完整。从残余部分仍可看见凤鸟的躯体、微曲的腿和凤爪，是一只行走的凤鸟，与花卉相间排列。凤鸟引颈向天，双足一前一后，尾开两枝，双翅一大一小。取墓中木质葬具进行碳十四测年，为距今 2620±165 年。这两件丝绸制品，虽然保存不佳，但却是天山地区发现的最早的丝绸标本。[17]

丝绸的西传

中国早在五千多年前就发明了丝绸。西汉以后，以丝绸的西传为重要的介质，形成了丝绸之路。丝绸向西初传的时间和线路，是丝绸之路研究的内容。

根据《以西结书》所记，主给新娘穿上婚服时对她说"穿上你的亚麻布的和丝绸的服装"，意大利学者安东尼奥·阿马萨里认为，丝绸之路在基督前 500 年已经开通，战国时代已经有中国人到过中东。1947—1949 年发掘苏联丘雷曼河及其支流巴什考斯河之间的巴泽雷克谷地巴泽雷克冰土墓时，出土了中原产的织锦和刺绣，还有漆器，年代在公元前 5 世纪以前，引起了人们的广泛关注。巴泽雷克墓地出土的锦，是经线起花的二色锦，与先秦时期的经锦组织结构相同，纹样与湖北荆州马山 1 号楚墓所出大菱形纹锦相似，绣品则与马山 1 号楚墓所出的舞凤飞龙纹绣相同。[18] 类似风格的纹样还见于湖南长沙烈士公园 3 号墓所出绣品。[19] 巴泽雷克 6 号墓还出土一面四"山"纹镜，四"山"纹镜流行于战国时期的楚国。赵丰推测，巴泽雷克墓地楚锦和楚绣的发现，说明当时已经有渠道把中国内地生产的物品辗转输送到遥远的北方游牧文化区。他推测楚锦和楚绣传播的路线，其一，可能是经过匈奴传往阿尔泰地区；其二，可能是经过今天的新疆，通过康居传到阿尔泰地区。[20] 近年来的考古研究表明，巴泽雷克文化与环博格达山地区的苏贝希文化关系密切。吕恩国注意到了苏贝希人制造的马鞍，与巴泽雷克墓地出土的马鞍形制相同，甚至连马鞍中填有鹿毛这一点也一样。苏贝希文化与巴泽雷克文化的墓葬中都发现了木尸床、木箜篌，随葬的铜镜、圆环状铁马衔、铁刀、动物牌饰等，除此之外，两者都存在将弓故意折断、割断弓弦、卸去箭矢进行随葬，以及随葬假发辫的现象，尤其是两者发现的毛皮大氅款式完全相同，大氅都有一条很长的"藏式"装饰长袖。[21] 阿拉沟竖穴木椁墓 M28 出土的那件刺绣绢，其上整个凤鸟的造型，与湖北荆州马山楚墓出土的刺绣十分相像。近年来，丝绸之路沿线不断发现新的丝绸，如甘肃张家川马家塬、新疆哈巴河喀拉苏墓地出土有丝织的锦、绢、丝线等。所以，巴泽雷克冰土墓中所见的丝绸等东方文化因素，也可能是通过天山通道传入的。

竖穴木椁墓出土的漆器

阿拉沟墓地竖穴木椁墓 M18 墓室西头的木椁外，放了一件漆盘。这件漆盘虽已残朽，但外形整体基本保存，漆纹样依然清晰。漆盘直径 16 厘米，黑色底，朱红色纹样，色彩鲜丽，绘弦纹四道，盘底绘流云纹样。竖穴木椁墓 M23 出土残漆耳杯一件。木胎，胎质较厚。黑色底，绘朱红色彩，显云气纹图案。

中国漆器历史悠久，漆器工艺滥觞于新石器时代[22]，绵延至汉代达到辉煌。漆器工艺和丝绸一样，春秋战国时期沿着史前丝绸之路向西传播。中原早期漆器西传留下的考古证据不多，近年发掘的甘肃张家川马家塬墓地出土一批珍贵的漆器，为研究早期漆器工艺的西传提供了重要材料。张家川马家塬墓地 M18 的墓道里随葬了两辆车，其中 2 号车伞盖覆压在车舆前挡板上，伞盖因随葬时受到挤压，盖弓多断裂，伞痕保存较差，可见红色伞布痕迹。盖斗木质，外髹红漆，盖弓木质。3号车为髹漆彩车，髹红漆。墓室内还出土有10件漆器，木胎已朽，仅见漆皮残迹。M19墓道里随葬一辆车，盖柄髹黑漆。M21墓道里随葬一辆车，有伞覆盖于车舆上，伞盖受挤压严重变形，盖斗木质，外髹红漆，车轭位于车衡两端，为一髹漆短圆木。[23]阿拉沟竖穴木椁墓出土的漆器，是中原漆工艺技术或漆器经河西走廊传入天山地区的最早的实物证据。

注释

1. 李特文斯基等：《论东突厥斯坦塞人的早期历史》，李琪译，《新疆文物》1988年第3期。

2. 新疆社会科学院考古研究所：《新疆阿拉沟竖穴木椁墓发掘简报》，《文物》1981年第1期。

3. 马健：《黄金制品所见中亚草原与中国早期文化交流》，《西域研究》2009年第3期。

4. 王炳华：《"丝绸之路"新疆段考古新收获》，载王炳华：《丝绸之路考古研究》，新疆人民出版社1993年版，第4页。

5. 新疆社会科学院考古研究所：《新疆阿拉沟竖穴木椁墓发掘简报》，《文物》1981年第1期。

6. 李特文斯基等：《论东突厥斯坦塞人的早期历史》，李琪译，《新疆文物》1988年第3期。

7. 巴依达吾列提、郭文清:《巩乃斯河南岸出土珍贵文物》,《新疆艺术》1984年第1期。

8. 王炳华:《古代塞人历史钩沉》,载王炳华:《丝绸之路考古研究》,第216页。

9. 王林山主编:《草原·天马·游牧人:伊犁哈萨克自治州文物古迹之旅》,新疆人民出版社2008年版,第65页图3。

10. 亨利·保罗·法兰克福:《中亚地区铁器时代考古文化》,戴寇林口译,《新疆文物》1987年第1期。

11. 杨建华、张盟:《中亚天山、费尔干纳与帕米尔地区的早期铁器时代研究——与新疆地区的文化交往》,载吉林大学边疆考古研究中心编:《边疆考古研究》第9辑,科学出版社2010年版,第89页。

12. K.A.阿奇舍夫、Я.A.库沙耶夫:《伊犁河流域塞人和乌孙的古代文明》,孙危译,兰州大学出版社2013年版,第18—19页。

13. 同上书,第19页。

14. M.A.丹达马耶夫:《米底亚和阿黑门尼德伊朗》,载雅诺什·哈尔马塔主编:《中亚文明史》第二卷,徐文堪、芮传明译,中国对外翻译出版公司2001年版,第10页。

15. 元文琪:《二元神论:古波斯宗教神话研究》,中国社会科学出版社1997年版,第102页。

16. 余太山:《〈汉书·西域传〉所见塞种——兼谈有关车师的若干问题》,《新疆社会科学》1989年第1期;余太山:《塞种史研究》,中国社会科学出版社1992年版,第1—180页。

17. 王炳华:《"丝绸之路"新疆段考古新收获》,载王炳华:

《丝绸之路考古研究》，第4页。

18.湖北省荆州地区博物馆：《江陵马山一号楚墓》，文物出版社1985年版，第62页。

19.高至喜：《长沙烈士公园三号木椁墓清理简报》，《文物》1959年第10期。

20.赵丰、屈志仁编著：《中国丝绸艺术》，外文出版社2012年版，第119页。

21.吕恩国：《史前文明曙光》，载田卫疆、赵文泉主编：《历史上的鄯善》，新疆人民出版社2007年版，第24页；刘学堂、李文瑛：《吐鲁番的远古记忆》，新疆人民出版社2015年版，第197—198页。

22.莲子：《穿越8000年——一场古今对话》，《中国生漆》2013年第4期。

23.早期秦文化联合考古队等：《张家川马家塬墓地2010—2011年发掘简报》，《文物》2012年第8期。

二 塞种起源的讨论

阿拉沟竖穴木椁墓的主人是塞人，塞人在中国传统文献中称塞种，波斯文献中称萨迦。塞是先秦时期活跃于内陆欧亚草原地带的一支重要族群。对于塞种的起源，中外学者有不同的研究和猜测。

苏联考古学家的观点

20世纪初，苏联考古学家对伊犁河下游七河地区进行了较大规模的考古发掘。苏联多数学者判断，七河地区那些地表有封堆标志的墓葬多与塞人有关，属于塞文化遗存。[1]

苏联学者 С. Д. 托勒斯托夫推测，塞人起源于安德罗诺沃文化[2]，塞人属于印欧人种。他认为，咸海是传说中塞人祖先的诞生地，咸海沿岸南部地区是多种文明的交汇地，有来自北方的安德罗诺沃文化，有来自南方的安诺文化，还有来自东方的文明，不同文化的人群在此交流融合，从而形成了伊朗语族的居民。[3]伯恩施坦认为，中亚天山和伊犁河谷的游牧塞克人，是七河流域和天山地区安德罗诺沃文化先民的后裔。并且，塞人形成过程中，还受到来自南西伯利亚地区古代民族的强烈影响。[4]伯恩施坦还将安德罗诺沃文化的居民等同于《阿维斯塔》中提到的民族，将塞人文明和安德罗诺沃文化之间的关系做出了解释与说明。[5] К. А. 阿奇舍夫、Я. А. 库沙耶夫分析了安德罗诺沃文化人群在中亚的分布、迁徙，认为七河流域和哈萨克斯坦南部地区的塞人文明，是由来自中央哈萨克斯坦和南西伯利亚地区的创造了安德罗诺沃文化的人群的后裔所缔造的。塞人文化脱胎于安德罗诺沃文化，并在新的地方最终形成了具有自己特色的文化。[6]

塞人起源的文献梳理

希腊诗人亚里斯底阿斯（Arusteas）在他的长诗《独目人》中提到，约公元前6世纪时，伊犁河、楚河流域居住着一支"Asii"人，这支人群西扩至锡尔河，赶走了原居在该河右岸的玛撒该塔伊人，他们被波斯人称为萨迦。[7]公元前1世纪，罗马历史学家阿里安所著《亚历山大远征记》中讲到，斯基泰分亚洲和欧洲部分，亚洲斯基泰中有一支叫萨迦，"他们定居亚洲，是个自主的民族"。阿里安还提到，亚洲的斯基泰在荷马的《史诗》中称为"Abi"族，并被称赞是最公正的人："他们生活艰苦，坚持公道"[8]。虽然有不同意见[9]，但这是西方文献中最早见到的关于亚洲塞人的称谓[10]。

中国学者张广达、荣新江同意这样的观点，即将塞种看作是中亚广阔地域内一大群不同部落的总称。他们认为，在阿尔泰地区发掘的巴泽雷克墓葬表明，塞人有起源于西部西伯利亚的可能。公元前 8 世纪以后，塞人逐渐出现于欧亚内陆，约公元前 650—前 620 年，以"斯基泰"为名见称于希腊史籍，其分支侵入美索不达米亚上游、叙利亚。公元前后几个世纪里，一些操东伊朗语的塞人部族在和田绿洲定居下来，并留下了时代约为公元 4—10 世纪的于阗塞语文献。张广达、荣新江认为，"如果说，活动于欧亚内陆西部的塞种于公元前一千纪末已渐消失，那么，活动于欧亚内陆东部的塞种则保持其活动较久，而且文献文书保留了较多的有关他们的活动踪迹的记载"[11]。项英杰、项焱认为，锡尔河以北、南西伯利亚以南广大的草原地带，是塞种人的主要起源地。后来，塞种人向东分布到中国河西地区，西到第聂伯河流域。[12]

先秦文献里，我国西北有一个叫姜戎的游牧部落，姜戎的先祖称为吾离。饶宗颐认为，这个吾离就是对胡里安人的"胡里"的对译，已如前述。商代时，胡里安人兴起于两河流域。这一时期，我国西北地区居民，用"胡里安"一名来统指西北塞种诸戎，表明强大的胡里安王国的势力，向东抵达到了中国西北。[13] 岑仲勉认为，塞人自中亚向东的迁徙，至少在秦穆公之前的公元前 11 世纪就开始了。[14] 薛宗正认为，战国时期赵武灵王胡服骑射的发生，当与后面所述的萨迦与波斯亚历山大的战争有关。萨迦与波斯亚历山大斗争失利后，又东迁到我国的北方，他们就是塞人的一支。[15]

东方起源西迁说

成书于战国时期的《穆天子传》中讲到穆天子西征时遇到"西膜人",西膜人曾向穆天子献马。吕思勉认为,这支"西膜人"可能是塞种人。[16] 南朝的荀济上梁武帝《论佛教表》有一句话,常被学界引用,即"《汉书·西域传》塞种,本允姓戎,世居敦煌,为月氏所迫逐,遂住葱岭南奔,……仍讹转以塞种为释种,其实一也"。对此说,中国学界颇有争议。[17]

王国维在《鬼方昆夷猃狁考》一文中说,猃狁就是西戎。周宣王、周懿王时,他们犯边最甚,与周宣王连续作战,终被所败,大举西迁,穿越天山,翻过葱岭,在今天的喀布尔北部一带建立了罽宾国。西迁沿途又分出小的群落,在帕米尔各山谷占山为王,建立了休循、捐毒、严国、戎卢等小国,留下许多与允姓有关的地名。此后,中国的历史学家逐渐建构起了塞人由中国西北起源,迁至中亚和西亚的历史框架。余太山写《塞种史研究》和《古族新考》两本著作,对东西文献进行梳理,专题讨论了塞种人的起源与迁徙。余先生说,公元前7世纪末,出现在伊犁河、楚河流域的塞种有四部,分别是 Asii、Tochari 和 Gasiani、Sacarauli。[18] 前两支人他比定为塞人(萨迦)和大夏(吐火罗),后两支人他比定为禺知(禺氏)和莎车。余太山力图打通东西文献之间的壁垒,认为这些不同人群的起源,追究根系,始于中原腹地。[19] 只是余太山没有讨论大多数学者更为关心的斯基泰与塞人的关系,他好像是刻意回避了。赖斯也持相似的观点,她在《中亚古代艺术》中说:"中亚平原的塞克,据信是从突厥斯坦的极东部、西藏和天山迁到那里来的……他们离开自己的故乡后,向西迁往今阿富汗与波斯之地,直到公元前八世纪时才到达了乌拉尔山山麓。然后,他们从巴尔喀什湖分出,出现在阿尔泰,并随即在今吉尔吉斯之地建立大本营。"[20]

注释

1. К. А. 阿奇舍夫、Я. А. 库沙耶夫:《伊犁河流域塞人和乌孙的古代文明》,孙危译,兰州大学出版社2013年版,第18—19页。

2. С. Д. 托勒斯托夫:《古代花拉子模》,第67—68页;С. Д. 托勒斯托夫、М. А. 伊季娜:《苏雅勒加文明的若干问题》,《苏联考古学》1960年第1期。

3. К. А. 阿奇舍夫、Я. А. 库沙耶夫:《伊犁河流域塞人和乌孙的古代文明》,孙危译,第94页。

4. 伯恩施坦:《中亚境内天山、七河地区的古代文化》,黄振华译,载张志尧主编:《草原丝绸之路与中亚文明》,新疆美术摄影出版社1994年版,第133页;А. Н. 伯恩施坦:《天山中部地区与帕米尔—阿尔泰地区历史考古概述》,《苏联考古资料与研究》1952年第26期。

5. А. Н. 伯恩施坦:《天山中部地区与帕米尔—阿尔泰地区历史考古概述》,《苏联考古资料与研究》1952年第26期。

6. К.А.阿奇舍夫、Я.А.库沙耶夫：《伊犁河流域塞人和乌孙的古代文明》，孙危译，第108页。

7. 余太山：《塞种史研究》，中国社会科学出版社1992年版，第1页。

8. 余太山：《塞种考》，《西域研究》1991年第1期。

9. 白鸟库吉：《塞民族考》，载白鸟库吉：《西域史研究》（上），岩波书店1944年版。

10. 周学锋：《塞种多源同流》，《丝路学刊》1995年第2期。

11. 张广达、荣新江：《上古于阗的塞种居民》，《西北民族研究》1989年第1期。

12. 项英杰等：《中亚：马背上的文化》，浙江人民出版社1993年版，第19—21页。

13. 饶宗颐：《上代塞种史若干问题——于阗史丛考序》，《中国文化》1993年第8期。

14. 岑仲勉：《两周文史论丛》，商务印书馆1958年版，第40页。

15. 薛宗正：《突厥史》，中国社会科学出版社1992年版，第47—48页。

16. 吕思勉：《中国民族史》，东方出版中心1987年版，第234页；王小甫：《先秦我国西北的塞种》，《西北史地》1987年第1期。

17. 齐万良：《塞种真是"允姓之戎"吗》，《新疆地方志》1993年第2期；李聚宝：《允姓不是塞》，《敦煌研究》1987年第1期。

18. 余太山:《大夏与大月氏综考》,载中国中亚文化研究协会等编:《中亚学刊》第3辑,中华书局1990年版,第17—46页。

19. 余太山:《古族新考》,中华书局2000年版。

20. 赖斯:《中亚古代艺术》,1965年,第42页,转引自尹伟先:《塞克的涵义、起源与分布》,《西北民族学院学报》1991年第3期。

三 东方视野下的塞人历史

塞人的西迁与南下

班固在《汉书·西域传》里,详细地记载了西域乌孙国的情况,他说乌孙是个行国,行国就是游牧国家,居民多马上生计。还说,汉代乌孙国所在之地,原来住的是塞人。

乌孙国地原是塞人居住之所,它的东面是匈奴,西北是康居,西面是大宛,南面是西域绿洲群落,即班固所说的"城郭诸国"。比照今天的地理,乌孙国大致上位于伊犁河谷和楚河河谷一带。公元前177到前176年,大月氏人与匈奴一战,大月氏兵败西逃,兵退伊犁河谷地,出其不意地攻入塞人的故地,塞王便率众南奔,翻过一个叫悬度的山岭狭口,投罽宾国去了。《史记·张骞传》记:"月氏已为匈奴所破,西击塞王。塞王南走远徙,月氏居其地。"《汉书·西域传》记:"(乌孙国)本塞地也,大月氏西破走塞王,塞王南越县度,大月氏居其地。"南迁的塞人分散居住在帕米尔和天山以北的山谷里,塞人在这里各自为政,分成了数国。《汉书·西域传》记:"塞王南君罽宾。塞种分散,往往为数国。自疏勒以西北,休循、捐毒之属,皆故塞种也。"而塞人故地，即伊犁河和楚河河谷，被乌孙占据，乌孙的居民里也混居着塞人和大月氏人等。

允姓之戎

居伊犁河、楚河河谷的塞人从何而来？据余太山的研究，生活在这里的塞人，就是贝希斯敦铭刻里的萨迦，萨迦实源于我国西北的一个游牧族群——允姓戎。萨迦在希罗多德的《历史》中被称为 Issedones，这支人群至迟在公元前 7 世纪末，已经出现在伊犁河、楚河流域，即《汉书·西域传》所谓的塞地。约公元前 6 世纪 20 年代末，萨迦西向扩至锡尔河北岸，从此波斯人称其为萨迦，亦即"塞种"。萨迦原是波斯人对锡尔河北岸游牧部落的泛称。[1]

荀济说"塞种本允姓戎"，如前所述，多有学者质疑。对此余太山解释说："荀氏上表旨在排佛，所论若无确凿依据，不仅不能服人，反而会授人以柄。且《汉书》不难到手，捏造毫无意义。这就是说荀氏所引二十二字应为《汉书·西域传》的佚文。"[2] 允姓戎的出现，始自西周。周朝时的允姓，并不是孤立的一支，而是分为数支。在不同的文献里，允姓有不同称谓，他们活动和分布在西北辽阔的区域。文献中所见有猃狁、阴戎、陆浑、混夷、绲戎等，还有瓜州之戎、九州之戎等，都出自允姓。饶宗颐说："殷周之际的西北劲敌，混夷可代表塞种，还有羌戎，是代表藏语系的民族。"[3] 猃狁是允姓诸戎屡见的一支，《诗经》里说，猃狁常侵扰周的北部边境，掠夺畜牧和农产品，边境屡屡告急，边民常被抢掠一空，人心惶惶，争向内地迁移。1980 年，在陕西长安县下泉村（这里曾是周的京畿之地），出土一件青铜鼎多友鼎，鼎中记载了猃狁来犯，与周的军队大战的历史事件。多友鼎铭文记，这年的十月，猃狁来犯，逼近京师，告急于周王，即派多友率军御敌。多友率兵西追，双方于甲申日的黎明，大战于采这个地方。战斗中，多友部斩杀猃狁205人，俘获23人，获战车117辆。接着又战于龚，斩首36人，俘获2人，获战车10辆。周便派多友部乘胜追击，又战于世这个地方，最后将猃狁残部追至杨冢，战争中又杀敌115人，俘获3人……另外在不期殷、虢季子白盘、兮甲盘等青铜器上所铸的铭文，记载的都是周人与猃狁的战争故事。虢季子白盘铭文记载了一次与猃狁的战斗功绩是杀敌500人，俘获50人，献于周王。猃狁之戎被周所败，一路向西溃逃，过河西走廊，进入新疆天山南北。[4]

秦穆公拓疆与塞人西迁

塞人居住在伊犁河和楚河的时代不会晚于公元前7—前6世纪。塞人入居中亚以后，导致了中亚国家的频繁动乱。杨宪益最早提出，中亚地区这一时期的激荡，与秦穆公伐西戎有关。[5]秦穆公生活的年代在公元前659年到前621年，他是春秋五霸之一。秦穆公雄才大略，唯才是任，运筹帷幄，遂霸西戎。余太山更为细密地爬梳文献史料，发现中亚塞人迁徙与动乱的背景，与秦穆公霸西北及对西戎诸族群的挤压有关。

据《左传·昭公九年》所记，周王下属甘人与晋国的阎嘉争阎田。晋便使梁丙等人趁机率阴戎族人伐颍。周王派将领用兵与梁丙他们争夺颍。周王说，先王曾驾驭西方名叫梼杌的凶兽，抵御四方螭魅。那时候有允姓族群之人，住在瓜州。惠公时，允姓族群的一部被诱入周的近郊一带，就是阴戎。阴戎之人，窜居到中国之地，究竟是谁的错呢？晋朝的杜预说，允姓之戎从瓜州内徙中国，住在黄河之南、秦岭之北，这些地方被称为两阴之地，因此迁到这里的允戎被称为阴戎。杜预说允姓的原住地瓜州就是敦煌。余太山考证后认为，允姓原住地的瓜州，更可能在泾水上游，即今天的平凉、固原一带。

初居在伊犁河、楚河一带，后来与波斯大流士一世作战的中亚塞种人，与曾居住在河西西部的塞人，有祖源关系。河西天山的塞种，其祖上生活在西北泾水上游平凉和固原一带，就是当地的允姓族群。司马迁写《史记·秦本纪》，追述先秦的祖业，说秦穆公开疆拓土，兵戈西进，称霸西戎。秦穆公三十七年（公元前623年），穆公派由余领兵西伐戎王，12个西戎小国全部归附，引起了族群迁徙的连锁反应。有一支乌氏族群，是允姓集团的一支，此时离开故地，西走河西，到达天山南北，出现在伊犁河谷、楚河流域。允姓可视为"乌氏"之异译。允姓即为塞种，一路西来，沿途留下许多与允姓有关的遗迹，主要是地名。如《后汉书·西羌传》所记，在金城郡境内，出现了"允吾"、"允街"和"大允谷"等，都与允姓有关；如《汉书·霍去病传》所记，张掖境内有"焉支山"，实际上是允姓的异译；生活在祁连、敦煌间的乌孙，也是允姓族群的分支。他们是公元前7世纪末允姓迁往伊犁河谷时，路经河西之地留下的余种遗黎而已。沿西域南北道的那些绿洲小国，如"温宿"、"乌垒"、"焉耆"、"乌托（秺）"、"伊循"，都为允姓的异译。焉耆国的都城"员渠"与允姓之戎的"允格"可以对译，焉耆王族姓龙，可以视为"陆浑"的缩译，陆浑也是允姓之戎，他们都是塞种遗脉。[6]

注释

1. 余太山：《塞种史研究》，中国社会科学出版社1992年版，第1—10页。

2. 余太山：《古族新考》，中华书局2000年版，第63页。

3. 张广达、荣新江：《于阗史丛考》"饶宗颐序"，上海书店1993年版。

4. 余太山：《古族新考》，第53—73页。

5. 王治来：《中亚通史》（古代卷上），新疆人民出版社2004年版，第30页。

6. 余太山：《古族新考》，第55—71页。

四　西方视野下的萨迦历史

萨迦在中亚西部的活动

公元前 7 世纪前，辛梅里安人被斯基泰人追赶，他们越过高加索山脉侵入西亚。[1] 辛梅里安人在安纳托利亚高原、伊朗高原和两河流域游荡侵袭，加速了古代西亚政治版图的重构。波斯人最早称这支人为"萨迦"，后来又用这个名字来指称斯基泰人及其同族。[2] 阿喀美尼德王朝时，西亚南部绿洲聚落城市的北部区域被游牧者控制，他们与南方农业居民长期处于敌对状态。这些人或被称为"萨迦"，或被称为"斯基泰"，或被称为"西徐亚"。希罗多德说他们不是耕地的人，而是游牧民族。[3] 斯特拉波在他的《地理志》中说："大部分西徐亚人，甚至全部西徐亚人，都是游牧民族。"希罗多德在《历史》中也说："这些游牧群落是一个勇武善战的强大民族。"[4]

西方记载的萨迦的历史，十分具体，特别是萨迦与波斯的对抗，是先秦时期中亚史上的重大事件。波斯帝国在大流士一世的时候走向鼎盛。大流士一世生活在公元前 558—前 486 年，比前面说的秦穆公要晚一百多年。大流士一世的贝希斯敦铭文，记录了他的赫赫战功。铭文记载大流士说自己是"伟大之王,众王之王,波斯之王,诸省之王"。他统治的区域辽阔,"按照阿胡拉玛兹达的意旨,下列诸郡归属于我,我是他们的王",凡二十三郡,都向大流士朝贡,其中就有被称为萨迦的人。另外,还有一支称为玛撒该塔伊的人,也是萨迦人的一支,他们的势力也十分强大。从贝希斯敦铭文上方的一组浮雕中,可以看到萨迦人的形象和衣着穿戴,画面中有被俘的萨迦兵士,波斯波里斯浮雕刻绘的画面里,有正向阿喀美尼德奉供的萨迦,他们戴着有护耳的尖帽,穿着宽大的袍衣。

波斯帝国时期,一个庞大的游牧帝国在黑海以北的辽阔草原崛起,它控制的范围东起顿河,西至多瑙河。希腊人的著作中,将欧亚草原森林地区驰骋的游牧人群称为斯基泰人。中亚的波斯人和印度人,则把所有斯基泰人称为萨迦。张骞出使西域的时候,来到中亚,他听到当地人把草原的游牧民都称为萨迦,不过他并不详知希腊人对斯基泰人的了解和称谓。回国后,张骞在给汉武帝讲述中亚见闻时,直接将这里的游牧人都译成了塞,既而被历史学家写到了历史文献里。希罗多德到过中亚很多地方,比张骞更详尽地了解这里的历史,他描述说:"属于斯基泰人的萨迦人,戴着一种高帽子,帽子又直又硬,顶头的地方是尖的。他们穿着裤子,带着他们本国自制的弓和短剑,此外还有他们称之为撒伽利司的战斧。"5

萨迦与大流士的战斗

阿喀美尼德王朝大流士一世在位时,他统治下的一些郡叛离了帝国，其中也有萨迦，大流士一世便率军队征讨这些叛变了的郡国。在进攻萨迦的时候，大流士一世的部队边打边退，把萨迦军诱到阿姆河边，大流士一世架浮桥渡河后，回头狙击萨迦，大获全胜。这次俘获了很多萨迦军人，萨迦的头领斯昆哈在这次战斗中也被捉住。贝希斯敦铭文的浮雕中，表现的 9 个被解送的俘虏里，有一个头戴尖帽的首领，就是斯昆哈，他被大流士一世处死了。两年后，大流士一世乘胜追击，远征玛撒该塔伊人。玛撒该塔伊人英勇善战，其首领然拉用苦肉计引诱大流士的部队进入一片无水无草、人迹罕至的沙漠，大流士的部队惨遭失败，大部分人被困死沙漠。

称霸中亚的波斯阿喀美尼德王朝，是一个依赖王权和武力，完全通过殖民统治控制辽阔区域的松散帝国。帝国所管辖的领地没有共同的经济基础，民族混杂，他们操着不同的语言。各地居民暴动不断，特别是希腊人，一直为争取解放而斗争。波斯和希腊之间的战争，打了 43 年，这就是世界历史上著名的希波战争。希波战争以波斯失败告终，与雅典订立了城下之盟。希波战争后，希腊北部的马其顿崛起，它打败希腊，取得了对希腊的霸权。到了马其顿亚历山大即帝位时，打着复仇的旗帜，开始了历史性的东征。

阻击亚历山大东征

亚历山大指挥大军，向波斯杀来。亚历山大初期阶段的东征势不可当，他很快除掉大流士三世，取代了阿喀美尼德王朝对中亚的统治。亚历山大的铁军几乎横扫中亚，战争极为惨烈，一路屠城。住在锡尔河北岸的萨迦人，殊死抵抗，他们聚集在居鲁士城，希腊军久攻不下，亚历山大亲自上阵指挥，与萨迦人在城里展开白刃格斗，留下8000具萨迦人的尸体，血流成河。希腊军毁城后，在这里筑了亚历山大新城，防御萨迦。为彻底击败萨迦人，希腊人向北寻萨迦主力作战，与萨迦展开了草原拉锯战。其中的一次战斗中，希腊军与萨迦军在别哥瓦特短兵相接，亚历山大指挥的军队，一鼓作气，几乎将萨迦军完全消灭。但由于孤军深入，希腊军难以适应荒漠环境，加之天气炎热，缺水少粮，希腊军只能就地饮用脏水，军队痢疾流行，亚历山大腹泻难支，仓皇退兵。另外一次的战斗中，希腊军队竟被萨迦人的骑兵困在泽拉夫善河的一个岛上。希腊军在与萨迦军的拉锯式作战中，并没有占到多少便宜，亚历山大无力深入草原追击这些游牧武装，便对泽拉夫善河一带的绿洲居民大开杀戒，焚烧村落，破坏田地，当地12万居民命丧铁蹄。

亚历山大率大军东征，大批希腊人随之迁居东方中亚绿洲，定居下来，修筑了许多希腊化的城堡，进行屯田，带来希腊文化。亚历山大东征的结果，是中亚文化出现了一个明显的希腊化过程。然而，亚历山大的大军虽越过了兴都库什山，逼近帕米尔雪山，接近克米尔山谷，但终阻于帕米尔雪峰，没有进入塔里木盆地。新疆天山南北的历史，依旧沿着古老的轨迹演变着。

巴克特利亚王国的灭亡

亚历山大死后，他的庞大帝国陷入混乱，叛乱四起，帝国很快土崩瓦解。几经周折，巴比伦太守塞琉古胜出，他收拾残局，并在亚历山大军事帝国的废墟上，建立了塞琉古王朝。塞琉古王朝在与东南印度的孔雀王朝建立了友好合作关系后，政权趋于稳定。塞琉古王朝的劲敌，依旧是北方游牧的萨迦。塞琉古派儿子安提俄克驻守东伊朗，严防北方的萨迦南下入侵。塞琉古还在帝国边境构筑了 75 座军事城堡，迁希腊人实边，以防萨迦犯境。

塞琉古王朝依旧是一个松散的政治联盟。它的统治从公元前 312 年延续到公元前 64 年。帝国东部的巴克特利亚郡，自亚历山大时期开始，一直保持着相对独立。公元前 250 年，巴克特利亚太守狄奥多托斯脱离了塞琉古王朝，宣布独立。这个巴克特利亚王国延续到公元前 135 年，是中亚地区文化发达的希腊化军事王国。巴克特利亚王国，依赖其传统军事实力，开疆扩土，称霸中亚。王国领土不断地东向扩展，一直到"赛里斯"。许多学者认为这里的赛里斯，指的就是中国。公元前 141—前 128 年，盛极一时的希腊化军事强国巴克特利亚，几乎一夜之间被几支中亚联合起来的势力消灭了。希腊—巴克特利亚王国之灭亡是中亚历史上的重大事件，这一事件本身充满着难解的历史谜团。巴克特利亚王国最后一位统治者赫里奥克里斯，在一次北方游牧人的入侵中死亡。历史学家阿波罗·多鲁斯记录下了征服希腊—巴克特利亚王国的四个部落，即亚细部、帕西安部、吐火罗部和萨迦的劳卡依部。

希腊—巴克特利亚王国灭亡的原因及过程，历来为史学家所关注。余太山说，公元前 140 年左右，大批的塞人渡锡尔河南下，一支进入费尔干纳，一支进入巴克特利亚，后者灭了希腊—巴克特利亚王国，之后，他们各自建立了自己的政权，即大宛国和大夏国。另一支塞人顺锡尔河迁往黑海、里海沿岸，在这里建立了奄蔡国，留在锡尔河北岸的则建立了康居国。张骞使西域，来到这里，战争的硝烟已经飘散，他看到的是一个安静祥和的世界。[6]

萨迦与斯基泰

波斯人把中亚两河流域北部活动的游牧民族称为萨迦人。萨迦这个称谓，最早出现在阿喀美尼德王朝波斯大流士一世的贝希斯敦铭文里，另外在波斯波利斯、苏萨、纳克泽·罗斯塔姆铭文中，也有关于萨迦人的记载。希罗多德说波斯人把所有的斯基泰人都称为萨迦人；印度人和波斯人一样，也把所有的斯基泰人都称为萨迦人。王治来说，虽然所有波斯人都把斯基泰人当成萨迦人，但斯基泰与萨迦还是有区别的。希罗多德《历史》中记载的斯基泰人，游牧于黑海以北的南俄草原，在这里形成了最早的游牧帝国。斯基泰与萨迦（塞人）是两个不同的概念，虽然他们种族与语言一致，但他们居住的地方和社会经济文化并不完全相同。斯基泰人生活在黑海以北的南俄草原，塞人在他们的东面和南面，占据中亚草原。[7]黄时鉴则把斯基泰部落分为广义和狭义的，广义的斯基泰人指的是希罗多德时期分布于欧亚草原所有游牧的居民，狭义的斯基泰人则指的是那些被希罗多德《历史》和东方文献里提到过的具体族群。[8]

苏联著名考古学家 C. N. 鲁金科说："公元前一千纪中叶，当时文明国家波斯和中国的周围，在欧洲和亚洲的辽阔草原和山地，散居着无数独立的牧马部落，希腊人把他们统称为斯基泰人，波斯人称之为萨迦人，而中国人则把亚洲的一部分称为塞人。"⁹ 苏联和欧洲的一些学者相信，中亚的塞人与西部的斯基泰人关系密切。斯基泰游牧于内陆欧亚北部，他们活动的区域十分广泛。托尔斯托夫等认为，"在公元前一千年前的末期，斯基泰在形成大部落联盟时，一些原始塞人从斯基泰人的基本分布区分离出来，向遥远的东方迁徙，到达了中国边地"¹⁰。近年有学者提出，塞人也被称为西徐亚人，他们在公元数千年前，生活于克里米亚半岛北部和黑海北岸，地质文献中这里被称为西徐亚台地，它向北延伸与俄罗斯陆台衔接。他们由这里向中亚迁徙，公元前2千纪初出现在安纳托里亚，以哈图萨斯为首都，建立了赫梯王国。一支取道波斯进入阿姆河和锡尔河，抵达印度，开启了印度的雅利安时代。另一支从乌拉尔南麓进入南西伯利亚，越过了帕米尔进入新疆及河西走廊等地，在这里落地生根。塞人从西徐亚台地四处迁徙是因为那里发生了海侵，海水淹没了黑海草原、南俄草原及中亚的一些荒漠，西徐亚人只好选择向整个东方世界寻找生存空间的旅行。¹¹

斯基泰和塞人分布在欧亚草原上，斯基泰分布区域相对偏北，萨迦分布区域相对偏南。《历史》中讲到斯基泰人时说："居住在亚细亚的游牧的斯奇提亚人（斯基泰人）由于在战争中战败而在玛撒该塔伊人的压力之下，越过了阿拉克塞斯河，逃到了奇姆美利亚人的国土中去……"从中可知斯奇提亚人与玛撒该塔伊人的驻地相接，并经常摩擦，在玛撒该塔伊人的压迫下，这支斯奇提亚人向西迁到黑海北岸和东欧草原去了。多数学者相信，斯奇提亚和玛撒该塔伊人，都只是斯基泰、萨迦的别种和分支而已。希罗多德把大流士贝希斯敦铭文里的萨迦，记成了撒卡伊，把斯基泰记成了斯奇提亚,并说撒卡伊是斯奇提亚的一支。中亚草原和绿洲交接区域,斯基泰和萨迦交错分布,或者彼此不分,只是不同的记录者的叫法不一而已。

注释

1. 勒内·格鲁塞:《草原帝国》,蓝琪译,商务印书馆1998年版,第29页。
2. 刘雪飞:《上古辛梅里安人、斯基泰人同西亚诸族的交往》,载余太山、李锦绣主编:《丝瓷之路——古代中外关系史研究》I,商务印书馆2011年版,第3—4页。
3. 希罗多德:《历史》,王嘉隽译,商务印书馆1959年版,第476页。
4. 同上书,第660页。
5. 同上书,第64页。
6. 以上内容主要参考了余太山:《塞种考》,《西域研究》1991年第1期;余太山:《古族新考》,中华书局2000年版;余太山:《塞种史研究》,中国社会科学出版社1992年版;王治来:《中亚通史》(古代卷上),新疆人民出版社2004年版。
7. 王治来:《中亚通史》(古代卷上),第29—31页。
8. 黄时鉴:《希罗多德笔下的欧亚草原居民与草原之路的开辟》,载《东西交流史论稿》,上海古籍出版社1998年版,第1—14页。

9. C. N. 鲁金科：《论中国与阿尔泰部落的古代关系》，潘孟陶译，《考古学报》1957年第2期。

10. 转引自王治来：《中亚史》，中国社会科学出版社1980年版，第40页。

11. 曾宪法：《先秦时期塞种人之族源及其东渐问题》，《国际关系学院学报》2001年第2期。

五　伊犁河流域的塞人遗存

谢米列契地区的塞人遗存

1933年到1945年间，苏联考古学家在伊犁河下游的谢米列契（七河地区）、阿拉木图、江布尔省，吉尔吉斯共和国北部以及天山等地进行考古考察与发掘，发现发掘的属于公元前1千纪后半叶的墓葬，被认为是塞—乌孙文化遗存。其中塞文化的墓葬地表有明显封堆标志，封堆的外围再围一个大的圆形石圈，用卵石或石板围砌。墓葬为竖穴墓，墓坑中多填石，墓内葬单人或双人，葬式基本为屈肢葬。塞文化墓葬中出土叶状或棱形的有銎镞、叶状矛头等铜器。出土的陶器多圜底或尖圆底，短颈敞口，鼓腹，有犁形的"茶壶式"罐，有带把的大高脚杯等。陶器的器表涂红，少量彩陶，图案简单、草率，在浅色或淡黄色的器表底色上涂红色的垂直条纹。伊犁河下游，发现发掘的属于公元前5—前4世纪塞文化的文物并不多，大多为偶然发现。费尔干纳盆地、天山地区、伊塞克湖北岸发现的三足铜釜、祭礼铜盘等，被认为是塞人的遗存。[1]

20世纪60年代，苏联考古学家发掘伊犁河中游的别斯沙迪尔墓地，解剖了数座巨冢。墓葬位于伊犁河右岸 3 公里左右的天山脚下，每一座大墓均由巨大的封土堆和几个相邻的地表建筑共同组成，建筑群包括环形的、用巨大的石块修造的石构建筑。其中规模最大的一座墓，封堆直径 104 米，平均高度 15 米，最高处 17 米，封堆顶部平坦，直径 32 米，封堆的四周有 94 道石圈，呈螺旋状分布。墓室建在地表，是用粗大的圆木层层叠垒的棺椁，或者说是用粗壮的圆木层层叠垒的木房，还垒出门和墓道，建造这座巨冢需要用 5 万立方米的土石，还要砍伐大量的树木。不过，这样的巨冢除 M25 外，其余都被盗掘一空。苏联学者认为，这些巨冢是显贵者的陵墓，巨冢中埋葬的是戴尖帽塞人的皇族。[2] 别斯沙迪尔墓地还发掘了 35 座普通的戴尖帽塞人的墓葬。塞人的墓葬夹杂在成片的乌孙人的墓葬间，常常一处 10—20 座墓的墓地，大多为乌孙人的墓，只有少量塞人墓葬。塞人墓地常常只有数座墓，是一个家族的茔区，墓葬的地表有圆形土封堆，土封堆下还有石堆，一般一个石堆，个别两个石堆，石堆下一般单个墓室，也有双室和一字排列四个墓室的情况。墓葬有石室墓和竖穴土坑墓两类。石室多用石板围成石棺，还有个别墓葬为木棺，多数墓葬内死者头西脚东，葬式仰身直肢，头侧常放有一件陶器，陶器的旁边放置羊骨、铜刀或铁刀。出土的随葬品主要是陶器，其次是铜器。铜器类型有青铜刀、铜镞、马衔、端头铸有动物的手镯、铸出格里芬形象的铜牌饰、垂饰。另外有骨梳、木梳、珠饰等。陶器类型较多，常见的有管流罐，这类陶罐多平底，个别圜底，一侧有竖的桥形钮，其次有平底或圜底的钵（盆）、短颈鼓腹罐、鋬耳罐、直壁筒形杯、瘦高体的梨形罐等。[3]

塞与乌孙文化的来源

苏联学者大多同意塞文化源起于当地的安德罗诺沃文化,并受到周边文化的影响。然而,据中国古代文献记载,塞与乌孙都是从中国河西地区迁入天山的。塞人占据天山的时间如前所述,乌孙人迁徙天山的时代在公元前 3 世纪到公元 5 世纪,号称"乌孙"的族群,从汉代一直活跃到此后很久的历史时期,"乌孙"这一称谓至今仍然保存在当地的哈萨克部落。对于汉文献所记的乌孙,苏联学者曾提出质疑,认为如果乌孙真的像张骞所说,是公元前最后的两个世纪被匈奴所逼迁到西部天山的,那么在谢米列契一定会出现来自河西地区的文化因素,但事实上并没有。墓葬结构和随葬品,都与当地前一时期,即塞文化一脉相承,可以称为塞—乌孙文化联合体,它与南西伯利亚文化保持着密切关系。塞—乌孙文化的演变过程,也与这一地区公元前 7—前 3 世纪的文化发展演变相契合。大多数学者相信,乌孙即希罗多德《历史》和托勒密《地理志》中的伊塞顿人。乌孙人是在当地塞人势力削弱时,登上政治舞台的,他们建立了天山游牧政权。[4]

B. B. 格里果里耶夫认为,塞人最初似乎居住在西部的天山、帕米尔等地,后来他们从这些地区向外迁徙,直至巴尔喀什湖和楚河下游地区。[5] 近年来,在伊犁河上游、喀什河流域、特克斯河和巩乃斯河流域,发掘了数千座早期铁器时代的墓葬,时代在公元前 9 世纪到汉代。大体上分为前后两个阶段。早期阶段为公元前 9 世纪到前 5 世纪,墓地边界相对清楚,规模较大,墓葬分布密集,墓葬地表有规整的圆形石圈标志。墓室大多为竖穴土坑，少量竖穴土坑偏室墓，偏室墓多单偏室，个别双偏室。墓坑中填石，多葬单人，个别为双人葬，头西北脚东南，葬式侧身屈肢。随葬品有陶器、铁器、木器等。陶器为夹砂红陶，手制，器类有无耳罐、单耳罐、钵等，彩陶较为发达。大多墓葬随葬小铁刀和木盘，木盘中常放置有羊的尾骨。晚期阶段在公元前5世纪到汉代前后。晚期阶段的遗存，分布区域更广，墓葬散布于伊犁河上游支流根系源地的山腰、沟谷的各个角落，这一时期的墓地的界限不太清楚，墓葬地表封堆规模渐大，在草原山麓地带散布。一组组的墓葬在平坦草原和山梁上，多呈链状分布，南北排列，一些规模很大的巨冢，沿河岸台地分布，十分醒目。巨冢封堆的外围围以简单的石圈，竖穴土坑，墓坑规模较大，墓坑中填以巨石，用松树或枞树原木围成木椁。墓室内葬多人，骨骼散乱。随葬品主要有陶器、铁器和木器等。陶器为夹砂红陶，手制，陶质粗糙，烧成温度较低。器类主要有高领壶、大口钵等。彩陶基本消失，只是在个别器物腹部残留有条状纹样。伊犁河上游支流区域早期铁器时代早段的墓葬，与塞文化有关，晚段的墓葬则与乌孙文化有关。

伊犁河流域，包括楚河和伊塞克湖周边，早期铁器时代的文化来源是复杂的。从墓葬结构到随葬器的类型和形态上看，它一方面继承了当地青铜时代安德罗诺沃晚期文化和卡拉苏克文化的影响，但另一方面，更多地接受了沿着天山自东向西传播的彩陶文化的影响，是地方发展起来的区域文化传统。群体人种也是东西方人群混血族群。战国到汉代，该地区进入乌孙时期，游牧民族势力快速崛起，伊犁河流域、天山地区成为草原游牧政权争夺和控制的中心,文化一体化倾向更为明显,很难再划分出文化特征十分突出、文化边界十分明显的考古学文化圈了。

塞族虚构说

日本学者小谷仲男在《大月氏——寻找中亚谜一样的民族》一书中提出,塞是班固虚构的族群,观点新颖。西汉张骞使西域,一个中国官员突破匈奴的包围,抵达中亚,看到了一个完全不同于中原的广阔未知的世界。张骞带回的中亚地理与族群的情况,引起了朝野的震惊。小谷仲男比较了《史记》和《汉书》转述和整理的张骞的报告。司马迁与张骞是同时代的,司马迁在《史记·大宛列传》中介绍了张骞的见闻,重点讲的是月氏:"始月氏居敦煌、祁连间,及为匈奴所败,乃远去,过宛,西击大夏而臣之,遂都妫水北,为王庭。其余小众不能去者,保南山羌,号小月氏。"说月氏在原居地时,非常强大,"故时强,轻匈奴,及冒顿立,攻破月氏,至匈奴老上单于,杀月氏王,以其头为饮器"。东汉初班固写《汉书·张骞传》时,照抄了《史记·大宛列传》,但不是完全照抄,关键的地方他做了修改,"时,月氏已为匈奴所破,西击塞王,塞王南走远徙,月氏居其地"。这里加上了"西击塞王"的历史事件。另外,班固还把司马迁讲的匈奴攻杀乌孙昆莫父亲的事件,改为了大月氏。小谷仲男认为:"班固的前辈司马迁在其编撰的《史记》中,根本没有提及'塞'的存在。"《汉书》中班固之所以加入"西击塞王"的事件,大概源于班固对西域传来的佛教的模糊认识。他引用的是唐代学者颜师古给《汉书·张骞传》做的注:"塞音先得反,西域国名,即佛经所谓释种者。塞、释声相近,本一姓耳",认为"塞王传说的原型其实是印度释迦族的传说","在司马迁时代,佛教还未被中国人所知。……他出家成佛后,释迦国败给了邻国,于是分裂灭亡了。班固是借大月氏西迁的历史,来书写这新得到的关于释迦族的知识","这样看来,张骞对于'塞'是一无所知。关于'塞'的知识似乎并非张骞传来,《汉书》与《史记》内容相异是因为其编者班固新得到有关'塞'种的知识,便在桌子上改写了《史记》的文章"。就是说,关于塞,是班固凭着对佛教的模糊认识,凭空加进去的。[6]

注释

1. 亨利·保罗·法兰克福:《中亚地区铁器时代考古文化》,戴寇林口译,《新疆文物》1987年第1期。

2. К.А.阿奇舍夫、Г.А.库沙耶夫:《伊犁河流域塞人和乌孙的古代文明》,孙危译,兰州大学出版社2013年版,第21—65页。

3. 同上书,第77页。

4. 伯恩施坦姆:《谢米列契和天山历史文化的几个主要阶段》,陈世良译,《新疆文物》1992年译文专刊。

5. К.А.阿奇舍夫、Г.А.库沙耶夫:《伊犁河流域塞人和乌孙的古代文明》,孙危译,第12页。

6. 小谷仲男:《大月氏——寻找中亚谜一样的民族》,王仲涛译,商务印书馆2017年版,第51—60页。

六　戴尖帽的萨迦

戴尖帽的萨迦

波斯碑刻中提到的萨迦有三支：一支称为豪玛瓦尔格—萨迦，即带着所崇拜的植物叶子的萨迦；一支称为提格拉豪达—萨迦，即戴尖帽的萨迦；一支称为达拉达拉来—萨迦，即海那边的萨迦。另外，玛撒该塔伊人，是萨迦中骁勇善战的一支。[1]

戴着高尖帽的萨迦人，多被史家注意。希罗多德在《历史》中讲："属于斯奇提亚人的撒卡伊人，带着一种高帽子，帽子又直又硬，顶头的地方是尖的。"[2]《历史》的新译本，则将这段话中的斯奇提亚人直接译为斯基泰人，撒卡伊译成了萨凯伊人。"萨凯伊人，或者说斯基泰人，下身穿着裤子，头戴一种尖顶而直挺的高帽子，他们带着他们本地自制的弓和短剑，还带着他们称为萨伽利斯的战斧……波斯人把所有的斯基泰人都称为萨凯伊人。"[3]贝希斯敦铭文记载："国王大流士说'我偕同萨迦人的军队来到海外这种戴尖帽子的萨迦人的国土。然后我在近海的地方重新把一座桥架在原处，从这个船桥我进入国土并强有力地击溃了萨迦人'……"大流士打败的是戴尖帽的萨迦。[4]波斯语中提到的萨迦,以及巴比伦语中提到的被称为辛梅里安人的萨迦,都是泛称,指的是那些戴尖帽、操伊朗语的游牧人群。[5] 关于戴着尖顶帽的塞人分布地,К. А. 阿奇舍夫、Г. А. 库沙耶夫认为,他们分布在沙沙、吉尔吉斯斯坦以及哈萨克斯坦南部地区。波斯波利斯的浮雕表现的戴尖帽的塞人,他们分布在天山、七河流域和沙沙等地区,与他们相邻的是蒙古利亚人种群体。[6]

中亚发现的高尖帽人物

高尖帽形象材料的考古发现,主要集中于西亚和中亚。西亚米底人留下的公元前7—前6世纪的埃兰文字印章上,有头戴高尖帽的米底骑兵像,高尖帽的尖顶向前弯曲,帽后有两条飘带。[7] 发现于达吉斯坦、安德斯克以及库塔伊西等地的青铜人像(公元前7—前6世纪),有的头顶就戴着帽尖向前弯曲的扁角状高尖帽。[8] 哈萨克斯坦的伊塞克古墓,以出土的"金人"而闻名于世,这一"金人"的头上戴着高尖帽,帽子高约65厘米,帽上除各种动物塑像外,还有箭头、羽翅、几何形牌饰、树形等装饰,墓葬的时代为公元前6—前5世纪。[9] 这顶帽的帽尖结构非常复杂,使用了金、木、皮等各种材料,几乎所有的装饰构件都用金箔包裹,使高帽金光闪耀,华美庄严。从复原后的图像看,帽中央直竖一高尖棒,尖棒两侧后部各立两支箭头向上的箭杆,前部各有两支羽毛似的金质装饰物,饰物以下是动物的塑像。[10] 阿尔泰巴泽雷克冰冻墓内尸体和随葬品保存完好,墓中出土数顶高尖帽。其中一顶上覆假发,顶栽高耸发饰;一顶基座为盔形,帽顶上竖鸟喙向前弯曲的鸟头形。两种高尖帽都装饰有各种动物雕像。其中阿克—阿拉赫 3 号墓地 1 号墓，出土的妇女假发式高尖帽，是用毛毡制成圆形外壳，顶部中央留有一洞孔。毛毡外壳上粘附有用马鬃等做成的假发，假发梳成盘卷发型，有的将自身的头发拢成一束，绕在一竖起的毡卷上，从圆形外壳的孔洞中穿出，再用毛绳子拉紧，固定在竖直的骨棒上，外面再包裹毛毡。高尖帽上的这一尖柱状装饰，高 68.5 厘米，锥状体。据俄罗斯学者研究，这些高尖帽的年代都在公元前 6—前 2 世纪。[11] 中亚石刻中，也见有戴高尖帽者的形象。前述伊朗波斯波利斯宫殿上的石雕中，见有塞人武士头戴尖顶向后弯曲的高尖帽。据俄罗斯学者阿基舍夫称，这种高尖帽与贝希斯敦铭刻上雕刻的塞人首领斯昆哈头戴的高尖帽一样，高度都是 65 厘米，不同的是后者的尖稍向后弯。塞人武士头戴的高尖帽筒多是直的，顶尖似乎是微鼓的球形，帽的下沿向上翻起，两侧有弯卷成涡状的角纹。[12] 美国学者维克托·H. 梅认为："这种帽子有二英尺的圆锥形帽顶，我们试图追寻这种稀奇古怪的帽子的来源。我猜想，这种尖顶帽是学样于西徐亚人和塞族人以及第一个一千年期间在亚洲中部已有广泛分布的伊朗人的头盔。"[13]

吴妍春等把中亚各地的高尖帽分为四种类型。第一类是棒锥形高尖帽，帽的基座与帽顶尖分开制作，然后组合起来，基座向上直竖棒形柱，尖端呈尖锥体，高数十厘米，棒上常常加上动植物或各种几何形的装饰。这一类型的高尖帽，在新疆鄯善县苏贝希三号墓地、俄罗斯阿尔泰巴泽雷克墓葬和伊塞克湖伊塞克金人墓中都见到过。第二类是弯钩形高尖帽，高尖直立的棒柱仍用毛毡包裹，底部缝成盔形基座，高尖顶部的部分弯向一侧，呈弯钩状，常表现为鸟头状弯钩。巴泽雷克墓地发现的高尖帽、新疆伊犁河流域发现的青铜武士俑头戴的帽子，都属于这种样式。第三类是筒形高尖帽，帽基座与帽顶连为一体，帽体为高筒状，顶部呈尖状。这一类型的高尖帽出现的时代较晚，主要流行于中亚地区的中世纪。第四类是球顶形高尖帽，在高尖帽顶端置一圆球，巴泽雷克墓葬、新疆伊犁河流域青铜武士俑、古波斯贝希斯敦铭刻中，都见有这种高尖帽的实例。[14]

东天山所见高尖帽

众所周知，希罗多德和其他古代历史学家关于塞人的记载都带有传说的成分，因为他们所获得的关于塞人的信息大都是道听途说的二手材料。所以要研究塞人的历史，需要将文献材料和考古成果结合起来。有学者分析《汉书·西域传》的相关记载，认为"塞种在公元前一世纪的西域分布很广，从天山北路的伊犁河流域，西南经帕米尔高原到克什米尔的罽宾，都是塞人的故地，而且从地理位置上看，天山帕米尔一带的塞种属于古波斯磨崖碑铭中的戴高尖帽塞人范围"[15]。

1992年，在吐鲁番苏贝希三号墓地的两座墓中见有高尖帽。一件高尖帽出自M8，墓主人为成年女性，头南足北，俯身直肢，全身用一块细毡紧裹，细毡的接口处用毛线缝合，双辫后垂，身穿带红边的圆领毛布衫和长裙，足穿短腰单皮靴。胸部置一用生牛皮缝制的帽饰，粗端圆形，长15厘米，帽托上栽一高柱，柱的上部又分叉为两根，下粗上细，顶端固定一细木棍，帽筒下部与头顶固定的帽托直径相当。高尖帽原应戴在女主人的头上,可能因墓室位置限制,死者入葬时,放到了她的胸部。一件出自M6,墓内葬三人,上层为一青年男性,侧身屈肢,下层并排埋有一男一女,均为老年,从葬式葬姿上判断,当为夫妻。死者头均向东,男左女右,男性仰身,下肢上屈,上身平放,头戴盔形毡帽,外着羊皮衣和过膝毡靴,内穿粗毛布裤。右侧的女性,外披羊皮大衣,大衣有装饰性长袖,袖筒细长,和当今藏族所穿藏式长袍的装饰袖几乎完全一致,下穿彩色毛布长裙,脚蹬翻毛矮腰皮靴,戴皮手套。男女各有一皮枕。M6女尸保存较差,仅为骨架,但服装保存较好,死者头戴的高尖毡帽用黑毡卷成牛角形帽饰,头发盘卷其上,外套发网为圆盘状,以黑色毛线织成,头顶栽置一高帽状毡棒,下端较粗,用毛绳系于头顶,外套黑色发网。[16] 苏贝希一号墓地 M11,也出土过一顶高尖帽。这是一座夫妻合葬墓,女主人的穿戴类同苏贝希三号墓地女性,双辫梳于脑后,分别套黑色发套,盘绕在头顶,用木笄固定,头顶有一高耸的毡棒制成的帽饰,向上分叉,似羊角状。[17]

1990 年,鄯善县三个桥墓地 M9 出土一顶高尖帽。M9 为成年女性和儿童的合葬,似为母女,女主人 25 岁左右,侧身屈肢,戴圆筒形的高尖帽,用黑毡卷成,结合处缝合平整,筒的上部分叉,分叉似马耳,筒形的正面切割成近椭圆形状孔,背面下端拴有皮条,可能用来固定帽饰。帽上的毡棒高 27 厘米、底径 6.2 厘米。这件高尖帽上栽植着的圆形毡棒,形态特殊,推测棒上可能有其他装饰,但没有保存下来。[18]

1996 年,克里雅河下游圆沙墓地发现一处战国到汉代的墓地，墓室葬单人，仰身直肢。[19] 其中一座墓中尸体保存较好，头戴毡制的高尖帽，不同的是，高尖帽用角状铜器固定。[20]

除上述发现外，新疆天山地区还发现过戴尖帽的青铜武士俑。1983年，伊犁新源县渔塘墓地采集一件青铜武士俑，高40厘米，铸造，人物呈半跪状，腰系短裙，双手置于蹲屈的膝盖上，手握杆状物，杆状物已失。头戴尖帽，帽

苏贝希女性戴的高尖帽

沿宽，尖顶呈弯钩状，似鸟喙。时代在公元前5世纪前后。[21]2002年，新疆巩留发现一件青铜武士俑，呈直立状，铸出上身，身穿紧身小褂，脖颈系带饰，双手抱至胸前，手中握杆状物，杆状物亦失，戴高尖帽，帽下沿宽，帽顶弯呈钩状，帽尖上置圆形球。[22]

高尖帽的象征意义

高尖帽以其独特、高耸的柱状帽饰引人注目，这类帽子在墓地并不普遍，个别墓地的个别墓葬的墓主人才戴这种帽子，可见

它并不是日常的普通帽子。这种特殊的帽子与当时的社会仪礼和原始的宗教活动有关,有着特殊的象征意义。

高尖帽的显著特征,在于其帽尖的高耸。高尖的柱状部分,用毡棒支撑,高达数十厘米,为成年女性专戴。可以想见,这样的高尖帽戴在头上,挺拔肃穆,神圣而威严。人类的原始信仰中,头部被认为是灵魂居所,头骨具有别于身体其他器官的特殊神力,头骨崇拜现象很早就出现了。头骨崇拜艺术形式多样,常见的是增加头骨的长度,戴高尖帽或者其他装饰,目的是夸张和增加头的高度。用艺术夸张的手法,表现头的高大与神圣,这样的艺术作品,新疆罗布淖尔三角洲的小河墓地表现得最为突出。这一墓地出土的木雕人面像,人的头部表现成高数十厘米的柱状尖顶,柱状头还分为若干节,可以理解为高尖帽的祖源。[23] 小河人还夸张人像的鼻子,嘴和耳只是象征性地表现出来。古代人类在帽顶上竖起的高尖棒饰,也可能与宇宙神树的思想观念有关。萨满教的观念里,宇宙中存在着一棵神树,它是能助灵魂升天的生命树。这一生命树长在天穹的中心,通贯宇宙,其根须扎于地界,树冠伸向天空。萨满神树最震撼人心的发现,是四川三星堆出土的那棵青铜神树,神树主干外的枝杈分三层,象征天体分为三界,每一天界的树枝上都仰首站立着神鸟。[24] 在中国北方岩画中也发现戴高尖帽的人物,同时还见有人头上立神树的形象。比如贺兰山白头沟的一幅岩画,人面上就立有一棵神树。[25]

俄罗斯学者认为,巴泽雷克古墓中出土的假发式高尖帽,是生命树的象征。巴泽雷克文化阿克—阿拉赫3号墓地1号墓出土的假发式棒锥形高尖帽，半球形基座中间开一孔，栽置高高的木棒，木棒上卷裹毛毡，四周环绕着木质的鸟禽雕像。巴泽雷克人戴的高尖帽与三星堆的神树有异曲同工之妙。伊塞克金人墓所葬墓主人头戴的高尖帽，其生命树被置于帽的侧面，帽中央从下至上依次突出表现的是背向而卧、长着盘羊角和羽翅的双马，马头上方直立着四只粗大的羽饰，羽饰中间竖立有星月纹样的长方形饰牌，羽饰后面插着四支带箭头的长箭杆，高约 65 厘米的帽筒耸立在最中央，顶端置一动物饰件。双马和鸟都是北方草原民族崇拜的可通天的神灵，装饰的日月纹样和长方形牌饰，表示宇宙的结构。从公元前 2000 年前后小河文化中发现的呈高尖颅的木雕人面像，到公元前 2 千纪后半叶的三星堆神树，到巴泽雷克人头上金光灿烂的高尖帽，再结合现代北方民族某些人群萨满头戴具法力的神帽，其形式随时代不断变化，内在的核心寓意却始终未变，都是希望通过生命树与天界沟通。巴泽雷克高尖帽上的鸟为双排七只，"七"这个数字，也具极强的象征寓义，它在这里所表示的是宇宙的基本结构。[26] 鸟不仅与灵魂有关，而且还象征太阳神，原始人类甚至赋与它可自由地沟通天、地、人、神四界的能力。

　　高尖帽不是人们日常的普通服饰，而是一种特殊人物所穿的"礼服"。苏贝希三号墓地出土高尖帽的两座墓的墓主人，为成年男女，所穿衣服在同一墓地中极为特殊，他们的皮大氅，带一只很细的"藏式"细袖，这在其他墓葬中没有发现过；藏式袍服，应当也是一种礼服。巴泽雷克墓地出土的那顶有各种金制装饰的高尖帽，显然为当时统治者所独有的帽饰。高尖帽具有特殊的宗教功能，这些戴高尖帽者，应该是氏族集团中的特殊人物，是当时社会中地位显赫的人物，推测是当时社会中的萨满。

注释

1. К. А. 阿奇舍夫、Г. А. 库沙耶夫：《伊犁河流域塞人和乌孙的古代文明》，孙危译，兰州大学出版社2013年版，第12页；余太山：《塞种考》，《西域研究》1991年第1期；尹伟先：《塞克的涵义、起源与分布》，《西北民族学院学报》1991年第3期。

2. 希罗多德：《历史》，王以铸译，商务印书馆1985年版，第215页。

3. 希罗多德：《历史》，徐岩松译注，上海三联书店2008年版，第370页。

4. 阿甫基耶夫：《东方古代史》，王以铸译，上海书店2011年版，第152—153页。

5. 刘雪飞：《上古辛梅里安人、斯基泰人同西亚诸族的交往》，载余太山、李锦绣主编：《丝瓷之路——古代中外关系史研究》I，商务印书馆2011年版，第15页。

6. К. А. 阿奇舍夫、Г. А. 库沙耶夫：《伊犁河流域塞人和乌孙的古代文明》，孙危译，第15页。

7. 李铁匠：《大漠风流——波斯文明探秘》，云南人民出版社2001年版，第60页。

8. 阿米拉纳什维利：《格鲁吉亚艺术史》，莫斯科，1950年，插图 17：2、4、5、13；吴妍春、王立波：《西域高尖帽文化解析》，《西域研究》2004 年第 1 期。

9. 阿基舍夫：《伊塞克古墓——哈萨克斯坦的塞人艺术》，1978 年俄文版；吴妍春、王立波：《西域高尖帽文化解析》，《西域研究》2004 年第 1 期。

10. 阿基舍夫：《伊塞克古墓——哈萨克斯坦的塞人艺术》，吴妍春译，《新疆文物》1995 年第 2 期。

11. 波罗西马克：《乌克科高原的骑马人》，2001 年俄文版。

12. 吴妍春、王立波：《西域高尖帽文化解析》，《西域研究》2004 年第 1 期。

13. 维克托·H.梅：《塔里木盆地的干尸》，俞为洁译，《新疆文物》1997 年第 4 期。

14. 吴妍春、王立波：《西域高尖帽文化解析》，《西域研究》2004 年第 1 期。

15. 张广达、荣新江：《上古于阗的塞种居民》，《西北民族研究》1989 年第 1 期。

16. 新疆文物考古研究所等：《鄯善县苏贝希墓群三号墓地》，《新疆文物》1994 年第 2 期。

17. 新疆文物考古研究所：《鄯善苏贝希墓群一号墓地发掘简报》，《新疆文物》1993 年第 4 期。

18. 新疆文物考古研究所等：《新疆鄯善县三个桥古墓葬的抢救清理发掘》，《新疆文物》1997 年第 2 期。

19. 新疆文物考古研究所：《新疆克里雅河流域考古调查概述》，《考古》1998 年第 12 期。

20. 张鸿墀文、伊弟利斯图:《圆沙故城之谜——中法两国专家对圆沙故城的考古发现》,《帕米尔》2006年第4期。

21. 新疆文物事业管理局等:《新疆文物古迹大观》,新疆美术摄影出版社1999年版,图1054。

22. 翰秋:《新疆巩留县发现一件青铜武士俑》,《文物》2002年第6期。

23. 伊弟利斯、李文瑛:《解读楼兰史前文明之谜——新疆罗布泊小河墓地》,载中国文物报社、中国考古学会编:《中国年度十大考古新发现(2004年卷)》,生活·读书·新知三联书店2006年版,第114—129页。

24. 黄剑华:《古蜀的辉煌——三星堆文化与古蜀文明的遐想》,巴蜀书社2002年版,第133页。

25. 许成、卫忠编著:《贺兰山岩画》,文物出版社1993年版,第109页图521。

26. 刘学堂:《伊斯兰教文化中崇七习俗探源》,《苏州大学学报》2015年第6期。

七　胡须墓之谜

胡须墓在欧亚草原分布相当广泛。胡须墓的结构独特，它的顶端一般是两座地表有封堆的墓葬，一座墓葬的封堆多呈圆形，另一座封堆为半圆形。由封堆墓葬向外，一般向东方伸出两条基本对称的、用砾石或卵石在地表上铺成的弧形石条带，条带长数十米到数百米，宽一米到数米，弧形石条带围成一个长椭圆形，一端不封闭石圈，石圈围成的是一个略似柳叶状的空间。石条带的另一端头也有封石堆。因对称的石条带外形像山羊的胡子，故被称为胡须墓。[1]

乌鲁木齐发现胡须墓

乌鲁木齐南山的伊孜湖萨依沟口西侧与小干沟交汇处，有成片的墓地。墓地的地表长有酥油草，地表满是戈壁碎石。坡地的地势东高西低，东部有居民区，是当地牧民的冬窝子，零星散布着一些羊圈和土房。伊孜湖萨伊沟口在数千平方米的范围内散布有古代墓葬35座，墓葬主要分布在沟口北侧，这些墓的地表有石圈标志，一石圈的东部1米处见有长条石，长条石表面有人工加工痕迹，可能是非典型的石人。墓葬群中有一胡须墓。胡须墓西部是一圆形的石圈，直径 7 米，石圈东面有南北排列的两侧弧形"胡须"，"胡须"的一端为圆形小石堆。[2]

中亚发现的胡须墓

1927 年，苏联考古学家在哈萨克斯坦的卡拉干达附近调查，发现了这类地表有奇特建筑标志的胡须墓。此后，哈萨克斯坦境内普遍发现同类遗存，伊犁河下游的谢米列契地区也发现多座胡须墓。苏联学者将胡须墓作为塔斯莫拉文化的重要因素。塔斯莫拉文化的墓地，一般由 5—10 座古墓组成，一处墓地常有一座或两座胡须

伊孜湖萨依墓群胡须墓平面图

墓。大部分胡须墓头端一侧有两个封堆，少量胡须墓只有一个封堆。封堆有大小主次之分，称为主墓和次墓。主墓下有墓室，内埋葬人骨；次墓下无墓室，地面上常见马骨和陶器，当为祭祀设施。"胡须"均向东延伸，长短不一，一般长在 20 米—200 米间或更长，"胡须"的石堆一般宽 1.5 米—2 米，高不足 1 米。日本学者林俊雄在《"胡须墓"的分布——一种跨越国境的文化》一文中认为，胡须墓除见于哈萨克斯坦外，它还以一种略为变化的形态，向西分布到伏尔加河东岸，向东在新疆天山盆地、北疆地区、蒙古高原都有分布，最东可达色棱格河流域，是中亚草原地带广泛分布的一种很重要的文化遗存。[3] 苏联考古学家卡得尔巴

耶夫依据墓中出土的铜镜、带扣、铜镞等文物,认为大多数胡须墓的年代在公元前7—前3世纪,个别胡须墓,从墓中出土的金饰件看,可晚到公元13—14世纪。[4]

胡须墓在新疆的发现

1989年,在阿尔泰市西南喀腊希力克别特墓群发现一座胡须墓,封堆为圆形,直径14米,弧形须状石条向东延伸,一列长40米,另一长24米。[5] 1993年,天山裕尔都斯盆地发现一片墓地,墓地50座墓中有2座胡须墓,这2座胡须墓同另外2座石圈墓南北向列为一排,石圈墓居中,胡须墓位于两端。2座胡须墓的主封堆是不太高的圆形卵石堆,边缘环绕石圈,两列弧形须状石阵亦是向东伸延。[6] 2008年,托里县结托巴墓群发现2座胡须墓,胡须墓圆形的封堆和长的"胡须"由大小不一的砾石垒砌而成。一座封堆直径15米,"胡须"与封堆相接,分别长45米和38米,宽2米—3米;另一座封堆直径21米,胡须与封堆不相接,长23米,宽1.5米—3米,墓葬南侧两条由泥岩石块修筑的"八字胡须"保存较好。[7]同年,温泉县的小营盘墓地发掘2座规模较大的胡须墓。据介绍,一座封堆下内为夫妻异穴合葬,双墓穴并列;另一座是单墓,两处胡须墓的"须"均呈八字形向东延伸。[8]

新疆第三次全国文物普查,在20多处墓地或地点发现胡须墓。阜康市南泉墓地1座胡须墓,"胡须"伸向东南,长18米[9];呼图壁县呼图壁河4号墓群1座胡须墓,"胡须"长8米[10];温泉县夏勒巴克图墓群有1座胡须墓,"胡须"长13米[11];温泉县库

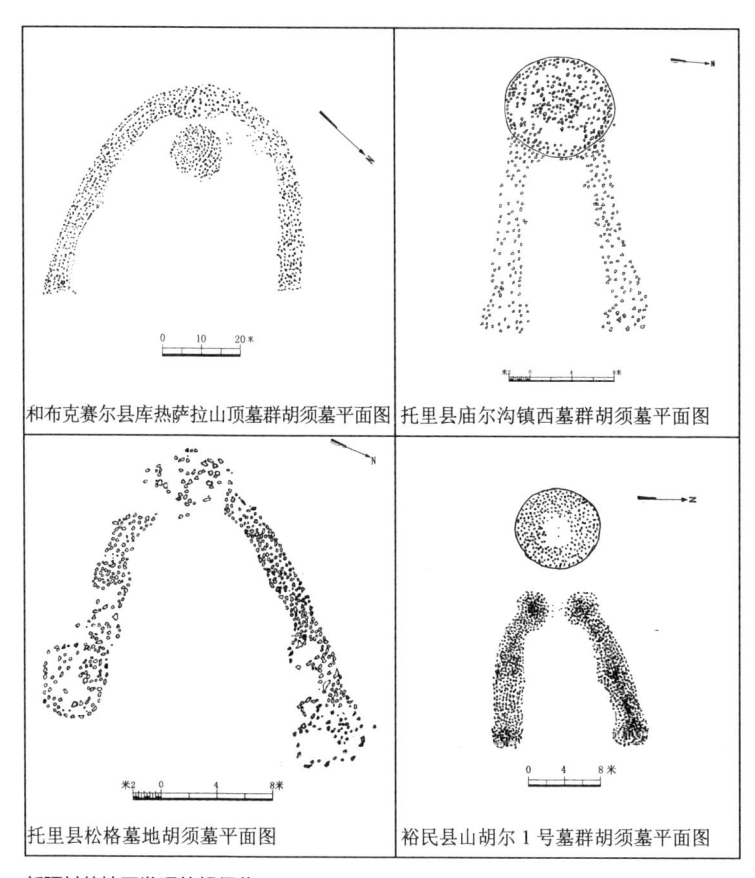

和布克赛尔县库热萨拉山顶墓群胡须墓平面图 托里县庙尔沟镇西墓群胡须墓平面图

托里县松格墓地胡须墓平面图 裕民县山胡尔 1 号墓群胡须墓平面图

新疆其他地区发现的胡须墓

克塔乌东墓群 1 座胡须墓[12],"胡须"长 20 余米;温泉县鄂托克赛吐日根墓群 1 座胡须墓[13],"胡须"较短;博乐市小营盘镇哈日格特墓群 1 座胡须墓,"胡须"东向延伸,长约 20 米[14];博乐市小营盘镇青科克墓群 1 座胡须墓,"胡须"向东延伸,长 21 米[15];和静县伙什托里盖墓群的东区 1 座墓葬,石围土石堆墓,石堆向东有两道内弧的石条,分别长 14 米和 19 米[16],此墓东偏南约 6 公里的地方，也有 2 座胡须墓[17]；和静县巴音塔勒墓地 1 座胡须墓，"胡须"不长[18]；额敏县杰特找别墓群 1 座胡须墓，"胡须"向东延伸，长 14 米[19]；托里县结托巴墓群有 2 座胡须墓，一座"胡须"长 17 米和 19 米，宽 1 米—3 米，另一座"胡须"向西北延伸，长分别为 30 米、45 米，宽约 5 米[20]；托里县松格墓群 1 座胡须墓[21]，"胡须"长 15 米到 20 米；托里县乌西别克墓群有 1 座胡须墓，"胡须"向东延伸，长 9 米[22]；托里县庙尔沟镇西墓群 1 座胡须墓，"胡须"朝东，长 25 米[23]；裕民县山胡尔 1 号墓群 1 座胡须墓，"胡须"向东延伸，长 17 米[24]；和布克赛尔蒙古族自治县松树沟哈日托洛盖墓群 1 座胡须墓，"胡须"长 24 米[25]；和布克赛尔蒙古族自治县库热萨拉山顶墓群有 1 座胡须墓，其封堆在胡须围成的椭圆空间内，"胡须"长分别为 65 米、55 米[26]；牛石头草原辽阔的山顶上，有 1 座巨大的太阳神殿，神殿一旁有 1 座巨大的胡须墓，"胡须"向东，长约 300 米[27]。

胡须墓的研究

哈萨克斯坦北部发现一种胡须墓，"胡须"由两排平行立石排列而成，上盖石板，外观像是弯曲细长的隧道。奥拉兹巴耶夫解释说，这样修筑的目的是传递灵魂。专门研究墓葬地表建筑的俄罗斯学者马尔古兰对这类造型奇特的遗存进行了大胆的解读，认为这类胡须墓主要分布在以卡拉干达为中心的哈萨克斯坦中部地区，是当地塔斯莫拉文化墓葬的传统建筑，并提出这类奇特的墓葬的主人，不是统治者或贵族，而是某部落在举行大型与自然崇拜有关的祭典仪式后，留下的特殊建筑，一端墓葬里所葬者，

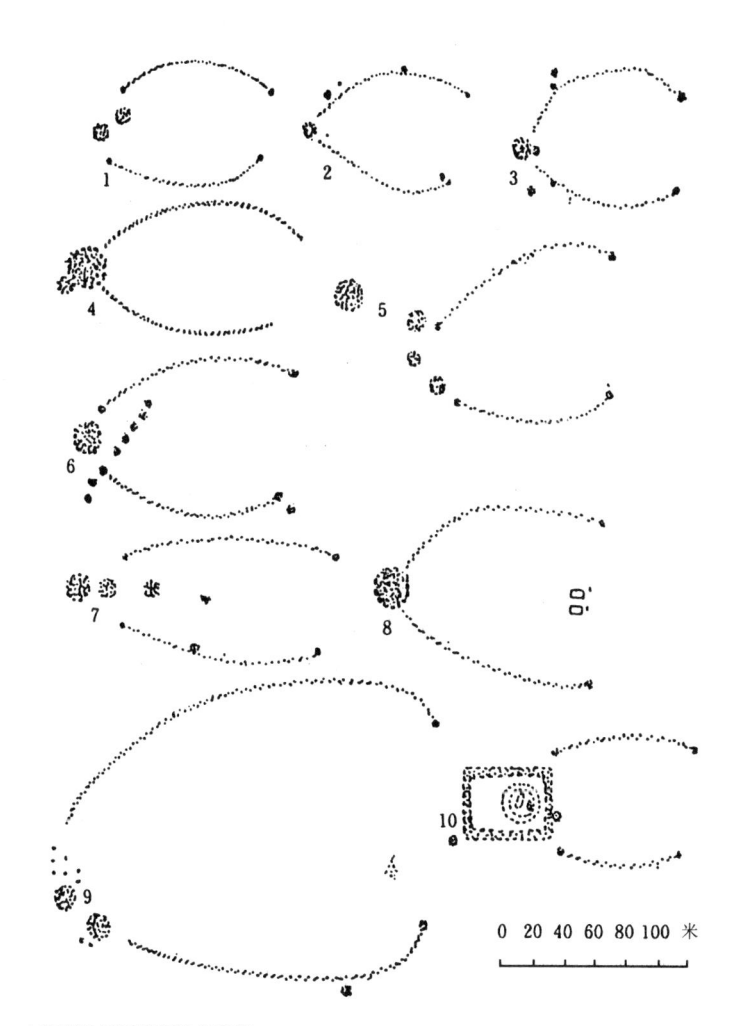

中亚其他地区发现的胡须墓

可能是祭奠自然神的牺牲,也可能是部落里的巫师。[28] 卡德尔巴耶夫举出塞人的一支玛撒该塔伊人的信仰,玛撒该塔伊人崇拜太阳,向太阳供奉的牺牲是马,"胡须"面向东方,是对太阳的崇拜,"胡须"一侧半月形封堆里埋葬的马骨,是向太阳献的牺牲。

每一处墓地的数十座墓中只有一座胡须墓,说明死者是当时社会中特权阶层的成员。日本学者林俊雄认为,胡须墓的墓室里有随葬铜镜的女性,墓中埋葬的墓主人可能是一位萨满。[29]

胡须墓与乌禅幕

2012 年,林梅村和李军提出,新疆三山两盆间零星分布的胡须墓,与乌禅幕部落有关。

《汉书·匈奴传》记:"乌禅幕者,本乌孙、康居间小国,数见侵暴,率其众数千人降匈奴。"乌禅幕部从哈萨克斯坦出发,长途跋涉,来到新疆。公元前 96—前 85 年,匈奴的狐鹿姑单于初立,剪除危及他单于位的虚闾权渠单于一家,但斩草未尽,虚闾权渠的儿子逃亡到他妻子娘家的部落,即乌禅幕部。狐鹿姑单于将投降的乌禅幕部交与日逐王,日逐王与乌禅幕因此结成姻亲。林梅村等分析说:"近年新疆发现的所谓'胡须墓'正是公元前 1 世纪从中亚迁入新疆的乌禅幕人留下的遗迹",他认为胡须墓在蒙古国、色楞格河流域的发现,也与乌禅幕部落的东迁活动有关。据史籍所载,乌禅幕随日逐王在新疆打拼天下,为了争夺匈奴最高统治权,公元前 1 世纪乌禅幕部随匈奴单于之子稽候狦东迁蒙古高原。《汉书·西域传》序记载,汉宣帝神爵二年(前60)"匈奴东蒲类王兹力支将人众千七百余人降都护,都护分车师后王之西为乌贪訾离地以处之"。北庭故城以西为乌禅幕驻地,这样看来,乌鲁木齐附近可能也是乌禅幕部落活动的另一个中心。《汉书·西域传》序又记,公元前 60 年乌禅幕部落也已离开阿尔泰山、天山地区,东迁到蒙古高原。[30]

林梅村和李军对胡须墓的研究，虽然为破解这类奇异结构的遗存提供了一条新的线索，但是胡须墓最初出现在公元前8—前7世纪，向后延续到公元10世纪以后，前后存在将近两千年，分布范围几乎覆盖整个内陆欧亚草原，情况十分复杂，很难将其与具体的族群或具体的历史事件直接关联。目前只能说胡须墓是跨历史时空、跨文化边界，存在于游牧民族文化系统中的特殊祭祀遗迹。

注释

1. 刘学堂：《新疆史前宗教研究》，民族出版社2009年版，第116—124页。

2. 新疆维吾尔自治区文物局：《乌鲁木齐市克拉玛依市不可移动文物》，内部资料，第370页；《新疆维吾尔自治区第三次全国文物普查成果集成——乌鲁木齐市卷、克拉玛依市卷》，科学出版社2011年版，第61页。

3. 刘学堂：《"胡须墓"之谜——中亚草原地带一种奇特的文化遗迹解读》，《中国文物报》2003年8月21日。

4. 林俊雄：《"ひけ付き"クルガンの分布—文化は国境を越えて—》，国立民族学博物馆研究报告别册，第20号。

5. 新疆维吾尔自治区文物局编：《新疆维吾尔自治区第三次全国文物普查成果集成——阿尔泰地区卷》，科学出版社2011年版，第19页。

6. 张玉忠：《天山尤鲁都斯草原考古新发现及其相关问题》，《新疆文物》1996年第1期。

7. 巩亮亮：《托里发现罕见胡须墓》，《新疆都市报》2010年8月12日，转引自林梅村、李军：《乌禅幕东迁天山考——兼论公元前2—1世纪匈奴在西域的遗迹》，《西域研究》2012年第4期。

8. 吴明：《阿拉套山南坡发现胡须墓》，《博尔塔拉报》2008年6月26日，转引自同上文。

9. 新疆维吾尔自治区文物局编：《新疆维吾尔自治区第三次全国文物普查成果集成——昌吉回族自治州卷》，科学出版社2011年版，第141页。

10. 同上书，第118页。

11. 新疆维吾尔自治区文物局编：《新疆维吾尔自治区第三次全国文物普查成果集成——博尔塔拉蒙古自治州卷》，科学出版社2011年版，第30页。

12. 同上书，第73页。

13. 同上书，第42页。

14. 同上书，第102页。

15. 同上书，第126页。

16. 新疆维吾尔自治区文物局编：《新疆维吾尔自治区第三次全国文物普查成果集成——巴音郭楞蒙古自治州卷》，科学出版社2011年版，第120页。

17. 新疆维吾尔自治区文物局编：《新疆维吾尔自治区第三次全国文物普查资料汇编——和静县不可移动文物》，内部资料，2011年，第197页。

18. 同上书，第 192 页。

19. 新疆维吾尔自治区文物局编：《新疆维吾尔自治区第三次全国文物普查成果集成——塔城地区卷》，科学出版社 2011 年版，第 108 页。

20. 同上书，第 98 页。

21. 同上书，第 101 页。

22. 同上书，第 107 页。

23. 同上书，第 103 页。

24. 同上书，第 100 页。

25. 同上书，第 104 页。

26. 同上书，第 106 页。

27. 此为笔者调查资料。

28. A. X. 马尔古兰：《原始社会解体时期的建筑文化》，王博译，陈万仪校，载新疆维吾尔自治区博物馆编：《新疆和中亚考古译文集——新疆考古资料之五》(内部资料)，1985 年。

29. 林俊雄：《"ひけ付き"クルガンの分布——文化は国境を越えて——》，国立民族学博物馆研究报告别册，第 20 号。

30. 林梅村、李军：《乌禅幕东迁天山考——兼论公元前 2—1 世纪匈奴在西域的遗迹》，《西域研究》2012 年第 4 期。

八　游牧文化联合体的形成

西方的希腊文明、幼发拉底河和底格里斯河的古巴比伦文明、阿姆河和锡尔河流域的中亚文明等文明体分布带的北部,东方黄河流域文明中心的西部和北部,这一东西绵延一万多公里的范围内,大部分是草原森林覆盖区。进入早期铁器时代,欧亚草原上居住的是游牧人群。不同时期、规模不同的游牧的社会集团,他们驱马逐羊,四处游动,在辽阔无边的草原森林地带来往迁徙,人们习惯称之为马背上的民族。

游牧文化联合体的崛起

公元前1000年以前,欧亚大陆北部草原绿洲地带的居民几乎是在很短时期内,完成了游牧生产经济的革命。这一革命浪潮的发生,据说与当时环境的变化,即与当地持续的干旱事件有关。游牧经济体的规模与势力不断扩大和加强,他们与南部绿洲农耕社会的人群开始了不间断的文化互动,这种文化互动包括战争与贸易,人群迁徙、角逐与融合。中亚操伊朗语的游牧民族被波斯人称为萨迦(Saka),希腊、罗马人则称他们为斯基泰。[1] 有学者结合自然环境的变化进行考察，认为 4200 年前，由于气候异常，黑海、里海低地发生海侵，塞人被迫迁出西徐亚台地和黑海、里海低地。从那时起，"自由的西徐亚人"足迹遍及包括西域在内的欧亚草原。[2] 他们在西域建立了行国和城邦国。"这种历史交往使它扮演了双重的历史角色，它既是早期游牧民族对农耕世界的侵袭者和劫掠者；又是两个世界文化交流的使者和早期东西交通的开拓者。塞人的活动是古代世界历史交往的一个缩影。"[3] 著名学者库兹米娜认为，公元前 2 千纪末草原温度降低，引发了生态危机，在很多地区都发生了人群迁徙，草原畜牧人群正经历着巨大的变革，逐渐形成了一个新的联盟。斯基泰文化和萨迦文化等早期游牧人群文化正是在这一背景下出现在历史舞台上。公元前 7 世纪左右，整个欧亚草原地区都被游牧人群所占据。这些游牧人群包括黑海北岸的斯基泰人、北高加索和里海北岸的萨夫罗马泰人、哈萨克斯坦和天山地区的塞人、南西伯利亚的塔加尔人以及阿尔泰、图瓦和蒙古等地的早期游牧人。[4] 考古、历史、语言学的材料都表明，各个地区的塞人虽然其在文化面貌上存在着差别，但是，把塞种看作是中亚广阔地域内一大群不同部落的总名，似乎更为恰当。[5]

游牧文化的一体融合

约公元前 7 世纪到公元前后，一直是欧亚草原游牧文化大融合的时期。东起中国西北地区、蒙古高原，西至东欧大草原，在这极为辽阔的区域，生活着的游牧群体不计其数。游牧的经济生产方式具有一致性——同构性的特征。游牧人群，骑马往来，东西驰骋，南北迁徙，他们的活动范围空前扩张。游牧的群体频繁迁徙，交错共居，是为常态，逐渐形成了以马具、武器和动物装饰艺术，即斯基泰三要素为突出表现的文化风格，另外，这一时期黄金艺术流行也可以视为草原游牧文化的突出特征和因素。游牧民族分散聚合，旧集团的瓦解，新集团的再构，你中有我，我中有你，很难在他们之间划分出明确的文化边界线。相对于南方定居的农业民族，游牧文化联合体的势力会在短时期内走向强盛，也会在短时期内分崩瓦解。游牧文化联合体包纳东西方不同的族群，这些族群在相同的地理范围内结成部落联盟，侵扰和掠夺南部绿洲农业区域的居民，这也是游牧民族生存发展的基础之一。频繁的战争，会经常打断南部绿洲农业区绵延相续的历史。游牧民族对南部绿洲小国不稳定的政权，或颠覆毁灭，取而代之，或采取殖民统治，这使得内陆欧亚草原绿洲的历史显得更为错综复杂。

欧亚之间，兴起于北方辽阔草原地带的游牧族群，对南方绿洲农耕民族的侵扰和掠夺，促进了文化的交流，将游牧文化因素带到了南方，南方的居民对整个北方游牧民族便有了基本统一的认知和指称。居东的欧亚东方的农耕居民，称他们是塞种，塞种联盟又分为不同的群落；居中的波斯人称他们为萨迦，萨迦联盟包括不同的群落；居西的希腊、罗马人称他们为斯基泰，斯基泰联盟中也有不同群落。大的部落联盟中又有不同的小群落，不同的群落又有自己的称谓。统而视之，他们都是游牧文化部落联合体的组成部分。

注释

1. 蔡伟杰:《评彼得·高登〈世界史上的中亚〉》,载刘新成主编:《全球史评论》,中国社会科学出版社2015年版。

2. 曾宪法:《先秦时期塞种人之族源及其东渐问题》,《国际关系学院学报》2001年第2期。

3. 彭树智:《一个游牧民族的兴亡——古代塞人在中亚和南亚的历史交往》,《西北大学学报》1994年第1期。

4. 邵会秋:《关于草原考古的几个问题——从库兹米娜〈印度—伊朗人的起源〉一书谈起》,《西域研究》2012年第4期。

5. 张广达、荣新江:《上古于阗的塞种居民》,《西北民族研究》1989年第1期。

第九章 乌鲁木齐的史前时代

这里谈的乌鲁木齐史前时代,是从乌鲁木齐史前遗存出发,讲述天山地区的史前史;再从天山地区史前遗存出发,涉及内陆欧亚更辽阔区域的史前史。内陆欧亚史前史错综复杂,很多问题学术界尚存在争论,这里我们将材料与争论尽可能全面客观地归纳介绍,对一些结论,提出了自己的理解。余太山在《古族新考·绪说》末尾说过这样一句话:"何谓考证?一言以蔽之曰:摆可能性。不言而喻,将所有可能性一一罗列是不可能的,在不少情况下,考据者所能做的不过示例而已。"[①] 这也是本书的主张。

---

① 余太山:《古族新考》,中华书局2000年版,第3页。

一　史前早期的乌鲁木齐居民

新疆地区的史前早期，指的是自旧石器时代天山地区有人类活动以来，一直到新疆居民逐渐学会使用铁器的公元前1000年前后这一时期。目前可以分为石器时代和青铜时代两个阶段。

历史的开端

数万年前的石器时代开始，就有人类活动在乌鲁木齐柴窝堡湖岸，他们使用刮削器、尖状器以及石镞等，成群结队地沿着天山山麓森林草原、沟谷盆地、湖泊水泽，追寻并猎食野羊、鹿和其他草原动物，采摘植物果实，挖掘植物根茎。从欧亚大陆旧石器考古的整体发现看，这些人群来自欧亚大陆的西部和东部。西来的一支，主要沿着欧亚大陆北部草原森林地区，进入阿尔泰山南麓，在这里留下了吉木乃县通天洞遗址和布克赛尔县骆驼石旧石器时代遗址。他们制作的石器，体现了西方起源的勒瓦娄哇预制石器技术和来自东方的东谷坨技术。从这一时期起，东西方人群就开始在内陆欧亚地区接触交汇与融合，并走出了一条石器之路。随后，经历了文化融合、人种混血而形成的东亚现代人群集团离开阿尔泰山脉,向周边迁徙。他们由阿尔泰山南麓南下,向天山南北迁徙。他们进入吐鲁番盆地交河故城沟西台地,进入天山腹地,游移在柴窝堡湖岸边,抵达天山南麓一线,从而揭开了天山地区史前历史的序幕。

西域居民种族认识误区

史前早期,新疆地区的居民是些什么人?从张骞开始,历史上中原地区赴西域的探险家、知识精英,在不了解欧亚大陆的历史、人群迁徙和民族种群源流的情况下,将他们在西域所见的居民,与中原居民进行简单的比较,并对西域居民中与中原居民体貌不同的人群印象至深。历史学家在整理和转述他们的发现时,常常有些夸张,统而概之为"皆深眼,多须髯",《汉书·西域传》颜注曰:"乌孙于西域诸国戎其形最异。今之胡人青眼、赤须,状类弥猴者,本其种也。"在中原人士的印象里,西域乃化外之地,居民个个深目高鼻,长满了络腮浓胡——西域为胡人所居,这一传统的影响根深蒂固。

20世纪初以来,学术界对中国民族的分类可谓是五花八门,且长时期里基本上未涉及天山南北塔里木盆地的诸人群。吕思勉在《中国民族史》中提到"白种"人,林惠祥在《中国民族史》中提到,钦氏(A. H. Kean,英国著名人类学家)对中国民族进行划分时,分出一支雅利安种。[1]

新中国成立后,一些专门研究中国西北民族的学者,开始考察中国西北古代居民的种群问题。日本学者羽田亨说,古代西域除汉族以外,自古以来有三种人居住在这里:一是说吐火罗语的人群，他们住在龟兹—焉耆盆地；二是说和田语的人群，他们生活在和田一带；三是广行于西域各地的粟特语人群。这三种语言都属于印度—欧罗巴语系。他认为，"自古居住在西域而使用这些语言的民族，依最普通的看法，应为雅利安人种"。[2] 他说西域之地到处住着萨迦人，西域"是伊兰人的根据地"，沿着天山西迁至伊犁河谷、楚河流域的乌孙，欧洲有学者认为他们是古代记录中属于雅利安种的游牧民 Assi。[3] 马曼丽认为，西域的文化发展经历了世界史上罕见的三大巨变：一是当地民族语言几乎从印欧语系全面突厥化为阿尔泰语系突厥语族；二是当地原欧罗巴人种民族几乎全面混血化为突厥语族欧罗巴、蒙古人种；三是当地多种宗教信仰民族基本伊斯兰化为单一的穆斯林民族。[4] 张广达、荣新江认为："在月氏西迁之前，塞种或文化面貌与尖帽塞种相近的民族，是西域境内的主要居民之一。"[5] 余太山认为："西域南北道诸绿洲曾一度遍布塞种的足迹"[6]，这些塞种，"深眼，多须髯"，属于印欧人种。"月氏人被匈奴击败西迁之前，河西走廊至准噶尔盆地是在一个以印欧人为主的游牧部族的直接控制之下。"[7] "大月氏、乌孙与同属于塞种的 Gasiani、Asii 是同源异流的关系。Asii 等四部塞人，连同大月氏和乌孙，均系欧罗巴种，操印欧语。"[8] 于逢春认为："西域位于欧亚大陆中心，是一个十分开放的地域，世界上主要人种，主要文明都曾在此先后登场。就现有文献来看，最早出现在西域的人种当为欧罗巴人种的古塞人。"[9]

种群混血的动态过程

人类学家认为，自古以来，介于东西方文化之间的西域，不仅是文化的接触交融区域，更是人种的接触地带。[10] 人种与文化的接触交融，不会独立发生，它们是同一历史事件的两面，不能分而视之。人种与文化的交融，也不是形而上的物理运动，而是交织互融的动态过程。从目前考古发现看，数万年前的旧石器时代晚期开始，东西方人种的混血事件就发生了，最初发生地在中亚北部辽阔的森林草原。南西伯利亚、萨颜—阿尔泰地区旧石器时代晚期的居民制作石器时，一方面采用了来自欧洲的勒瓦娄哇技术，另一方面采用了来自东方的东谷坨石器技术[11]，这可以作为当时人群混血的实物证明。吐鲁番交河故城沟西旧石器、乌鲁木齐柴窝堡湖旧石器，与中亚北方山地、森林草原的旧石器可以进行比较，在石器制造技术和形态上，有很多相似性。可以推测，数万年前，活动在东天山山麓，游弋于艾丁湖和柴窝堡湖岸边，既使用勒瓦娄哇石器，又使用东谷坨石器的居民，已经是欧亚西部人种谱系与东部谱系混血的人群集团。

自19世纪初斯坦因等西方探险家，在古楼兰地区发现史前时期的墓葬以来的一百年间，人们在孔雀河流域、罗布淖尔三角洲地区发现和发掘了一批青铜时代的墓葬。[12] 特别是21世纪初小河墓地的全面发掘，揭示出公元前3千纪末至公元前2千纪前半叶，罗布淖尔三角洲小河文化的面貌特征。小河墓地出土大量保存相当好的干尸，一些保存较好的干尸，其外部体貌具有欧罗巴人种的典型特征，这引起国内外学界的极大关注。韩康信认为"古墓沟墓地出土的人类头骨属于人类种族中的欧洲人种（即高加索人种）"，他们"与南西伯利亚、哈萨克斯坦、伏尔加河草原和咸海沿岸地带分布的铜器时代居民的头骨同属原始欧洲人类型"，其中有的头骨

"与旧石器时代晚期的克罗马农人头骨也有些相似"。[13] 他还认为："具有原始类型的欧洲人种已经分布在罗布泊地区,是迄今所知的分布欧亚大陆的时代较早、分布到最东的这一类型的一支系之一。目前还无法说具体确定他们是从什么地方、通过什么途径来到新疆腹地的。然而,古墓沟文化居民的人类学特征表明,他们与分布在南西伯利亚、哈萨克斯坦、中亚甚至伏尔加河下游的铜器时代居民都有密切的种系关系。"[14] 利用小河墓地出土的人类干尸做的古DNA分析,证明小河人群的遗传特征要比韩康信等用测量人类学方法得出的结论复杂得多,这里更常见的是欧亚东、西方谱系人种集团的混血人群。值得注意的是,初入塔里木河流域的小河人群,即埋在小河墓地最下层的人群,遗传特性上表现出更为明显的来自东方人种集团的体质特征。"总之,小河墓地第五层人群中,携带有东部欧亚谱系C4的个体占有的比例非常大,并且个体间具有着较近的母系遗传关系,而携带有西部欧亚谱系的个体则较少。"[15]

公元前4000年前,居住在天山地区的居民,有来自欧亚西部的种群成员,他们中的部分成员在迁徙中始终保持着比较单纯的欧罗巴人种血统;又有来自欧亚东部的人种集团,他们中的部分成员在迁徙中则始终保持着比较单纯的蒙古利亚人种血统。单纯的欧罗巴人种和单纯的蒙古利亚人种,均非主流,主流是欧亚东、西部人种集团的混血人群。天山山脉不是东、西方人种集团混血事件发生的初始区域,而是混血事件持续和深化的区域。东、西方人种集团的混血事件,在西域大地随时随地进行着,它是一个动态过程,只有事件起始,并没有最终的结果。小河文化的居民种植的农作物既有始源自西亚的小麦,也有始源自黄河流域的粟类，充分证明了这一点。

天山地区的文化交融

青铜时代天山地区历史展开的背景大体是这样的：公元前2000年以前，自欧亚大陆西部东迁的人群，在中亚北部草原地区，曾与欧亚东部人群相遇混血，继而南下，嵌入式地入居天山腹地，相约来到新疆呼图壁县西南山谷的巨大山体康家石门子下，他们举行了盛大的以男欢女爱、生殖崇拜为主题的祭祀与狂舞，并将他们的心愿刻绘在岩面上，留下谜一般的岩画。乌鲁木齐市博格达山脚下岩画的作者也可能与这支人群的活动有关。这支人群越过天山，进入塔里木河流域，留下以罗布淖尔三角洲小河墓地为代表的小河文化诸遗存。公元前2千纪，安德罗诺沃文化联合体的成员，对南部绿洲区域文化的整合更为强势。他们分支南下，西部的一支进入两河流域的古巴比伦，打断了两河流域连续发展的文明进程，古巴比伦出现了由雅利安人建构的文明体。中部的一支，沿中亚草原进入印度河流域，打断了印度河流域连续发展的文明进程，印度西北部进入一个雅利安文明时代，印欧种群与印欧语言，在这个过程中形成并完善丰富起来。东部的一支，如前所述，频繁活动在准噶尔盆地西缘博尔塔拉河流域和伊犁河流域，创造了独具特征的地方文化，他们进入天山地区，来到乌鲁木齐，留下萨恩萨伊墓地青铜时代的墓葬。由北方草原地区陆续南下，改变内陆欧亚南部绿洲区域历史进程的上述印欧人群，因为新疆天山南麓龟兹—焉耆盆地原始印欧语古文献的发现，学术界倾向于认为他们是吐火罗人的祖先。

由中亚草原频繁地东进与南下的印欧人群，即吐火罗人，公元前 3 千纪，最早控制了阿尔泰山和准噶尔盆地西北缘的区域。这支人群赶着牛羊，骑马乘车，在阿尔泰山和天山地区寻找新的铜矿，令他们最兴奋的可能是找到和开掘了天山腹地奴拉赛这一最富集的铜矿。人们在肥沃的河谷地带撒下麦粒谷物，从事畜牧农业。公元前 2000 年前，他们初入天山南北，以极快的速度占据一些优美的草场和肥沃的土地，替代此前生活在这些区域的狩猎和采集人群，拉开了天山山麓盆地河谷、塔里木盆地的绿洲经济时代的序幕。就在印欧人群迁入天山的同时或者更早，在河湟谷地再度辉煌的彩陶文化居民，由黄河上源穿越河西走廊，出现在东天山的哈密盆地，继而沿着天山山麓河谷盆地，持续西进。他们结队而行，步履缓慢，像水流漫延。东来的人群，带来了更适合干旱地区种植的粟黍类植物，东西方传统的农业作物麦类和谷类在这里相遇，天山绿洲经济结构更为完善。此后，天山地区自东向西陆续进入彩陶文化发展阶段。

青铜时代，西来南下的印欧人群与东来的蒙古利亚人群在天山地区的相遇，以及他们的文化相融、人群混血，是整个欧亚历史发展过程的重大事件。新疆的史前文化也因此异彩纷呈。

彩陶文化对天山历史的整合

总的看来，东来的以彩陶文化为表征的蒙古利亚人种集团，不像游牧、农业并举的印欧人群那样骑马乘车，长驱直入，远距离迁徙。蒙古利亚人群是更典型的农耕居民，在西向迁徙过程中他们总是故土难舍，细水慢流般持续地拓展自己的生存空间。哈密盆地与吐鲁番盆地"近在咫尺"，哈密盆地彩陶最早出现在公元前 2000 年前；吐鲁番盆地、天山南麓察吾呼沟文化分布区出现彩陶，要晚到公元前 2 千纪中叶以后；乌鲁木齐地区彩陶的出现，晚到公元前 1000 年前后；伊犁河流域彩陶的出现，晚至公元前 1 千纪的上半叶。但是，彩陶文化进入每一个绿洲区域，都会对当地文化进行深度整合，再融汇不同源流的其他文化因素，从而创造了新疆天山地区的地方性文化。萨恩萨伊墓地最早阶段的彩陶，器形有浓重的北方草原传统，又保持着东来的彩陶纹样传统，是印欧人的压印刻划纹陶器与蒙古利亚人种集团的彩陶文化融合比较典型的例证。

注释

1. 林惠祥：《中国民族史》，商务印书馆 1939 年版，上海书店 1984 年翻印，第 4—7 页。

2. 羽田亨：《西域文明史概论》，耿世民译，中华书局 2005 年版，第 11—13 页。

3. 羽田亨：《西域文化史》，耿世民译，新疆人民出版社 1981 年版，第 13 页。

4. 马曼丽主编：《中国西北边疆发展史研究》，黑龙江教育出版社 2001 年版，第 249 页。

5. 张广达、荣新江：《上古于阗的塞种居民》，《西北民族研究》1989 年第 1 期。

6. 余太山：《两汉魏晋南北朝正史"西域传"所见西域族名、

国名、王治名〉,载《庆祝杨向奎先生教研六十年论文集》编委会编:《庆祝杨向奎先生教研六十年论文集》,河北教育出版社1998年版,第238—251页。

7. 余太山:《两汉魏晋南北朝正史"西域传"所见西域诸国的人种和语言、文字》,《中国史研究》2002年第1期。

8. 余太山:《塞种史研究》,中国社会科学出版社1992年版,第1—3页。

9. 于逢春:《"中国疆域五大文明板块"视野下的西域》,《新疆师范大学学报》2015年第1期。

10. 韩康信:《新疆古代居民种族人类学研究》,载韩康信:《丝绸之路古代居民种族人类学研究》,新疆人民出版社1993年版。

11. 侯亚梅:《水洞沟:东西方文化交流的风向标?——兼论华北小石器文化和"石器之路"的假说》,《第四纪研究》2005年第6期。

12. 伊弟利斯、李文瑛:《罗布泊地区古代人类活动》,载夏训诚主编:《中国罗布泊》,科学出版社2007年版,第390—400页。

13. 韩康信:《新疆孔雀河古墓沟墓地人骨研究》,《考古学报》1986年第3期。

14. 韩康信:《新疆古代居民种族人类学研究》,载韩康信:《丝绸之路古代居民种族人类学研究》。

15. 李春香:《小河墓地古代生物遗骸的分子遗传学研究》,吉林大学博士学位论文,2010年。

二　史前晚期的乌鲁木齐居民

公元前 1000 年以后，新疆天山地区的居民陆续学会了铁器冶铸技术，进入早期铁器时代。早期铁器时代延续到汉代，这一阶段是天山史前文化的晚期阶段。汉代开始，汉文的文献中才有了西域历史的确切记载，从而进入历史时期。

史前晚期欧亚大陆北方草原地带的居民，完成了由农耕畜牧、半游半牧，向居无定所、来往迁徙的典型游牧经济的过渡。马背上的游牧族群骑马技术完善，游牧的政权在辽阔的欧亚草原地带崛起[1]，天山地区的居民进入游牧农业的绿洲经济时代。东西方文献上陆续出现了萨迦、塞、乌孙和车师等族群，他们大多曾经在天山地区频繁活动。

游牧民族登上历史舞台

游牧民族形成的显著标志是马具、武器和动物纹样，还包括战车、山地岩画、黄金艺术、墓葬地表巨型封堆建筑、动物祖先神话和马崇拜，等等。这些因素随骑马民族往来迁徙，并快速在草原地带传播，这实际上是一次持续数百甚至上千年的欧亚草原地带文化的整合过程。大的游牧文化圈内部，因区域环境的不同，地方性特征依然明显。因为典型的游牧经济形态的确立，欧亚大陆形成了北部游牧经济与南方农耕经济，以及处于两者之间的游牧农业并重的绿洲经济的三元结构。特别是北方的游牧经济文化区和南方的农耕文化区，形成了南北对垒，经济分界明显，政治上分治的局面。绿洲民族是世界上最擅经商的人群，在沟通东西方和南北方文化上，曾发挥过极其重要的作用。[2]

北方草原游牧势力的不断南下，对南方农耕、绿洲区域的政治、经济、文化影响深远，甚至于不断重构。正是在南北对抗对垒的过程中，东西方的文献里自西向东几乎同时出现的斯基泰、萨尔马泰、萨迦、塞和允姓之戎，这些游牧人群，你中有我，我中有你，互为一体，或者只是不同区域的农耕居民对北方游牧势力的不同称谓而已。广泛分布在中亚的塞人，显然也属混血人群，塞种的部分成员突显欧罗巴体质特征，部分成员则突显蒙古利亚体质特征。按照希罗多德的记载，除了阿里奇别特人以外，所有塞人的相貌都是扁平的鼻子、宽下巴。从人种学的角度看，他们都属于蒙古利亚人种。如果仔细观察薛西斯宫中发现的戴着尖帽的塞人形象，也会发现这些人具有明显的蒙古利亚人种特征，他们面部扁平、胡子很少、眼裂较窄。但阿姆河宝藏中的饰牌上的武士形象，则具有明显的欧罗巴人种特征。[3]

天山史前史基本框架

研究乌鲁木齐地区史前史，实际上就是研究天山地区的史前史。天山地区史前史又是欧亚大陆东部史前史中最精彩的组成部分。这里处于内陆欧亚北方草原、南部绿洲、中亚两河流域和西亚文明两河流域、印度西北和黄河上游中国西北等世界重要文明策源区域之间，中心文化边缘区的文化互动效应表现充分。

石器时代晚期，就有狩猎采集的人群，徘徊在乌鲁木齐的柴窝堡湖岸边。他们属于晚期智人，即现代人。最早的时候，他们是从南西伯利亚草原经阿尔泰山脉南下。在南西伯利亚，他们已经是欧亚东西方人种集团的混合体。这一支人群可能曾在阿尔泰山脉南麓的骆驼石和通天洞居住生息。不久以后，他们出现在了东天山地区。

公元前3千纪，印欧人群从东欧草原出发，长途迁徙，抵西伯利亚、萨颜—阿尔泰、米努辛斯克盆地。他们赶着牛羊，坐着马车或者骑着马，手持青铜的工具和武器，青铜器有着别具一格的装饰。他们沿途种植小麦等农作物，但经济生产中畜牧经济占有更重要的地位。人群中经验丰富的开矿冶铜的工匠，不断寻到新的矿源。前面的一支，在米努辛斯克盆地被称为阿凡纳谢沃文化人群。其后的一支，被称为安德罗诺沃文化人群。安德罗诺沃文化人群创造了更适应草原绿洲的文明模式，这一文明模式对内陆欧亚辽阔地区进行了整合，形成安德罗诺沃文化联合体。阿凡纳谢沃文化人群和其后的安德罗诺沃文化联合体的人群，很快进入阿尔泰山南麓和天山山脉，在迁徙过程中，他们不断与周边其他区域的人群通婚，有的是来自欧亚西方，有的是来自欧亚东方，更多的情况是来自欧亚西方种群部落中的男子娶来自欧亚东部种群部落中的女子为妻，生下混血后代。而且这种混血过程从未中止，在动态地持续着。阿尔泰南麓到处都留下了他们活动的足迹,有墓葬、有遗址、有岩画。他们是原始的印欧人群,是雅利安人群的分支,他们离开中亚北部草原向南部绿洲迁徙,分流而下,前后接踵。

与天山历史关系密切的一支,公元前3千纪,离开阿尔泰山脉、中亚草原,抵达博尔塔拉河谷,占据伊犁河谷上游三大支流区域。他们在博尔塔拉河谷、天山阿拉套山麓形成了面积达12平方公里的巨型聚落。其中一处居址由长方形主体建筑、前室、西侧室、院落、院墙组成,面积达5000余平方米,是已知的西天山地区面积最大的建筑组合。大型石棺墓的边长达9米,整个石构建筑组合有着宫殿般的气派。[4] 他们在伊犁河谷开掘奴拉赛铜矿,历经千百年的开采,终将这一内陆欧亚著名的富矿开采殆尽。他们在呼图壁康家石门子天山绝壁旁,举行大型生殖舞蹈仪式,刻下了康家石门子岩画。他们在乌鲁木齐旁博格达山脚下刻绘出了用三角形表示的一幅幅人物和动物岩画。印欧人群的一支进入天山腹地,他们曾生活在乌鲁木齐南山的萨恩萨伊。他们翻越天山,在塔里木河中下游找到了环境优美的更大的生存空间,在这里他们留下了小河文化遗存。

公元前3千纪末,黄河上游区域再度发展起来的彩陶文化,经河西走廊传播到东天山哈密盆地。创造彩陶文化的居民是东方的蒙古利亚人种集团,他们更依赖土地,种植粟黍类农作物。在哈密盆地,他们与沿着天山东向发展的印欧人群相遇,开始了更深层面的文化碰撞与融合,拉开了彩陶与青铜对话的序幕。新的混合型文化沿着天山盆地沟谷,东西向流布,构架了史前早期青铜时代天山地区历史框架,也揭开了乌鲁木齐历史崭新的一页。

公元前2千纪下半叶，属于印欧人群的安德罗诺沃文化联合体中的成员，第一次将冶铁技术带入西域，传播到西北甘青地区。公元前1000年以后，自西向东，天山地区居民陆续普遍地使用铁器。典型的游牧民族从中亚北部草原兴起，以马具、武器和动物纹艺术为代表的游牧文化，对内陆欧亚草原地区进行文化整合，整合过程中出现了强大的游牧势力。这些游牧的部落集团，自西向东曾被西方和东方的历史学家称为斯基泰、萨尔马泰、萨迦、塞以及允姓之戎等，他们组成了新的游牧经济联合体。与青铜时代安德罗诺沃文化联合体对南部绿洲区域历史的整合相比，游牧文化对南部绿洲区域文化整合的速度更快，天山历史很快进入了游牧绿洲时代。以绿洲农业经济为基础，畜牧为重要补充的绿洲游牧生业，非常适应天山地区的自然生态条件，农牧业稳定和均衡的发展，维持了数百年时间，天山地区的史前文化一时呈现出前所未有的多彩与灿烂，以彩陶为表征的地方文化星罗棋布，竞相绽放。

由于人与自然关系的变化，公元前5世纪开始，游牧经济逐渐居于主导地位，农耕经济日渐衰微，文化的发展进入一个倒退期。在北方强大的游牧政权，特别是不久以后在匈奴势力的影响下，汉代以前才在一些绿洲中心区域形成各自为政、互不统属的城邦小国，成为北方强大游牧政权的附庸。包括乌鲁木齐在内的东天山地区，成了车师人的天下。西域地区，游牧民族形成过程中，西来南下的混血人群始终居于主导地位，大多数游牧群落仍操印欧语，并在语言分化过程中出现了许多印欧语系的分支。

注释

1. 项英杰等:《中亚:马背上的文化》,浙江人民出版社1993年版。

2. 沈福伟:《中西文化交流史》,上海人民出版社2006年版。

3. К. А. 阿奇舍夫、Г. А. 库沙耶夫:《伊犁河流域塞人和乌孙的古代文明》,孙危译,兰州大学出版社2013年版,第14—15页。

4. 贾笑冰、尼葛丽:《新疆温泉发现一处规模庞大的青铜时代早期遗址》,《中国文物报》2016年12月2日。

三 结语

　　考古发现显示，公元前 3500—前 2000 年前后，新疆地区西来文化因素从偶见逐渐地增多，目前考古发现的铜器、家养的绵羊、黄牛、小麦[1]、彩陶中的锯齿纹图案、权杖头[2]、尖顶冠状形符号[3]、卍字符[4]等，经中亚、新疆传播到河西地区，甚至远及黄河中游。从公元前 2000 年前开始，它们对中原地区文明的形成产生了深远影响。究竟是人群迁徙的结果，还是文化因素的交流所致，许多问题都留有足够的研究空间，也是目前新疆史前考古备受关注的原因所在。公元前 3 千纪，有雅利安种群集团出现在天山南北区域，留下极具异彩的文化。夏商时期活动在晋南一带的少昊氏、有虞氏、陶唐氏、土方等族群，如果像有的学者所研究的那样，指的是雅利安人种的吐火罗人，那么，中原地区并非他们的故乡，他们的出现只能与天山地区雅利安人群的东进有关。这似乎与夏代前后随着史前青铜之路进入中原的西来文化因素，如牛羊等家畜、小麦的种植、青铜冶铸及稍后的马及马车传播等物质文化因素的东传这一大的文化背景有关。余太山等考证的晋南吐火罗人西迁中亚的历史，则可理解为雅利安人集团在中原势力挤压下,回溯故土的反映。在这一过程中,东方蒙古利亚的黄皮肤人种集团,浪潮式地席卷西域大地,走出了一条彩陶之路。欧亚东西方人群集团,通过天山地区东西穿梭,纵横活跃内陆欧亚,不断改变和重构着欧亚大陆区域的历史。公元前1000年开始,游牧势力兴起,东西方人群在内陆欧亚辽阔的舞台上,东来西往,迁徙互动更为频繁,欧亚草原游牧文化一体化趋势明显,对欧亚东西方文明中心区边际地带、中亚南部绿洲区文化的边际互动效应表现得也很明显。自西向东的斯基泰、萨迦、塞、允姓之戎,也是在这一时期,出现在历史的舞台上。自始至终,天山在东西方人群互动过程中都起到桥梁的作用。乌鲁木齐地区的史前历史,正是这一桥梁上的一个节点。

中原地区的人们,自古就有昆仑山是华夏母亲河——黄河发源地的文化认知。[5]中国祖先神话中的人物,如黄帝、帝喾、尧、舜、禹等,都与昆仑山有着密切关系。[6]实际上,西域一直是上古华夏人的精神故乡。王国维曾赋诗云:"回首西陲势渺茫,东迁种族几星霜,何当踏破双芒屐,却向昆仑望故乡"[7],追述的正是这样一种情怀。

注释

1. 刘学堂、李文瑛:《史前"青铜之路"与中原文明》,《新疆师范大学学报》2014年第2期。

2. 李水城:《文化的馈赠与文明成长》,载吉林大学边疆考古研究中心编:《庆祝张忠培先生七十岁论文集》,科学出版社2004年版,第8—19页。

3. 韩建业:《公元前3至前1千纪中国和中亚地区的尖顶冠形符号》,《西域研究》2015年第4期。

4. 刘学堂:《彩陶与青铜的对话》,商务印书馆2016年版,第86—94页。

5. 米海萍:《从文献看河源信仰的特征》,《青海社会科学》2010年第4期。

6.《山海经》,袁珂校译,上海古籍出版社1985年版,第29、323页。

7. 王国维著,陈永正笺注:《王国维诗词笺注》,上海古籍出版社2011年版,第1页。

后　记

2016年暑假，笔者承担了乌鲁木齐市文物普查研究项目，在全面系统地对乌鲁木齐市文物普查材料进行整理与研究的基础上，完成了《乌鲁木齐的史前时代》一书。

本书在写作过程中曾多次与相关专家商讨文稿。近年来在新疆意识形态反分裂斗争中，笔者进一步提高了政治站位，将《新疆的若干历史问题》作为本书撰写的政治和学术指南。

本书主旨始终围绕着充分挖掘和利用文物考古资料，结合前辈学者历史研究成果，阐述新疆天山地区的居民自古以来相互交往、交流、交融，尤其是与中原地区密切联系的历史；充分挖掘文物背后的故事，进行爱国主义教育，揭露和肃清国内外"三股势力"肆意歪曲新疆历史、蛊惑"双泛"思想的险恶用心和流毒。由于资料和学术水平的限制，书中对一些考古、历史问题提出的初识不一定准确，相信随着考古资料的积累和相关研究的深入，会得到不断修正与完善。

商务印书馆编辑程景楠为本书的出版付出很多精力，我的本科学生杜梦、郝璐瑶也提供了帮助，在此表示谢忱。

2019年10月